Inhalt

Geleitwort von Helmut Gollwitzer VII

I. Jesus für Atheisten? 1

II. Die Quellen und ihre Bedeutung 31

III. Die jüdische Religion vor Jesus 49

IV. Jesu Botschaft 81

V. Christus 147

VI. Der Sinn der Sache Jesu 251

Anhang:

Das Leben und Denken Jesu als Gegenstand der Forschung 271

Nachbemerkung des Verlages 293

Bibelstellenregister 295

Geleitwort

»Was heißt es, wenn der Proletarier in seiner Welt des Mißtrauens sagt: Jesus war ein guter Mensch? Es heißt, daß man zu ihm kein Mißtrauen zu haben braucht. Der Proletarier sagt nicht: Jesus ist Gott. Aber mit dem Wort von dem guten Menschen Jesus sagt er jedenfalls mehr, als wenn der Bürger sagt: Jesus ist Gott. Gott ist für ihn etwas, was der Kirche angehört. Aber in den Fabrikräumen kann Jesus gegenwärtig sein als der Sozialist; in der politischen Arbeit als der Idealist; im proletarischen Dasein als der gute Mensch. In ihren Reihen kämpft er mit gegen den Feind, den Kapitalismus.«
(Dietrich Bonhoeffer, Gesammelte Schriften, 3. Band, 174)

Allmählich lesen wir also miteinander die Bibel, dieses merkwürdige, immer wieder lebendig werdende Buch. Die Christen lesen die hebräische Bibel mit den Juden und nicht mehr isoliert von ihnen; die Juden lesen das Neue Testament mit den Christen und nicht mehr abgeschreckt von ihnen; die Marxisten lesen die Bibel und wollen mit den Christen darüber sprechen. Dabei bleiben sie weiter, was sie waren: Juden, Christen, Marxisten. Aber es hat sich etwas geändert. Zwar haben auch vorher schon einige unter ihnen die Bücher der anderen gelesen, aber nur für sich, im eigenen Lager verharrend. Jetzt sprechen sie miteinander darüber, jetzt interessieren sie sich für die Leseweise der anderen und wollen wissen, was die anderen zur eigenen Leseweise sagen. Dies wird die alten Fronten nicht unberührt lassen. Ist es ein wirklicher Dialog über den Text, über den sie alle nachdenken, dann werden sie alle aus diesem Dialog nicht unverändert hervorgehen.

Das eben ist es, was einige orthodoxe Gralshüter in jedem Lager fürchten. Orthodoxie ist ein schönes und gefährliches Wort. Nach ortho-doxia, rechter, wahrer, reiner Lehre, sollen wir alle streben und uns nicht am pluralistischen Chaos relativistisch vergnügen. Orthodoxie als Zielbegriff ist ein schönes Wort, als Besitzbegriff aber zeigt es an, daß Leute wähnen, schon am Ziel zu sein. Dann wird Orthodoxie eine Kategorie des Habens, immer auch eine Herrschaftskategorie: Instanzen sind da, die über einen kollektiven Wahrheitsbesitz wachen, die ein Kollektiv – sei es nun eine kleine Gruppe oder eine Massenbewegung oder eine große Kirche oder eine Staatsbevölkerung – überwachen, daß keiner aus der Wahrheit fällt. Ihre Herrschaftsmittel reichen je nach ihrem Verhältnis zum gesellschaftlichen Herrschaftssystem von Zensur und Exkommunikation bis zur physischen Liquidierung. Wie sehr sie damit die Wahrheit, die sie verteidigen, selber zersetzen, bleibt ihnen meist ebenso unbewußt wie die Aussichtslosigkeit ihres Bemühens. Die Kirchengeschichte liefert dafür reichliche Beweise, ebenso die viel kürzere Geschichte des Sozialismus. Dieses in Prag geschriebene Buch ist ein solcher Beweis.

Die immer wieder aufregende Erkenntnis, die man daraus gewinnen kann, ist die von der Undirigierbarkeit der menschlichen Köpfe. Daran, ob jemand diese Erkenntnis, die Erkenntnis der Unbeherrschbarkeit des menschlichen Geistes, für erfreulich und tröstlich hält, zeigt sich, wie weit ihm die Freiheit zu seiner eigenen Sache geworden ist. Die protestantischen Kirchen und Gruppen, ehemals vielfach selbst am gesellschaftlichen Herrschaftssystem teilhabend, brauchten lange Zeit, sich mit den Folgen des grundlegenden Freiheitsschrittes, dem sie ihre eigene Existenz verdankten, nämlich der Absage an die herrschaftliche Verwaltung des depositum fidei durch die römische Hierarchie, auszusöhnen; denn diese Folgen zersetzten in der Neuzeit in ihrer eigenen Mitte die Möglichkeiten, den Wahrheitsbesitz durch repressive Mittel zu verteidigen. Durch ihren Ursprung war ihnen die Möglichkeit genommen, auf die Dauer sich der freien Forschung, zu der sie selbst den Anstoß gegeben hatten, zu erwehren. Die Versuche, durch administrative Maßnahmen die Geltung überlieferter Lehre zu garantieren, mußten und müssen scheitern. Nur noch im Kampf der von äußerer Repression freien Geister kann echte Orthodoxie, bessere Erkenntnis angestrebt werden. Daß die Bibel vor den Methoden der wissenschaftlichen Forschung sowenig geschützt werden konnte wie vor dem Recht des eigenen Glaubensverständnisses, das schon Luther in Anspruch nahm, hat alles Glaubensgespräch auf die Basis der Freiheit gestellt. Der römische Katholizismus verliert in unseren Tagen die Mauern, die er dagegen aufzubauen versuchte. Wo sozialistische Theorien in ein herrschaftliches Lehrsystem verwandelt worden sind, wird es ihnen nicht anders ergehen; der Anzeichen dafür sind genügend vorhanden, auch dies Buch samt der Bewegung, in die der Sozialismus in der Tschechoslowakei geraten war, ist eines. Daß dieser Prozeß unumkehrbar sei, trotz aller Gegenbemühungen mächtiger Konterrevolutionen in unserer Zeit, das muß unsere Hoffnung sein. Daß dieser Prozeß aber mit gesellschaftlichen Prozessen zusammenhängt, daß also die Bewegung geistiger Freiheit nur voranschreiten kann im Zusammenhang mit der Bewegung gesellschaftlicher Freiheit, das ist eine der wichtigsten Erkenntnisse des Marxismus, durch die Erfahrung des Faschismus und durch unsere Erfahrung seither reichlich bestätigt.

Christlichem Glauben kann das Ja zu diesem Prozeß der Freiheit nicht schwerfallen. Es ist ja doch dieser Glaube »nicht jedermanns Ding«, wie Paulus sagt (2. Thessalonicher 3, 2); er ist »unverfügbar«, wie die Theologen richtig sagen. So kann ihn keiner erzwingen und garantieren, weder bei sich selbst noch bei anderen. Das menschliche Zeugnis, durch das wir von dem hören, worauf Glaube sich richtet und sich verläßt, ist Anlaß, aber nicht Ursache des Glaubens. Anlaß, menschliches Mittel zur Begegnung mit dem, dessen Wirklichkeit wir dann glaubend bekennen, kann es, wie zum Glück vielfältige Erfahrung zeigt, auch dann sein, wenn es mit schriftgemäßer oder kirchlich approbierter Lehre nicht übereinstimmt. Gottes Geist, der Glauben schafft, kann sich dafür menschlicher Werkzeuge bedienen, die die Bedingungen, die unsere Lehrsysteme dafür aufstellen, längst nicht erfüllen. Damit verliert aber das Bemühen um echte Orthodoxie, um zutreffende Erkenntnis der biblischen Botschaft nicht Dringlichkeit und Ernst. Es geht im Glauben ja nicht um bloßes Gefühl; es geht um Erkennen, Leben, rechte Praxis. Was durch die Unverfügbarkeit des Glaubens verhindert wird, ist nur das menschliche Herr-sein-Wollen über eigenen oder fremden Glauben. Theologische Bemühung, wenn sie sich versteht, will, wie wiederum Paulus sagt, »nicht Herr sein über euren Glauben, sondern Gehilfe eurer Freude« (2. Korinther 1, 24). Das ist die Freiheit des Gesprächs über der Bibel, bei dem keiner ausgeschlossen, alle eingeschlossen sind. Wo einer zur Freude an ihrem Vorhandensein gekommen ist, da ist er willkommen als einer, der etwas beizutragen hat, da wird er zum Gehilfen der Freude der anderen. So also teilt in diesem Buch einer seine Freude an den am Neuen Testament gemachten Entdeckungen mit, seinen ungläubigen Genossen ebenso wie denen, von deren Lager das seinige bisher durch die Grenzziehung der Glaubens- und Unglaubensbekenntnisse geschieden gewesen ist. Aber eben diese Grenzziehung wird jetzt fragwürdig, vielleicht gar obsolet. Über der Bibel kann man sich scheiden und kann man sich finden. Hier können die Letzten zu Ersten, die Fernen zu Nahen werden und umgekehrt.

Historische Forschung, in der Kirche immer noch von manchem bemißtraut, wirkt zusammenführend. So schwindet, je mehr sie sich durchsetzt, der Unterschied zwischen katholischer und evangelischer Exegese. Und wie steht es mit dem Unterschied zwischen christlicher und atheistischer Exegese? Er liegt im Lebenskontext und Lebensbezug des Exegeten, nicht aber im exegetischen Geschäft selber. Dieses besteht darin, mit allen verfügbaren Methoden herauszubringen, was ein Autor sagt und wie er es meint, zugleich auch, ob und wie sich die von ihm berichteten Vorgänge tatsächlich zugetragen haben — sei dieser Autor nun Homer oder Paulus, Tacitus oder Markus. Da gibt es nicht profane Methoden für profane Autoren und sakrale Methoden für Apostel und Propheten. Machovec kann »Jesus für Atheisten« darstellen, weil Generationen von Neutestamentlern dies längst getan haben: Sie suchten sowohl die Geschichte Jesu wie die Denkwege und Darstellungsweisen der biblischen Schriftsteller zu ergründen unter Ausschaltung jeder Vorgabe des Glaubens, Jesus und seine Jünger als Menschen ihrer Zeit zu Gesicht zu bekommen und den Weg von der Predigt Jesu zur Predigt der Apostel, zur Ausbildung des altkirchlichen Dogmas als eine historische Entwicklung aufzuzeigen, ohne auf die Einwirkung übernatürlicher Faktoren zu rekurieren. Hier waltet methodischer Atheismus:

Gott kommt in der Darstellung nicht als historischer Faktor vor, sondern nur im Glauben Jesu und seiner Gemeinde.

Auch bei der Aufgabe, die christliche Botschaft für die Gegenwart zu artikulieren, bei den Dogmatikern also, wurde ein »Jesus für Atheisten« entworfen. Man nannte das eine »Christologie von unten«, das heißt eine Darstellung der Bedeutung des Jesus-Ereignisses, die nicht die Bejahung der Bekenntnisaussagen über Jesu Gottheit schon voraussetzt, sondern ansetzt beim »historischen Jesus«, bei dem, was jedermann zugänglich ist. Ob man auf diese Weise zu dem vordringen und hinführen kann, worum es dem Neuen Testament bei seiner Rede geht, wie weit diese Methode reicht und wo sie ihre Grenzen hat, das wird dann freilich zur spannenden Frage, auch bei diesem Buch. Denn M. Machovec schreibt ebenfalls eine »Christologie von unten«, methodisch sich beschränkend auf das, was in unserer Hand ist, und Gott – und also auch das, was Menschen von Gott erfahren haben – ist nicht in unserer Hand, nur die menschlichen Aussagen darüber. Wir sehen von uns aus nur Menschliches. So sind wir von uns aus alle Atheisten – »ohne Gott in der Welt« (Epheser 2,12). Als Karl Barth 1966 in Rom das päpstliche Sekretariat für den Dialog mit den Ungläubigen besuchte, gab er dessen Leitern den Rat, über dem Eingang ihres Büros die Aufschrift anzubringen: »Wir sind auch Atheisten«.

Er sei aber als Marxist in einem anderen, entschiedeneren Sinne Atheist, wird Machovec anworten. Worin besteht denn aber sein marxistischer Atheismus? Erstens in dem modernen Dogma der Immanenz, das keinen Gedanken an Einwirken Gottes auf den Weltlauf, an Offenbarung, Auferweckung, göttliche Geistwirkung und Gottes Zukunft im biblischen Sinne zuläßt. Zweitens in der Überzeugung, daß die Menschen selber Gestalter ihrer Geschichte sind und daß es an der Zeit sei, daß sie diese ihre Geschichte endlich bewußt, in Verantwortung für das größtmögliche Wohl aller Menschen gestalten. Das erste ist nicht spezifisch marxistisch; das zweite ist spezifisch marxistisch, nicht aber unchristlich. Denn Jesu Wort zielt aufs Handeln der Menschen – das hat Machoveč eindrucksvoll und mit aller Wahrheit herausgearbeitet. Dagegen ist weder die Unterscheidung von Gesetz und Evangelium noch alle radikale Gnadenlehre von Paulus über Luther bis Barth ins Felde zu führen. Denn Gnade will nicht Passivität, Gnade zielt auf den endlich handlungsfähig werdenden, mündigen, freien und aktiven Menschen. Der marxistische Einspruch gegen die christliche Gnadenverkündigung trifft nicht diese selbst, sondern ihren Mißverstand und ihren Mißbrauch. »Wir sind sein Werk, geschaffen in Christus Jesus zu guten Werken, für die er uns zubereitet hat, damit wir in ihnen unser Leben vollziehen«, sagt Paulus oder einer seiner besten Schüler (Epheser 2,10). Machoveč und alle echten Marxisten begrüßen mit vollem Recht Christen, die vom Evangelium nicht eingeschläfert, sondern zum Handeln aufgerüttelt sind, als Bundesgenossen im Kampf um eine menschliche Gestaltung der Welt. Das ist der Hauptsinn seines Buches: Jesus steht nicht mehr trennend zwischen Euch und uns; in seinem Aufruf zum neuen Handeln können wir uns finden.

Jenes moderne Immanenzdogma aber ist nicht spezifisch marxistisch. Ob es unaufgebbar zum Marxismus gehöre oder ob es nur der Tribut des Marxismus an die bürgerliche Weltanschauung in seiner Entstehungszeit ist, ist umstritten und wird noch mehr umstritten werden, je mehr Christen in den verschiedenen Erdteilen am sozialistischen Kampf teilnehmen. Daß Machoveč dieses Dogma nicht nur persönlich teilt, sondern sich zu ihm durch seinen Marxismus für verpflichtet hält, ist sein Tribut, den er an die noch nicht genügend hinterfragte marxistische Tradition zahlt.

In seinem Bemühen um aktuelles Verstehen des Neuen Testamentes wird ihm dadurch eine empfindliche Grenze gezogen. Er muß für »mythologisch«, also für zeitbedingt und sachlich ignorierbar halten, worauf Jesus und seine Jünger und mit ihnen diejenigen, die – »ohne Gott in der Welt« lebend – von dieser Botschaft zu neuen Worten und Taten mobilisiert sind, hinweisen als auf die Hauptsache, als auf die »Alle und in Allen Alles nicht nur beleuchtende, sondern real verändernde Tatsache: das Gott ist« (Karl Barth). So muß Machoveč Ostern sich damit erklären, daß Petrus (Machoveč' These von der Begründung der Vorrangstellung des Petrus in seinem Auferstehungszeugnis hat Vorgänger, ist aber dennoch ein originaler Beitrag zur Forschung, ebenso wie zum Beispiel seine Deutung des Verlassenheitsschreies Jesu am Kreuz als Ruf nach Elia) »in sich selbst die Tragödie und Absurdität von Golgatha ... überwand und sich die Kreuzigung als Jesu Sieg erklärte« (Seite 210). Er muß Jesu Hoffnung auf Gott und Jesu Sendungsgehorsam, ausgesprochen in der Aussicht auf das »künftige reale Kommen des ›Menschensohnes‹ in all seiner Herrlichkeit« und in dem Vorblick auf die Heilsbedeutung seines Todes, für mythologische Vorstellungsformen halten (Seite 177), die nicht nur in der Vorstellungsweise, sondern auch in der Intention nachzuvollziehen uns verboten ist – eben durch das Immanenzdogma. Der nachösterlichen Schau der Erscheinung Jesu als der rettenden Gottestat gesteht er zwar die Verbindung mit Worten und Taten des historischen Jesus zu, hält aber die Erklärung dieses Weges vom Verkündiger Jesus zum verkündigten Jesus Christus durch Zeitumstände offenbar für ebenso befriedigend wie seine Erklärung der Umkehr des

Petrus durch den Salto mortale einer Erklärung, die Petrus sich selber gibt.

Zudem empfindet er eine deutliche Antipathie gegen diesen Weg zum Glauben an Jesus als den rettenden Eingriff Gottes; er ist ihm bedenklich wegen der Ausnützbarkeit dieses Glaubens durch die herrschenden Gesellschaftsmächte, die die Kirche in ihren Dienst gestellt haben. Die benützen das »dogmatisierte Bild Jesu Christi« für ihre Interessen, wogegen das zum Glück nie ganz verdrängte »Bild des Menschen Jesus von Nazareth« als Gegenkraft gegen »die autoritären Hüter toter Konventionen« erhalten und wirksam blieb (Seite 267). Ja das synoptische Jesusbild ist immer wieder im Protest gegen die etablierte Herrschaft in Kirche und Gesellschaft lebendig geworden. Aber die zum Protest mobilisierende Kraft in der Geschichte des Christentums war doch nie die isolierte Erinnerung an diesen vergangenen Menschen mit seinem aufopfernden und geopferten Leben, sondern diese Erinnerung in Einheit mit seiner göttlichen Bestätigung, im Aufleuchten der Erkenntnis, »daß Golgatha nicht das letzte Wort war« (Seite 206), daß vielmehr dieser Jesus die Wahrheit, das Leben und die Zukunft für sich hat. Alles kann von uns mißverstanden und mißbraucht werden, auch das Osterbekenntnis. Dafür gibt die Christentumsgeschichte vielfachen Beleg bis heute. Aber Machovec muß doch selbst zugeben, daß nicht nur die von den Skeptikern erhaltene Erinnerung an den irdischen Jesus, sondern ebenso das Bekenntnis zu Jesu Einzigkeit gesellschaftlich-revolutionäre Tendenz und Kraft hat, wie es sich – in den Grenzen ihrer Zeit und ihres Verstehens – bei der reformatorischen Bewegung gegen die etablierte Kirchenmacht gezeigt hat (Seite 273).

Ob wir vor dem neuzeitlichen Immanenzdogma kapitulieren sollen oder ob nicht gerade die Verneinung solcher

Anpassung zur Erhaltung der revolutionierenden Kraft der christlichen Botschaft, auf die sich heute das Interesse gerade von solchen Marxisten wie Machoveč und anderen richtet, unerläßlich ist, das ist Gegenstand auch innertheologischer Auseinandersetzung. Marxisten, die von Christen heute mehr erwarten, als sie es früher taten, sollten deshalb daran interessiert sein, daß Christen jene Kapitulation nicht vollziehen, sondern – Christen bleiben. Eben dann wird das gemeinsame Lesen der Bibel für uns alle spannend und fruchtbar werden. Wir stehen in der Zeit der Entdeckung des von uns Christen ihnen verdunkelten Jesus durch die Juden und die Marxisten. Es wird auch eine Zeit kommen, da die Marxisten (wie die Juden allmählich den Paulus) nicht nur den sozialen Aspekt der urchristlichen Bewegung, sondern auch die subversive Tendenz und Kraft des urchristlichen Christusbekenntnisses, des Paulus und des Johannes entdecken werden – für sich und für uns. Auch für uns! Denn das Desinteresse am revolutionären sozialistischen Kampf, das Christen weithin aus ihrem Christusbekenntnis gefolgert haben und noch folgern, macht ihnen den Dienst einer marxistischen Bibelauslegung bitter nötig – wofür wiederum dieses Buch mit seinem Feuer und seinen vielen Aufschlüssen ein deutlicher Beweis ist. Ermöglicht sind solche Entdeckungen und Begegnungen durch analoge historische Erfahrungen. Der Sozialist erfährt, wie marxistische Theorie, die ihm zur Gesellschaftsanalyse und als Anleitung zum Handeln dienen soll, in eine Staatsreligion verwandelt wird, die, wie offizielle Religionen immer, Herrschaftsverhältnisse zu sanktionieren hat. In der Anfechtung solcher Entartungen ist dieses Buch geschrieben. Es sind die Anfechtungen derer, die die Dinge nicht mehr beim alten lassen können, weil sie von einer Vision neuer Möglichkeiten ergriffen sind. Sie sind mindestens analog zu den Anfechtungen der Jünger Jesu. Sind es nicht, von

Jesus her gesehen, sogar die gleichen Anfechtungen? Um der gleichen Sache willen? Wenn Christen und Atheisten in gleicher Praxis miteinander die Bibel lesen, dann bekommen sie sich neu zu sehen, dann sehen sie einander »nicht ferne vom Reiche Gottes« (Markus 10,34).

Helmut Gollwitzer

Jesus für Atheisten?

Der aufmerksame Leser kann in diesem Buche — vielleicht überrascht — verfolgen, daß der Verfasser sich einerseits zum Marxismus bekennt, daß er aber zugleich über Jesus mit einer positiven Leidenschaft schreibt. Da wird dieser Leser vielleicht die Frage stellen, ob der Verfasser »wirklich« Marxist ist, anders formuliert, inwieweit solche Tendenzen für die zeitgenössischen oder künftigen Marxisten typisch sind, oder ob es sich nur um den seltsamen Weg eines Einzelgängers oder Sonderlings handelt.

Der noch aufmerksamere Leser wird überdies konstatieren, daß des Verfassers Äußerungen über Jesus von Nazareth keine direkte Projektion allgemeiner, notorisch bekannter marxistischer Thesen und Stereotypen auf jene nicht weniger bekannten traditionellen Überlieferungen und Meinungen vom Meister aus Nazareth darstellen, sondern daß er nicht selten wie ein Historiker nüchtern und minuziös sich auch mit ganz speziellen Problemen und »Nebenfragen« beschäftigt, mit einzelnen unauffälligen Bibeltexten, mit komplizierten Streitfragen des Frühchristentums, die bis heute eine traditionelle Domäne nur der exegetischen Theologen waren. Dies kann einerseits Interesse erwecken, andererseits aber jene oben gestellte Frage noch verstärken: Was hat dies alles mit dem bekannten Marxismus zu tun? Mit dem Marxismus der Politiker aus Moskau oder Peking, mit dem Marxismus der Jungsozialisten aus Heidelberg oder Berlin?

Nicht zum erstenmal werden ähnliche Fragen gestellt: während der sechziger Jahre war es keine Ausnahme, daß profilierte und bekannte christliche Persönlichkeiten und Theologen sich positiv über Karl Marx, ja über Lenin und sein Erbe äußerten — und umgekehrt: daß profilierte und bekannte Marxisten aus Ost und West auch zustimmende Worte über Jesus und die christliche Tradition nicht scheuten, ja sogar — was für den Marxisten eigentlich noch schwieriger ist! — über die Rolle des Christentums in der gegenwärtigen Gesellschaft. War das erste vielleicht nur Frucht christlicher Demut, welche doch auch bloß anerzogen und konventionell, also routinehaft und rein äußerlich sein kann, dem ursprünglich sinnvollen Inhalt »entfremdet«? Und stellte das andere mehr als eine raffinierte Taktik in einem komplizierten Machtkampf dar? Teilweise traf vielleicht beides zu; aber die schon langjährige, freundschaftliche, ihre Früchte bringende Zusammenarbeit von Männern wie Hromádka, Gollwitzer, Rahner, Casalis, Moltmann, Girardi, Metz usw. einerseits und Bloch, Fromm, Garaudy, Luporini, Lombardo-Radice, Farner, Gardavsky usw. andererseits auf Routine, Taktik oder intellektualistische Überspanntheit zu reduzieren, vermag heute niemand. Es gibt also wirkliche Wandlungen im Verhältnis von Marxismus und Christentum.

Die Ursachen des freilich nur keimenden Wandels sind verschieden, bei jedem Individuum anders, aber letztlich doch — wenigstens was die wichtigsten Ursachen betrifft — gesetzmäßig und deswegen auch erkennbar. Gewisse Ursachen des erwähnten Wandels sind beiderseits ganz identisch, zum Beispiel die von Jahr zu Jahr wachsenden

»globalen Gefahren«, besonders der möglichen nuklearen Selbstvernichtung der Massen oder der Reduzierung des Fortschritts auf die Interessen der Supergroßmächte usw. Andere sind analog: ähnliche Enttäuschungen der tiefer denkenden Intellektuellen — oder der zu ungeduldigen »reinen Toren« hier und da? – durch Mittelmäßigkeit, Erstarrung oder kompromittierende Tatsachen in den eigenen Institutionen. Schließlich gibt es ganz verschiedene Ursachen: entsprechend den bisherigen Traditionen und den spezifischen Stärken oder Schwächen der jeweiligen Seite. Finden sich doch schon in den Anfängen dieser und jener Bewegung sowohl Grundlagen für eine dialogische »Offenheit« als auch gewisse »Belastungen«, Hindernisse, Vorurteile, Neigungen zum Fanatismus und zum alleinigen, ausschließlichen Heilsanspruch.

Bevor wir also die Ursachen des neueren Wandels in den Reihen der Marxisten in bezug auf die »Sache Jesu« und auf ihn selbst ausführlicher erläutern, müssen wir zuerst diese »Belastungen« durch die ältere Tradition wenigstens skizzieren, um dann das Rationale von dem Emotionalen oder rein Zufälligen, die unüberwindbaren Gegensätze von den überbrückbaren zu trennen. Nur so kann man nicht willkürlich, sondern voll verantwortlich die Perspektiven der nahen und ferneren Zukunft planen.

Sagen wir es gleich: Die überkommene Vorbelastung der Marxisten in bezug auf die Sache Jesu und ihn selbst zu unterschätzen wäre naiv; sie sitzt tief, bei Hunderttausenden — auch heute und morgen noch — fast absolut unüberwindbar und durch keinerlei Argumente beeinflußbar. Sie stellt nämlich bei Hunderttausenden eben keine Angelegenheit des Nachdenkens, des Argumentierens pro et contra dar, sondern ist eine a priori gegebene Selbstverständlichkeit, eine durch alte emotionale Antipathie erstarrte und versteinerte »These«, also — theologisch gesagt —

ein »Dogma« sui generis. Zwar von keinem Papst oder Patriarchenkollegium feierlich erklärt, wird doch diese Einstellung durch ähnliche hierarchische Strukturen und durch die fast totale menschliche Abhängigkeit von Hunderttausenden befestigt. In einer solchen Situation sind viele — besonders die äußerlich mächtigsten — Marxisten absolut »unfrei«, die alten Thesen zu ändern, denn das könnte eben ihre Machtposition bedrohen, die ihnen am wichtigsten ist. Was oder ob man dabei überhaupt denkt und nachdenkt, ist dann eine Frage zweiten Ranges: wenn schon, dann halten diese Marxisten die radikale Negation alles Christlichen irgendwie für »heilig«, was sich auf die mehr oder weniger klaren Erinnerungen an die tatsächlich reaktionäre und antisoziale Rolle der Kirche im 19. Jahrhundert stützt, die leider keineswegs heute *nur* Vergangenheit ist. Die Ansicht von der Kirche als der Trägerin des »Opiums des Volkes« ist dann durch keine neuen Erfahrungen korrigierbar, weil sie durch die erwähnte Institutionalisierung und Hierarchisierung des Marxismus auf dieser Stufe der Entwicklung erstarren *mußte*.

Die Einstellung *dieser* Marxisten zum Christentum muß also grundsätzlich negativ bleiben, auch wenn es im zeitgenössischen Christentum nur Menschen vom Typ Johannes XXIII. gäbe (es gibt freilich auch andere Typen!), denn ihre Einstellung ist eben keine »Ansicht« mehr, keine Angelegenheit des Fragens, sondern eine »Selbstverständlichkeit« der ideologisch streng geschlossenen Institution. Aber andererseits: Ist es bei den nichtmarxistischen, ja den »christlichen« Politikern des 20. Jahrhunderts mit ihren »Ansichten« über den Marxismus, ja über das Christentum selbst im Grunde anders? In einer streng zentralistischen und monopolisierten Institution kommt das natürlich auffallender und »härter« zum Ausdruck; sollte aber nicht vielleicht der profilierte Christ diese Tatsache in der nichtchristlichen Welt dazu benützen, um die historischen Wurzeln der »Dogmatisierung« in der eigenen christlichen Geschichte tiefer zu verstehen? Waren es immer nur Glaubens-Gründe, wenn aus den frühchristlichen Sehnsüchten teilweise versteinerte »Dogmen« wurden? Oder spielten nicht dabei auch zunehmende Institutionalisierungen und hierarchische Strukturen eine gewichtige Rolle?

Zu dem Erbe der marxistischen Tradition gehört — in bezug auf das Christentum — noch etwas ganz anderes, nämlich die marxistische Methodologie, durch welche freilich eher marxistische Denker und Wissenschaftler, also Intellektuelle, beeinflußt werden. In unserem Zusammenhang ist nicht die Dialektik selbst wichtig, sondern die methodologischen Grundlagen des sogenannten historischen Materialismus, besonders die Tendenz, alle »geschichtlichen Ideen« durch sozial-ökonomische Interessen und Entwicklungen zu erklären, also jede »Ideologie« durch ihre »ökonomische Basis«. Eigentlich weniger wichtig ist die materialistische Weltanschauung selbst.

Erwähnen wir aber zuerst das weniger Wichtige, die sogenannte materialistische »Weltanschauung«. Sie wurde oft von den Christen als »wichtigstes Hindernis« der möglichen Annäherung bezeichnet, aber eben darin steckt ein Mißverständnis. Denn der »Materialismus« bei Karl Marx und seinen meisten Schülern stellt absolut keinen »Kult der Materie« dar, also keinen »Physikalismus« (für so etwas zeigte Marx absolut keine Neigung), sondern sein »Materialismus« bedeutet eindeutig einen Supremat des Menschen, des Prinzips »Mensch« im Kosmos. Nicht also die leblose Materie, sondern der Mensch — auch mit allen seinen geistigen Begabungen und Werten — stellt für Marx und seine Schüler in bezug auf die Religion ein gewisses »Gegenideal« zu »Gott« dar. Und was den Atheismus betrifft, so bedeutet er rein theoretisch — wenn wir von dem

Einfluß der erwähnten institutionalistischen Erstarrungen absehen — eigentlich nicht etwas Affirmatives, sondern etwas *Kritisches:* er hat Sinn nur als eine zeit- und ortsgebundene Kritik an den zur Zeit herrschenden Modellen des Gottesglaubens. Marx formulierte seinen Atheismus als Kritik der damals üblichen »Gottesvorstellungen« — falls sich diese ändern, muß der echte Marxist auch seine Kritik neu formulieren. Im 20. Jahrhundert haben die modernen Theologen schon so neue und dynamische Gottesmodelle ausgearbeitet (Rahner: Gott als »absolute Zukunft«; Braun: Gott als Frage nach dem letzten »Woher« und »Wozu« meiner Existenz; Hromádka: Gott als letzter Grund dessen, daß der Mensch nie kapitulieren darf; Buber: Gott als Gegenpol des menschlichen »Ich«; usw . . .), daß wir heutigen Marxisten in bezug auf diese Theorien nicht immer wissen, ob wir noch »Atheisten« sind — oder: warum, aus welcher Pflicht, wir das alles radikal ablehnen sollten. Denn Marx hat zwar Dogmen — auch das Dogma von der Existenz Gottes — kritisiert, aber um seine Schüler zur radikal kritischen Arbeit zu befreien, nicht um ein »Dogma von der Nichtexistenz Gottes« für alle Ewigkeit zu schaffen. Es gibt also — sowohl in politischer als auch in philosophischer Sicht — für die Diskussionen zwischen Christen und Marxisten heute hundert dringendere, drohendere, auch eher lösbare Fragen als die, »was am Anfang war« (sowieso kann sich niemand diesen »Anfang« vernünftig vorstellen . . .). Für die denkenden Marxisten stellen deshalb solche rein »weltanschaulichen« Fragen keine großen Hemmnisse dar.

Viel wichtiger ist — im Erbe des klassischen Marxismus, aber auch im modernsten Marxismus, falls er sich selbst nicht verraten hat — die erwähnte historisch-materialistische Methodologie: zu deren ABC gehört die Lehre, daß die Entwicklungen und Wandlungen im Bereich des menschlichen »Geistes« (im Bereich der politischen, moralischen, religiösen und anderen geschichtlich entstandenen Ideen) in letzter Instanz durch Entwicklungen, Widersprüche, Interessen und Wandlungen der sozial-ökonomischen Basis zu erklären sind. Es gab zwar immer nur relativ wenige Marxisten, die diese Lehre ganz schematisch, mit einem »tierischen Ernst« angewendet haben (wenn man zum Beispiel versucht, alle Grundunterschiede zwischen der Philosophie Platos und Aristoteles' nur aus sozial-ökonomischen Rücksichten und Abhängigkeiten zu erklären), aber desto tiefer ist im Bewußtsein aller Marxisten verankert, wie sehr und inwieweit diese Methodologie vernünftig, für das Geschichtsbild fruchtbar ist.

Was also bedeutet dies alles ganz konkret, das heißt in bezug auf die Hauptthesen des Christentums, namentlich von der Einzigartigkeit und der zentralen messianischen Stellung Jesu Christi für die Menschheit? Marx konnte die Kinderliebe Jesu, Kautsky die revolutionären und utopisch-kommunistischen Neigungen des Frühchristentums bewundern, der moderne Marxist läßt sich von dieser oder jener biblischen Episode inspirieren, aber jeder Marxist — auch der modernste (in den Augen seiner politischen Obrigkeit schon oft als »revisionistisch« geltend) — hat von seinem Meister als ein »klassisches Erbe« unter anderem diese Methodologie übernommen. Diese hat sich notwendig von einer »Fähigkeit, durch die sozialökonomischen Wurzeln die geistigen Ideen zu erklären« oft zu einer »Unfähigkeit, auch die großartigsten menschlichen Ideale anders als durch sozialökonomische Ursachen zu erklären« entwickelt. Darin liegt ein krasser Unterschied: Eine »Fähigkeit« kann ich gebrauchen, wann ich will — so schaffen zum Beispiel die Künstler — , aber von einer »Unfähigkeit« kann ich mich nicht losmachen, so wie sich eben kein Wissenschaftler »befreien« kann von seinen Kenntnissen und Methoden. In bezug auf Jesus und das Frühchristentum bedeutet es, daß kein Marxist — auch der dem »Dialog« mit den Christen am meisten offene — die dringende Frage ausklammern kann: Welche sozial-ökonomischen Umstände waren es — in der Epoche von Gaius Gracchus und Marius bis zu Nero und Traianus oder zwischen der ersten und zweiten Eroberung Jerusalems durch die Römer — die dann die Ideale des »Heils« und der »Erlösung«, beziehungsweise schon des »Heilands« und des »Erlösers«, notwendig hervorbrachten und dem Verkünder und Propheten dieser Ideale ermöglichten, eine umwälzende, weltgeschichtliche Rolle zu spielen? So denken (und können nicht anders) letztlich alle Marxisten; ob sie dabei relativ klug oder dumm verfahren, ist eine andere Frage. Erste und in gewisser Sicht klassische Frucht dieser Methodologie ist das Buch Karl Kautskys »Der Ursprung des Christentums« (1908). Tausende von späteren propagandistischen Broschüren blieben überwiegend unter dem von Kautsky erlangten Niveau, denn fast immer fehlte ihnen Entscheidendes: Kenntnisse.

Aber auch wenn wir diese Makulatur des Weltgeistes beiseite lassen, war es bis heute auch bei Kautsky und anderen relativ wertvollen marxistischen Autoren (etwa Archibald Robertson) immer klar und eindeutig: 1. Sozialökonomische Momente des Römischen Reiches — von dem Schicksal des kleinen Bauern bis zu den Sklavenrevolten — stellten das Primäre dar, also die ursprünglichere Form der »Heilssuche«, die frühchristlichen und anderen »Ideologien« das Sekundäre, und zwar jene Form der Heilssuche, die nach dem Scheitern der politischen Reformen und Sklavenrevolten kommen *mußte.* 2. Die »Ideen«, auch die großartigsten, werden auf diese Weise primär durch die sozialökonomischen Interessen gezeugt und getragen, nur sekundär durch die Gründerpersönlichkeiten und ihre Apostel. 3. Die konkreten Menschen sind also mit ihren Idealen und Illusionen bestenfalls nur in zweiter Instanz maßgebend und interessant; denn es ist »letztlich« gleichgültig, wie viele Apostel es gab und ob ein Petrus wirklich bei Cäsarea mit einem Jesus gesprochen hat. Uninteressant sind dann sowohl alle Wundergeschichten als auch pseudoaufklärerische Versuche, alles bloß durch Zufall, Lügen, Irrtum, Selbsttäuschung, Klugheit oder Dummheit zu erklären. Denn »letztlich« wirkte in einem solchen Maße der historische Determinismus, die »eiserne Logik« des sozialökonomischen Druckes, daß es eben kein »Wunder« war, wenn das Christentum entstanden ist — es wäre viel eher ein »Wunder«, wenn es *nicht* entstanden wäre. Diese Methodologie kann bei naiven Anhängern fast komische Formen annehmen, wenn zum Beispiel gewisse »harte« Atheisten zu »wissen« meinen, Jesus habe nie existiert. Sie haben diese Methodologie so vereinfacht und entstellt, daß er nicht zu existieren »brauchte«. Aber schwachsinnige Anhänger findet man in einer jeden Bewegung, und man sollte wegen ihrer Dummheiten das Große und Geschichtemachende in dieser oder jener Bewegung nicht bagatellisieren. Und *dies* ist im Bewußtsein eines jeden Marxisten die Tatsache, daß die historisch-materialistische Methodologie eine gewisse Dominante bildet, welcher die anderen — etwa die emotionalen — Momente untergeordnet sind. Er kann schon deswegen nicht an einen Heiland »glauben«, weil er methodologisch gezwungen ist zu fragen, wie Ideen von einem »Heiland« in der Geschichte entstehen und sich behaupten.

Diese Methodologie ist im Bewußtsein jedes Marxisten immer vorrangig wirksam, und zwar ohne Rücksicht darauf, ob dieser oder jener Marxist ein gewisses »Sensorium« für »rein religiöse« Fragen hat oder nicht. Die meisten haben es nicht. Deswegen entsteht bei ihnen oft eine gewisse Überschätzung anderer, vor allem sozialer, politischer und ähnlicher Momente (so in Kautskys Buch über Jesus und fast immer, wo sich eine politische Zusammenarbeit der Sozialisten mit den Christen bildet). Aber auch bei jenen Marxisten, welche einen gewissen Sinn für rein religiöse Fragestellung zeigen, bleibt die erwähnte Notwendigkeit, immer nach sozialökonomischen Wurzeln zu fragen, letztlich doch ausschlaggebend im bunten Inhalt des eigenen Bewußtseins. Auch im modernen Marxismus ändert sich dies im Prinzip nicht, nur treten andere Erfahrungen ergänzend und teilweise modifizierend hinzu.

Nun müssen wir aber zuerst eine grundsätzliche Frage stellen und beantworten: Was ist eigentlich »moderner Marxismus«? Bescheidener formuliert: Was versteht der Verfasser unter dem Begriff des modernen Marxismus? Und was unterscheidet diesen Marxismus vom klassischen Marxismus des 19. Jahrhunderts? Und wie stehen seine Chancen?

Der moderne Marxismus kann keine »Revision« des klassischen Marxismus im Sinne eines »Verrats«, einer »Abwendung« von dem Ziel der internationalen klassenlosen Gesellschaft bedeuten, also keinen »Revisionismus«. Der moderne Marxismus ist nichts anderes als klassischer Marxismus, falls er auch im 20. Jahrhundert wirklich mit sich selbst identisch ist, das heißt, wenn von seinen Wesenszügen, die in die Geschichte im 19. Jahrhundert eine neue fruchtbare Dynamik hineinbrachten, nichts verlorenging. Wenn man beispielsweise jetzt — hundert Jahre nach Marx — nur das wiederholt oder betont, was er damals gesagt hat, dann kann diese »Treue« in bezug auf die Struktur des begrifflichen Systems eigentlich eher Verlust des ursprünglich realen und wachen Sinns für alles geschichtlich Neue bedeuten. Marx wollte — daran kann niemand zweifeln — durch eine strenge und nüchterne *wissen-*

schaftliche Analyse der Kernprobleme *seiner* geschichtlichen Epoche alle erneuerungssuchenden, progressiven Menschen *organisieren*, um die Grundlagen einer *menschlicheren Gesellschaft* und so auch freieren und reiferen *menschlichen Individualität* gemeinsam zu schaffen. Fehlt auch nur eines der erwähnten Momente, so muß konsequent eine die erneuerungssuchenden Menschen abschreckende Karikatur entstehen. Corruptio optimi pessima — falls man zum Beispiel die Fähigkeit verliert, neue gesellschaftliche Tendenzen und Entfremdungsphänomene zu analysieren, muß aus dem Marxismus etwas ganz anderes entstehen, als Marx wollte, auch wenn man täglich seine Manen hundertmal beschwört. Und daß das 20. Jahrhundert ganz gewiß neue Tatsachen und Tendenzen brachte, von welchen Marx keine Ahnung hatte und haben konnte, kann nur ein Lügner oder Zyniker leugnen. Nur der Marxismus ist also modern, welcher die wichtigsten neuen Phänomene des 20. Jahrhunderts in sich hineingenommen hat und in bezug auf seine klassischen Ziele demgemäß neue Wege beschreitet — oder dies mindestens versucht. Es sind vor allem folgende Phänomene:

1. die Methoden und Ergebnisse der zweiten technischen Revolution, in welcher die Wissenschaft sogar schon die Prozesse des menschlichen Gehirns imitiert und durch nukleare Technik und Kybernetik die Epoche des voll rationalisierten Planens und der beginnenden Kosmoseroberung eröffnet;

2. das dynamische und nicht mehr rückgängig zu machende Erwachen der Völker des Fernen Ostens, also der Länder mit ganz anderen als europäischen geistigen Traditionen, die bisher fast absolut unterbewertet und mißverstanden blieben;

3. neue Tatsachen in klassischen Ländern sowohl des Kapitalismus als auch der sozialistischen Revolution: Der Ka-

pitalismus hat seine Formen eines relativ dauernden und funktionierenden Wohlstands gefunden. In durch erfolgreiche marxistische Revolutionen entstandenen Staaten ist der Marxismus eine politisch herrschende Kraft, beginnen neue Formen des Guten und Bösen miteinander zu ringen.

Für unsere Frage nach dem Verhältnis der zeitgenössischen Marxisten zur Welt der Bibel und namentlich zu Jesus ist unter diesen neuen Tatsachen vor allem die dritte von Bedeutung (denn sie bringt für Hunderttausende von Marxisten neue moralische und »existentiale« Erfahrungen, die frühere marxistische Generationen nicht kannten), teilweise auch die zweite Tatsache (denn aus dem Vergleich des Schicksals des Marxismus auf dem nichtchristlichen Boden wird man ganz neue Kenntnisse schöpfen können für das tiefere Selbstverständnis sowohl des bisherigen Marxismus als auch des Christentums); das erste Phänomen können wir dagegen für unsere Aufgabe praktisch beiseite lassen (die durch die nuklearen Gefahren gestärkte Angst kann zwar eine größere Bereitwilligkeit zur »dialogischen Begegnung« fördern, aber letztlich bringt sie in bezug auf die Bibel keine neuen Erkenntnisse).

Analysieren wir also vor allem das dritte Moment — unter dem Aspekt der Beziehung der Marxisten zum Meister von Nazareth! Mehr als fünfzig Jahre der Existenz marxistisch regierter Länder (und insbesondere nachdem es mehrere marxistisch regierte Staaten gibt — in Ländern mit ganz verschiedenen geistigen und politischen Traditionen!) mußten ganz neue Erfahrungen bringen. Einerseits — indem aus einem ehemals rückständigen Agrarland eine Weltmacht wurde — »bewährte sich der Marxismus«, er zeigte, daß er keine bloße Utopie ist. Andererseits — indem Millionen von Menschen auch in diesen Ländern schwere menschliche Tragödien schmerzlich erlebten (von den Justiz-Irrtümern bis zu den einfachsten Schmerzen der

Krankheit oder menschlichen Scheiterns durch unglückliche Liebe, durch Mißerfolg, durch Mißverständnis bei den Genossen usw.) — kann man, ja muß man schon gewisse »paradiesische Vorstellungen« korrigieren, die für die Gründergeneration und für die meisten vorrevolutionären Sozialisten typisch waren. Der frühere Sozialismus war in seinen Vorstellungen von der ganz anderen, menschlich unvergleichlich tieferen Zukunft wirklich »radikal eschatologisch«; in dieser Hinsicht war seine Mentalität eigentlich gewissen prophetischen Persönlichkeiten der biblischen Überlieferung viel ähnlicher, als man im 19. Jahrhundert beiderseits (bei den Marxisten und bei ihren christlichen Gegnern) ahnte. Vor allem deswegen war damals fast alles »Alte« — von der »bürgerlichen Moral« bis zu den »christlichen Mythen« — kaum der Rede wert; denn man erwartete nach der Enteignung der Kapitalisten und nach der Beseitigung des Prinzips der Ausbeutung ein so radikal »anderes« Leben, einen so anderen, in jeder Hinsicht edleren Menschen, daß es nur Zeitverlust schien, sich mit der »Vergangenheit« zu befassen ... Wieder einmal in der Geschichte gab es große Scharen von Menschen, bei denen man die harte und fast »ungerechte« Tendenz beobachten konnte: »Laß die Toten ihre Toten begraben. Du aber gehe hin und verkündige das Reich!« (Lukas 9,60 par.), »Sieh nicht hinter dich und bleibe nirgends stehen!« (1. Mose 19,17). Aber fünfzig Jahre *nach* einer marxistischen Revolution kann so gut wie niemand mehr so konzentriert und »quasi-eschatologisch« bloß »erwarten«, daß die Enteignung des Privateigentums trotz gewisser Korrekturen eventueller Fehler, die »unterwegs« gemacht wurden, solche paradiesischen Folgen haben, ein »absolut anderes« Leben erzeugen kann und alle nur möglichen Schönheiten und Genüsse bald jedem zu bieten vermag. Wenn also frühere Marxisten durch den zu erwartenden »Sprung in das

Reich der Freiheit« wie bezaubert, oft sogar wie »besessen« waren (und darin steckte freilich einerseits eine große anziehende Kraft und Dynamik, aber auch die Möglichkeit des Mißbrauchs — wie immer in der Geschichte in solchen Situationen), begannen die Marxisten des 20. Jahrhunderts langsam und mühsam zu lernen, wie schwierig es ist, einen einzigen realen Schritt nach vorwärts *tatsächlich* zu tun, ohne daß die Dämonen des »Alten« in irgendeiner Verkleidung heimlich zurückkehren. Man »springt« also nicht mehr — was auch die kritische Stellungnahme zu anderen Denksystemen erleichtert. Ganz ähnlich begannen in ihrer Zeit die ersten Christen, als sie nicht mehr die eschatologische Ankunft des Menschensohnes in seiner Herrlichkeit schon morgen erwarten konnten, langsam eine kritischere und gerechtere Einstellung zur Gedankenwelt der Antike zu entwickeln. Es begann der Dialog . . .

Die tiefsten Gründe für diese Wandlungen liegen also nicht, wie man oberflächlich urteilen könnte, in den Mißerfolgen, in dem »Versagen« oder den »Fehlern«, in Verrat oder Mißbrauch. Ähnliches spielt zwar — wie immer in der Geschichte — eine Rolle: erinnern wir uns zum Beispiel an das Leid derer, die in Schauprozessen Opfer des Mißbrauchs der zentralisierten Macht wurden — dies »betrifft« natürlich mehr oder weniger jeden, auch nicht direkt leidenden Sozialisten. Die tiefsten Ursachen möglicher Wandlungen, auch in bezug auf das Christentum, stecken aber viel eher in gewissen Erfolgen des klassischen Marxismus. Schon die einfache Tatsache der raschen und riesigen Verbreitung des Marxismus — als erste Folge der dynamischen Begeisterung, die Karl Marx in seinen ersten Anhängern zu erwecken vermochte — mußte in dieser Hinsicht wirken, um so mehr die Erfolge unter dem Banner Lenins. In den kommunistisch regierten Staaten hat der Marxismus Sympathien auch von Hunderttausenden von Intellektuellen gewonnen: von Künstlern, Pädagogen, Philosophen, Wissenschaftlern dieser oder jener Richtung. Er wurde demzufolge zu einer Angelegenheit von Menschen, die sich professionell mit dem Denken und mit den inneren Gründen möglichen menschlichen Heils oder Scheiterns befassen. Dies sind meist Menschen, die auch in kommunistischen Staaten zwar irgendwie von der herrschenden Institution »abhängig« sind — schon finanziell —, aber die trotzdem in ihrer Mehrheit in letzter Instanz keine bloßen Bestandteile einer streng organisierten Institution sind — schon deswegen nicht, weil ihre Lebensauffassung anderen Einflüssen unterliegt als nur der Eingliederung in eine funktionierende ökonomische Struktur oder politisch-administrative Institution. Die Paradoxien des Schicksals eines ehemaligen Revolutionärs in der jetzt hierarchisierten Institution betreffen sie weniger und nicht so eindeutig; das Schmerzliche wird leichter erkennbar, eine mögliche Revolte gegen das Glück des bloßen »eingegliederten« Menschen findet leichter Stützpunkte und Nahrung. Es gibt natürlich auch Individuen, die in dieser Situation wirklich antisozialistische oder egoistische Ziele durchsetzen möchten, aber die meisten ehrlichen marxistischen Intellektuellen werden — obwohl deswegen von ihren marxistischen Politikern nicht immer gut verstanden und gelobt — früher oder später die erwähnten Wege des modernen Marxismus beschreiten. Denn heute wirkt wieder ein gewisser historischer Determinismus, eine »eiserne Logik« des 20. Jahrhunderts, wodurch alle oben erwähnten neuen Probleme früher oder später gemeistert werden müssen.

Es wird natürlich kein leichter Spazierweg sein; es kommen sicher auch Rückschläge, Enttäuschungen, Sackgassen, Opfer ... Aber eben in solchen jetzt noch chaotischen und schwer überschaubaren Kämpfen wird das moralische Moment von Jahr zu Jahr eine größere Rolle spielen. Das ist wieder etwas, was die Marxisten der frühchristlichen Problematik näher bringt. Allein schon deswegen, weil der Marxismus heute auch eine herrschende Macht darstellt, bekennen sich zu ihm Tausende nicht nur aus der Überzeugung von seiner Wahrhaftigkeit und humanen Sendung, sondern oft nur aus demselben Grund, aus dem sich immer in der Geschichte moralisch schwächere Geister zu einer beliebigen Macht bekannten: eben weil sie »mächtig« ist, weil man aus dem bloßen Jasagen rein äußerlich profitieren kann. Das ist im Prinzip nichts Neues, das gibt es in jeder relativ mächtigen Gruppe oder Bewegung, aber in den modernen zentralistischen, kompliziert durchorganisierten Systemen — nicht nur in den sozialistischen — nimmt es bedrohliche und peinliche Formen an. Denn eben der Mensch, der eigentlich so gut wie nichts »glaubt«, das heißt nichts Menschliches und Ideales ernst nimmt, ist natürlich fähig, immer und hundertzehnprozentig sein »Ja« zu sagen, sei es aus purer Naivität, sei es aus Opportunismus und machiavellistischer Berechnung. So mußten sich auch unter Sozialisten und Marxisten gewisse innere Kämpfe entwickeln, von welchen Karl Marx und alle erwähnten »quasi-eschatologisch« denkenden früheren Generationen keine Ahnung haben konnten. Marx hat — ganz berechtigt! — vorausgesetzt, daß er eine riesige epochemachende Bewegung eröffnen, daß er Millionen von Anhängern gewinnen werde. Aber wie doppelsinnig und widerspruchsvoll schon diese Begriffe »gewinnen« und »anhängen« eigentlich sind, darüber nachzudenken war seine Sache nicht. Durch wie verschiedenartige Mittel kann man die Seele der Menschen »gewinnen«! Wenn etwa ein ehrgeiziger Demagoge einen vielleicht etwas begrenzten, aber doch ehrlichen Marx-Schüler durch seine rücksichtslose Klugheit ausmanipuliert oder wenn ein zynischer Karrierejäger und Jasager einen ehrlichen — schon deswegen suchenden und nicht nur »Ja«-sagenden — Kollegen als Verräter anklagt und vernichtet, so ist das gar nichts Neues, auch wenn es unter marxistischen Parolen geschieht. Aber — und der christliche Leser ahnt vielleicht schon, daß wir uns dem Kern unseres Problems nähern! — wenn Tausende und Hunderttausende ehrliche Sozialisten, marxistische Intellektuelle, ja auch viele »Apparatschiks« so etwas mehrmals schmerzlich erlebt haben, dann ist es klar und fast selbstverständlich, daß diese Menschen nicht mehr so quasi-eschatologisch an das nahe »ganz neue« Leben glauben können, ja daß sie einen gewissen Sinn entwickeln für viele Situationen, die in der Bibel, und namentlich um die Gestalt Jesu konzentriert, beschrieben sind. Weder für geistige Belange in einer satten Konsumgesellschaft noch für das menschenwürdige Sterben in einer industriellen Welt, weder für die erwähnten schmerzlichen moralischen Konflikte noch für das bessere Verständnis anderer geistiger Traditionen und ihres Weges zu Menschlichkeit und Glück findet der europäische Marxist des 20. Jahrhunderts im bisherigen Marxismus Modelle oder klare Hinweise. Diese Situation zwingt ihn, von neuem zu suchen. Auch wenn er deswegen nicht gleich zu einem Christen wird, darf er schwerlich übersehen, daß die jüdisch-christliche Tradition eben mit diesen Problemen schon viele Erfahrungen machte und gewisse Modelle zu ihrer Lösung hervorbrachte. Auch der Atheist kann zum Beispiel die Psalmen als dynamische Beschreibungen seiner persönlichen Situation im 20. Jahrhundert erleben, ja fantastisch »aktuell« finden.

Zeigen wir diese oft paradoxe Wandlung nur an einem klassischen Beispiel! Marx und seine ersten Schüler haben hart — und wie berechtigt! — jenes Gesellschaftssystem kritisiert, welches sich unter anderem dadurch schuldig macht, daß es die mögliche Milderung des menschlichen Leidens der privaten Initiative überläßt (besonders im

Prinzip der sogenannten »Almosenpflege«), also dem Zufall. Drei bis vier Generationen von Sozialisten wußten genau und eindeutig, was G. B. Shaw in seinen Dramen öfters geschildert hat, daß private »Samariterdienste« die Grundlagen der ausbeuterischen kapitalistischen Gesellschaft nicht ändern, sie fördern nur die Illusionen reiner Seelen, den Pharisäismus der Reichen und Mächtigen und die Selbstbetäubung und Selbstberuhigung von beiden. Also letztlich ein radikal zu beseitigender Betrug! Man muß also alles auf wissenschaftlichen Grundlagen ganz neu organisieren, man darf nichts dem Zufall der privaten Initiative überlassen! So baute man unter anderem — sehr nützlich und logisch — in den sozialistischen Staaten die staatliche Sicherstellung der Pflege für Kranke, Beschädigte, Arbeitsunfähige auf. Daß das im Prinzip vernünftig war, vermögen heute in Europa — anders in Amerika — nur wenige Menschen zu bezweifeln. Aber wie konnten diese edlen sozialistischen Seelen des 19. Jahrhunderts wissen, daß dadurch im 20. eine Situation entsteht, in der Tausende von Menschen der Meinung sind, daß für menschliche Hilfe, Versorgung, Linderung von Not nur die »offiziellen« Institutionen verantwortlich sind? Daß der Staat und seine Institutionen »alles« übernommen haben, daß er also das mitleidsvolle und opferbereite Herz eigentlich »ersetzt«? Daß schließlich das menschliche Individuum keine Beunruhigung fühlen muß, ja keine Beunruhigung fühlen soll, wenn in seiner Umgebung jemand leidet, ob »verdient« oder unschuldig. Keine Nachsicht, keine Verantwortung für den Bruder, wenn er den »geschichtlichen Kräften« zum Opfer gefallen ist ... Das ist es nicht, was die Frühsozialisten wollten und erträumten. Der uralte menschliche Egoismus, Feigheit und Pharisäismus tauchen so in »neuer Verkleidung« wieder auf.

Kurz resümiert: Wenn der Marxist vor hundert oder

vor fünfzig Jahren die Bibel überhaupt aufgeschlagen hat, so pflegte er schon nach wenigen Seiten zu sagen: Himmel, Tiere, Paradies, Sünde, nackte Eva = langweilige Mythologie, Märchen und Altweiberquatsch. Wenn er heute — nach seinen neuen Erfahrungen in der etablierten sozialistischen Gesellschaft — dieselben Seiten der Bibel liest, findet er zwar keine Gründe, sofort ein Christ zu werden, aber bei der Frage »Wo ist dein Bruder Abel?« neigt er doch eher dazu, für sich still zu sagen: Wie interessant und aktuell! Er liest jetzt andere Momente aus der Bibel heraus, und anders als damals sieht er jetzt vieles mit mehr Verständnis und weniger kritisch, nimmt weniger Anstoß am »Mythologischen« als früher.

Das sollte also der profilierte Christ von heutzutage vorerst wissen: Wenn sich das Verhältnis vieler zeitgenössischer Marxisten zur Welt der Bibel und auch zur Person Jesu Christi mehr oder weniger ändert, dann vorwiegend *nicht* aus dem Grund, daß diese Marxisten jetzt vielleicht besseren, wirksameren Einflüssen von den Christen oder aus der Bibel ausgesetzt wären, *nicht* also, weil sie jetzt tatsächlich das Christentum tiefer und besser zu verstehen vermöchten, sondern *vor allem* deshalb, weil sie von ihrem eigenen Marxismus tiefere, anspruchsvollere, modernere Vorstellungen entwickeln. Die Philosophen, Künstler und andere, die sich professionell mit der »Existenz« des Menschen befassen, haben es natürlich leichter als die Ökonomen, Naturwissenschaftler, Techniker oder bloßen »Beamten« in einer beliebigen Organisation (es gibt freilich Ausnahmen überall), aber letztlich betrifft es doch alle — oder wird sie betreffen —, denn es geht um die Wurzeln des menschlichen Lebens selbst.

Es ist also anders als die Christen heute oft meinen: Nicht je *weniger* einer »Marxist« ist, desto mehr neigt er zum Christentum. Umgekehrt, je tiefer und anspruchsvoller der Marxist sich selbst und die riesige Tragweite seiner Aufgaben versteht, je *mehr* er Marxist ist, desto tiefer kann er auch aus der jüdisch-christlichen Überlieferung lernen und den Christen als potenziellen Verbündeten und Bruder begrüßen. Nicht also Überläufer und Verräter, sondern Menschen, die dem Wohl der Arbeiterklasse und der lebendigen Zukunft des Marxismus treu geblieben sind, die bereit sind, eventuell dafür auch zu leiden, sind fähig, dem Christentum und den Christen echte Dienste zu leisten, echte, neue, lebendige Perspektiven zu eröffnen.

Dasselbe gilt auch von der anderen Seite: Nicht Hunderttausende Sonntags- und »Auch-noch-Christen« oder »christliche Politiker« oder Überläufer, sondern solche Christen wie Papst Johannes XXIII. oder in der Tschechoslowakei der protestantische Theologe Hromádka haben bewirkt, daß Tausende von Marxisten von der Religion nuancierter zu denken begannen; denn eben solche tief christliche Seelen, die sogar von den strengsten »Hütern der marxistischen Orthodoxie« nicht als bloße Helfershelfer des Kapitalismus oder als Verbreiter des Opiums des Volkes denunziert werden konnten, haben auch die marxistischen Theoretiker fast gezwungen — nicht durch Härte, sondern durch Offenheit und Liebe —, gewisse alte Thesen vom Christentum neu nachzuprüfen. Nichts ist in dieser Hinsicht fertig, alles ist in Bewegung.

Diese erwähnten Wandlungen müssen natürlich direkt oder indirekt auch die zentrale Gestalt des Christentums betreffen. Die älteren Marxisten haben zwar fast immer Jesus in seinem Menschenschicksal für eine edle und »sympathische« Person gehalten und nach dem Motto »reiner Träumer am Anfang — dicke Pfarrer heute« alle sympathisch klingenden moralischen Appelle des Neuen Testaments für die eigene Sache zu usurpieren versucht; aber ein echtes Interesse an Jesus und seiner Lehre gab es unter ihnen fast nie. Und falls man gewisse Zitate aus den Evangelien überhaupt kannte, wurden sie meistens als Aufrufe zur Passivität interpretiert, als etwas, das dem Klassenkampf schadet, als etwas typisch »Religiöses« im schlimmsten Sinn des Wortes, als »Opium des Volkes«. Geistiger Trost und das Versprechen des ewigen Lebens galten als beruhigende Pille, die die Menschen durch Illusionen zwar irgendwie beglückt, aber vom realen Kampf im Diesseits ablenkt. Obwohl diese Kritik fast immer sehr vereinfacht war, ist es trotzdem zu bedauern, daß die Christenheit sie eigentlich erst zu spät ernstzunehmen begann. Wie viele religiöse Sozialisten vom Schlage eines Kutter oder Ragaz gab es zu Lebzeiten von Karl Marx oder Lenin?

Auch der moderne Marxist ist zwar fähig, in diesem Sinn Kritik zu üben, ja gewisse Wundergeschichten der Evangelien mit voltaireschem Spott zu verfolgen. Es ist aber fast auffallend, wie wenig dies die Marxisten in konkreten Beziehungen heute tun — fast mit einem gewissen Zögern, eigentlich nur, wenn sie durch eine zu »harte« christliche Position dazu provoziert werden. Von Jahr zu Jahr werden sie fähiger — aus den Gründen, die wir schon geschildert haben —, andere Momente der Jesus-Überlieferung zu betonen und auch die oben erwähnten anders zu interpretieren.

Der Kampf Jesu gegen den sogenannten »Pharisäismus«, der die ganze Evangelien-Tradition durchdringt, erschien früher als eine antiquierte Angelegenheit, als ein obsoleter Streit; bestenfalls neigte man dazu, gewisse aktuell klingende Sprüche auf die zeitgenössischen politischen Gegner anzuwenden, so zum Beispiel auf den »Pharisäismus« der bürgerlich-humanistischen Schöngeister. Aber nach den Erfahrungen, wie leicht es eigentlich ist, in einer beliebigen ideologischen oder gesellschaftlichen Position ähnlichen »pharisäischen« Neigungen zu verfallen —

etwa dem Personenkult mit toten Helden als »Alibi« für die Mißachtung lebendiger Menschen —, beginnen Tausende von Menschen solche Passagen tiefer zu verstehen und höher zu schätzen. Denn auch wenn der Mensch nicht zu »Gott« ruft, findet man doch überall Typen, die stolz und selbstzufrieden sind, »daß sie nicht sind wie die anderen Leute« (Lukas 18,11). Auch wenn es sich nicht um Moses Stuhl handelt, hat der moderne Mensch oft den Eindruck, daß sich darauf Schriftgelehrte und Pharisäer gesetzt haben (Matthäus 23,2); ob berechtigt oder nicht, ist in unserem Zusammenhang nicht wichtig.

Die Kernproblematik der »Sache Jesu« ist in den Augen des modernen Marxisten jedoch fast immer die verschiedene Interpretation von Versöhnung und insbesondere Gewaltlosigkeit, wie sie vor allem in der Bergpredigt geschildert werden (Matthäus 5—7). Denn hier scheint der Widerspruch zwischen der Lehre Jesu und dem Marxismus so gut wie unüberbrückbar zu sein; eben auf die Rolle der Gewalt in der Geschichte und in den sozialistischen Revolutionen legte Marx zweifelsohne einen besonderen Akzent. Wie könnte man »gewaltlos« die Eigentümer der Produktionsmittel enteignen? Und trotzdem beginnt sich auch auf diesem heißen Boden sehr vieles zu ändern: Auch weiter lehnen zwar alle Marxisten Gewaltlosigkeit ab, soweit sie nur Synonymum kleinbürgerlichen Spießertums, der Selbstzufriedenheit der Satten und des Status quo darstellt. Aber es gibt auch andere Aufgaben: Man muß jetzt dringender als je Tendenzen kritisieren, welche zwischen der Marxschen und der verbrecherischen Gewalt keine ganz klare, eindeutige und unrelativierbare Grenze ziehen. Marx wollte die gesellschaftlichen Umstände, Eigentums- und Verwaltungsnormen durch einen radikalen — »gewalttätigen« — Bruch ändern, aber seine Auffassung von Gewalt hatte nichts gemein mit leichtsinnigem Blutvergießen, mit dem willkürlichen Gebrauch der Macht, wann immer es einem Mächtigen gefällt, mit dem Prinzip der langfristigen Suspendierung der Menschenrechte, wie nicht selten später interpretiert wurde. Eben deswegen, weil auch in der marxistischen Bewegung dieses Prinzip der Gewalt zu leichtsinnig gebraucht, ja mißbraucht wurde, so daß Tausende von ehrlichen Menschen gelitten haben, begannen auch Tausende von Marxisten zu fragen, ob es nicht legitimere, tiefere Interpretationen der Gewalt und ihrer Grenzen geben könnte als die bisher oft benützten. Geht es doch letztlich um dauernden Fortschritt und um planmäßige Aktivität — »Gewalt« sollte eigentlich nur eine augenblickliche, keine prinzipielle Grenzform dieser Aktivität sein, die künftig durch andere, mit dem Humanismus dauernd vereinbare Formen des Handelns zu ersetzen wäre. Und so stehen auch die Marxisten vor der Frage, ob vielleicht eben jene gewaltlose Aktivität, die nicht nur für die Bergpredigt, sondern für die ganze Tätigkeit Jesu kennzeichnend ist, letztlich mit den anspruchsvollen Formen marxistischen fortschrittlichen Engagements nicht ganz harmonisch zu verknüpfen ist. Daß zum Beispiel die amerikanischen Bomber über Vietnam den Marxisten diesen Weg nicht gerade erleichtern, beginnt auch den meisten profilierten Christen klar zu werden. Es gibt nicht nur innermarxistische Hemmnisse und Hindernisse.

Aber was diese betrifft, so entstehen freilich im Alltagsleben des 20. Jahrhunderts für viele Marxisten so große neue und oft schmerzliche Probleme, daß nicht selten jetzt auch der Marxist, dem es um Ehre und Wahrhaftigkeit geht, seiner Bewegung lieber dienen will, indem er »sein Kreuz auf sich nimmt«, was ihn die oben erwähnten, scheinbar zur Passivität aufrufenden Texte der Bibel aufgrund eigener Lebenserfahrungen jetzt ganz anders interpretieren läßt. Auch er erlebt nicht selten Situationen, in denen er lieber Ungerechtigkeit erduldet, als daß er sich an Ungerechtigkeiten beteiligt. Und so steht er an der Schwelle, wo auch das tiefste »Geheimnis« des Neuen Testaments dem Atheisten nicht mehr als Mythologie erscheint, sondern als etwas radikal Aktuelles. Ein Atheist, der so sein eigenes Leben und seine Arbeit für die geliebte Bewegung wirklich ernst, ja »todernst« nimmt, durch keinen Zynismus, keine opportunistische Rücksicht relativierbar, kann auch erkennen, daß es eine der größten Schicksalsstunden der Menschheits- und Menschlichkeitsgeschichte war, als Petrus entdeckte — obwohl es auf Golgatha kein äußerlich-apokalyptisches Wunder gab, kein »Deus-ex-machina-Erlebnis«, nur ein qualvolles tatsächliches Sterben am Kreuz —, daß Jesus doch Sieger ist. Ich sage nicht, daß die meisten Marxisten es schon so klar artikulieren; ich kann nur bezeugen, daß Hunderttausende eben an der Schwelle dieser Erkenntnis stehen. Es hängt auch von den Christen ab, wie die Entwicklung weiter fortschreiten wird.

Wenn der moderne marxistische Atheist ähnliche Situationen in seinem eigenen Leben mehrmals erlebt hat, beginnt er von neuem alles zu durchdenken, ja sogar seine gewohnte historisch-materialistische Methodologie (die wir oben ausführlich erwähnt haben) wird er überprüfen. Sie ändert sich zwar in ihren Grundlagen nicht; denn auch weiter ist der Marxist unfähig, die Frage zu unterdrücken, wie diese oder jene moralische oder existentiale Idee der Bibel aus diesen oder jenen sozialökonomischen Gründen entstanden ist, besonders die grundlegende Vorstellung vom »Heiland« selbst. Aber nachdem er im 20. Jahrhundert so schmerzliche Formen der Depravation und Formalisierung aller moralischen und idealen Werte beobachtet und selbst oft peinlich erlebt hat — in den Konsumgewohnheiten der bürgerlichen Wohlstandsgesellschaft, aber auch in eigenen Systemen und Institutionen —, beginnt auch der Marxist die Frage zu stellen, ob es die letzte und wichtigste Aufgabe eines marxistischen Philosophen ist, moralische und andere Werte und Entwertungen nur zu interpretieren. Denn das kann auch bedeuten — und in den Augen der breiten Öffentlichkeit ist es oft wirklich so —, daß die moralischen und anderen Ideale »weginterpretiert« und aus der Welt geschafft werden, weil sie als bloße Reflexe, bloße Umkleidung des sozialökonomischen Interesses eigentlich gar nicht existieren! In diesem Punkt besteht wahrscheinlich der wichtigste Unterschied zwischen den älteren marxistischen Denkern (bis zu Lukács) und den sogenannten »modernen Marxisten«: Diese sind sich der Gefahr jener bedenklichen »Weginterpretierung« der geistigen Werte in das gleichgültige Reich des Nichtwirklichen schon voll bewußt und beginnen dagegen zu arbeiten, um das ursprünglich humanistische Erbe Marxens vor dieser Gefahr zu retten und zu erneuern.

Dieser moderne Marxismus versteht dann die historisch-materialistische Methodologie etwa so: Wenn es auch weiter voll berechtigt, ja nötig ist, die sozialökonomischen Wurzeln einer jeden geistigen Idee zu suchen, so bedeutet dies nicht, daß die Aufgabe dadurch schon beendigt ist. Nachdem die »Wurzeln« klar erkannt sind, folgt erst die wichtigste Aufgabe: dann muß man fragen, welche dieser Ideen sowohl positive, wahre *Erkenntnisse* über das Sein und die Existenz des Menschen liefert als auch moralisch-inspirierende *Ideale, Modelle und Wertmaßstäbe*, ohne die auch die bestorganisierte, satte und technisch perfektionierteste Gesellschaft armselig, ja barbarisch bleiben müßte. Und diese Wertmaßstäbe muß man dann voll bewußt (eben als Materialist, welcher keine Hilfe von oben her erwartet!) fördern, ausarbeiten, verbreiten. Auch wenn man beispielsweise schon weiß, aus welchen historischen oder sozialen Gründen die Menschen im einen Fall die Wahrheit sagen, im andern Fall Lügen benützen, bedeutet das nicht, daß das Prinzip »Wahrheitsliebe« und das Prinzip »Lüge und taktische Verstellung« gleichwertig wären. Nur die Wahrhaftigkeit kann zum dauernden Konstitutiv der humanen Gesellschaft werden. Das bedeutet aber auch, daß ohne das Fördern der unbestechlichen Wahrheitsliebe der Marxist sein Programm der klassenlos-humanen Gesellschaft nie verwirklichen könnte. Oder wenn es auch im Christentum gewisse typisch mythologische Züge gibt, die die wissenschaftliche Weltanschauung einfach nicht übernehmen und ohne Korrekturen »glauben« kann, bedeutet dies nicht, daß diese Mythologie den anderen — etwa den Osiris-, Adonis-, Herakles- oder Perseus-Sagen — gleichwertig wäre (wie es die früheren Marxisten oft geschildert haben). Wichtig ist nicht die mythologische Form, sondern die Frage, welche echten und wirksamen ethischen Ideale, Werte und Modelle in dieser oder jener mythologisch gefärbten Ideenstruktur stecken oder nicht stecken; ob wir ohne sie menschenwürdig leben können, ob wir sie einfach beseitigen oder »dialektisch negieren«, das heißt im Doppelsinn des Wortes »aufheben« sollen. Auch wenn man nicht an eine »göttliche Offenbarung« glaubt, kann man doch zugeben, daß im Christentum gewisse grundlegend wichtige Thesen vom menschlichen Dasein sich phänomenalisierten (was eigentlich schon Feuerbach wußte und Marx nie bezweifelte — eher durch Engels und durch Kautsky wurden später die erwähnten »weg-interpretierenden« ökonomistischen Tendenzen für »orthodox marxistisch« gehalten). Und falls der Marxist des 20. Jahrhunderts dies wieder deutlich weiß, nimmt sein alter Streit mit den »Idealisten« und auch mit den Theologen neue Formen an; von nun an beginnt er mit den christlichen Theologen zu »wetteifern«, wie die biblischen Ideale tiefer zu erfassen, zeitgemäßer zu interpretieren, zu beleben, weiterzutragen seien. Die »Prager Schule« der Marxisten hat während der sechziger Jahre in dieser Richtung schon etwas geleistet.

Rein philosophisch kann die Botschaft Jesu — insbesondere ihr Kern, die Lehre vom zu erwartenden »Reich« und von der »metanoia«, das heißt von der nötigen augenblicklichen Umkehr jedes Einzelnen angesichts dieses kommenden Reichs — den modernen marxistischen Atheisten (auch wenn sie Atheisten bleiben) helfen, ihr eigenes klassisches Erbe, die quasi-eschatologische radikale Zukunftsorientierung, auch in der zum Pragmatismus neigenden nachrevolutionären Epoche nicht zu »verraten« oder mit einem traurigen Lächeln im Museum der Erinnerungen zu deponieren, sondern zu erneuern, zu reinigen, epochegemäß zu aktualisieren und weiterzutragen.

Die Marxisten haben während des 20. Jahrhunderts nicht nur schmerzlich erlebt, wie leicht aus der einseitigen Akzentuierung der paradiesischen Zukunft, der erst *dann* echt menschlichen Gesellschaft, ein die gegenwärtigen Menschen mißbrauchender und mißhandelnder Fanatismus wird. Ähnliches haben auch die Christen mehrmals in der Geschichte ihrer eigenen Bewegung erlebt. Eigentlich ähnlich gefährlich und für die wahren Marxisten schmerzlich, obwohl nicht durch so viele offensichtige Tragödien belastet, ist aber auch die einseitige »Enteschatologisierung«, mit der alles verspielt werden könnte. Denn dann wird der armselige »Gulasch-Pragmatismus« mit seiner Mittelmäßigkeit, Anspruchslosigkeit, Konsum- und Genußsucht (was alles die früheren Marxisten »kleinbürgerlich« genannt haben) Sieger, und die schleichend sich verbreitende Gleichgültigkeit hat für den Marxismus und vielleicht für die Menschheit ähnliche katastrophale Folgen wie der Fanatismus. Die marxistische Bewegung, die sich weder durch die Scylla des Stalinschen Zukunftskultes mit allen seinen

Begleiterscheinungen noch durch die Charybdis des Chruschtschowschen pragmatisch aufgefaßten »Realismus« vernichten ließ, diese internationale Bewegung kämpft seit den sechziger Jahren um ihre höhere, epochegemäße Form, sie befindet sich in einem mühsamen Ringen, ist sich nicht immer voll dieser Tatsache bewußt, deswegen auch nicht ohne neue schmerzliche Krisen; denn letztlich steht die kompetente nachrevolutionäre Form der authentischen ursprünglichen marxistischen Zukunftsvision auf dem Spiel! Aber diese Bewegung wird ihr Ziel erreichen, denn es muß erreicht werden.

Zum Wesen des Menschen gehört die dialektische Einheit von Zukunft und Gegenwart. Nur so kann der moderne Mensch, auch der Atheist, zugleich die höchsten humanen Ziele im Herzen tragen (wie die Frühchristen das »Reich Gottes«), zugleich aber auch den demütigen und barmherzigen Sinn für den »grauen« Alltag, für das nie zu bagatellisierende »kleine Leid« eines verlassenen, verwundeten, schwachen, also auch eines »ungeschichtlichen« Menschen. Echte »basileia« fordert immer zugleich eine augenblickliche »metanoia«!

Nachdem der Verfasser — wie Hunderttausende anderer Menschen des 20. Jahrhunderts in Ost und West, wenn auch auf verschiedene Weise — alle diese Konflikte, Befürchtungen, Drohungen und Hoffnungen erlebte, und zwar — das betont er — nicht aus der Lektüre, sondern in der mehr als zwanzigjährigen aktiven Teilnahme an dem Leben in einem sozialistischen Land, genauer gesagt: in einem auf schon nachrevolutionären Grundlagen um den Sozialismus mühsam ringenden Land, konnte er alle diese Probleme von Jahr zu Jahr immer klarer verstehen. Weil er aber zugleich zu jenen gehört, die die Welt der Bibel, des Judentums und des Christentums ein wenig kennen, und weil er immer auffallendere Analogien feststellen mußte, konnte er nicht anders, als wieder von neuem die Quellen der Nachrichten vom Meister aus Nazareth zu studieren, in der schwer durchschaubaren synoptischen Tradition Antworten zu suchen auf die Frage, »wie dies alles geworden ist«. Und so ist dieses Buch entstanden, das freilich für eine mögliche positive Begegnung des modernen Atheisten mit Jesus nur einen Anfang bedeutet.

Er hat auch in letzter Zeit mehrmals betont, daß er, obwohl er Sympathien für Jesus und seine Gedankenwelt empfindet, sich deshalb nicht für einen Christen hält und daß er umgekehrt Gründe hat, sich auch weiterhin als Marxist oder »Marx-Schüler« zu verstehen: dies deswegen, weil — auch wenn er sich positiv für die »Sache Jesu« engagiert — in einem gewissen »Zentrum« seines individuellen Bewußtseins doch ein radikal-kritischer Anspruch steckt, alles wissenschaftlich-kritisch zu analysieren, wie es Karl Marx seine Schüler lehrte. Aber er faßt Kritik nicht als eine radikale Destruktion auf, sondern als radikale Konstruktion des authentischen Menschenbildes und seiner künftigen realen Verwirklichung. Das kann man nie ohne strenge wissenschaftlich-kritische Ansprüche zustande bringen, aber es ist auch nicht *nur* durch Wissenschaftlichkeit zu erreichen; denn eben die moderne Wissenschaft gibt dem Menschen zwar Wissen, aber kein Gewissen. In keiner Wissenschaft stecken direkte Gründe dafür, daß ein Mensch moralischer, wahrhaftiger, anspruchsvoller handeln oder sogar persönliche Opfer bringen sollte. Persönliche Opfer bringt man nie nur im Namen der Wissenschaft. Keine spezielle Wissenschaft ist fähig, die Gründe der Selbstfindung und Selbstvertiefung des menschlichen Individuums absolut, unrelativiert zu begründen. So etwas kann viel eher durch einen tiefen geschichtlichen Dialog mit den Quellen unseres ganzen abendländischen Daseins — von Abrahams unruhigem Wandern über den Exodus des Mose und die davidischen Psalmen bis hin zur Bergpredigt, zur Augustinischen und Faustischen Unruhe — verwirklicht werden. Der Verfasser ist überzeugt, daß der Marxismus des 20. Jahrhunderts nur dann wirklich mit sich selbst identisch ist, wenn er den Mut findet, sich diesem befruchtenden Dialog mit den Kernproblemen der ganzen dreitausendjährigen abendländischen Überlieferung radikal zu öffnen.

Vielleicht ist nicht nur der Weg zur Wahrheit, wie alle echten Denker seit Leibniz, Lessing, Kant und Hegel wußten, sondern auch die Wahrheit selbst dialogisch? Vielleicht ist die Metaphysik der menschlichen Existenz nur dann realistisch aufgefaßt, wenn sie dialogisch dargestellt wird. Das authentische Abendland war doch immer sowohl von der nüchternen Wissenschaftlichkeit eines Aristoteles als auch von den prophetischen Vorstellungen eines Jesaja bestimmt. Wenn das später — sowohl im Christentum als auch auf dem Boden der Wissenschaft — verwischt wurde, sollte man sich dann heute nicht bemühen, wieder beide Brennpunkte der Ellipse zu beleben und in eine fruchtbare dynamisch-dialogische Spannung zu bringen? Dann bliebe der Dialog der Christen und der Marxisten in den sechziger Jahren des 20. Jahrhunderts nicht nur eine Episode, nicht nur Angelegenheit einer Handvoll naiver oder idealistischer Außenseiter, sondern würde zum unauffälligen Anfang einer radikal dialogischen Zukunft; unauffällig, wie Anfänge eines echten neuen Phänomens in der Geschichte immer sind. So könnten aus der inspirierenden Spannung dieser zwei Brennpunkte ganz neue Perspektiven entstehen, könnte man zugleich *geduldig* für das größte Ziel, aber auch *begeistert* für das kleinste (»Was ihr einem unter meinen geringsten Brüdern getan habt ...«, Matthäus 25, 40) arbeiten.

Die Quellen und ihre Bedeutung

Vorzeiten in der Gegend um den galiläischen See . . . : Von der Hitze zerborstene Felsen rufen nach Feuchtigkeit, zwischen sanften Hügeln schneidet sich das Flüßchen Jordan hinein in die tiefste Einsenkung der Erde, südwärts, zur Gegend des Todes, zum Toten Meer. Hier in Galiläa, im Norden des Landes, trat ein Mensch auf, genannt Jesus (Jeshua, Jehoshua). Das war ein gewöhnlicher Name. Um ihn von anderen unterscheiden zu können, als er die Aufmerksamkeit auf sich zu lenken begann, nannte man ihn nach dem Städtchen, in dem er aufgewachsen war, Jesus von Nazareth. Und als die Botschaft von ihm und dann er selbst über Galiläa hinaus wirkten, vor allem nach dem Süden, nach Judäa, dem eigentlichen Zentrum des Landes, nannte man ihn dort Jesus von Galiläa. Er hatte Schüler, Jünger. Er zog durchs Land, predigte, lehrte, half. Aber er wurde gefangengenommen und hingerichtet nach einer nur kurzen Zeit des Wirkens; vielleicht waren es drei Jahre, vielleicht auch weniger, gewiß jedoch nicht viel mehr.

Der äußere Verlauf seines Lebens und seiner öffentlichen Wirksamkeit war für diese Zeit keineswegs ungewöhnlich. Deshalb hat er auch, abgesehen von seinen Schülern und Verehrern, kein besonderes Aufsehen erregt; denn Prediger und Bußmahner, selbsternannte Lehrer, alle Arten von Aufrührern und Schwärmern traten damals, wie das in Krisenzeiten gewöhnlich so ist, in ganzen Scharen auf. Unter ihnen waren gewiß Leute von großem Enthusiasmus und Wahrheitssinn, aber auch, wie das in der menschlichen Geschichte immer so zu sein pflegt, Schwätzer und Scharlatane, »falsche Propheten« (Matthäus 7,15). Unter diesen Leuten waren solche, die sich von der Hoffnung und dem Interesse, das sie erregten, erfassen und tragen ließen und die verfolgt und verraten wurden als radikale Aufrührer gegen die römische Besatzungsmacht; daneben gab es die leidenschaftlichen Eiferer gegen die Lauheit, die Verderbtheit, die religiöse Gleichgültigkeit der jüdischen Bevölkerung, vor allem ihrer geistigen und weltlichen Obrigkeit. Die ersten wurden nach römischem politischen Recht verfolgt und hingerichtet; mit ihnen wurden jedoch — manchmal vielleicht nur aus der üblichen Nachlässigkeit der Mächtigen, genauer zu differenzieren — auch Angehörige der zweiten Gruppe denunziert und hingerichtet, Opfer römischer Konzilianz gegenüber den Leitern der heimischen Selbstverwaltung, besonders der religiösen. Der Tod am Kreuz, der bei den Römern daheim nur gegen Sklaven, in den Kolonien aber gegen jeden Widerstandskämpfer vollstreckt wurde, war nichts Besonderes. Hunderte im Jahr — Aufrührer, Träumer, Hunderte von Nonkonformisten — endeten so. Was ist daran schon Besonderes?

Es gibt im Laufe der Geschichte so manche Gestalt, die auf Millionen wirkte: Konfuzius, Buddha, Sokrates ... Noch nach Jahrhunderten, manchmal auch nach Jahrtausenden ist ihr Name nicht verblaßt. Aber das, was geschehen ist, als dieser Mann nicht mehr Galiläa und Judäa durchzog, was dann »in seinem Namen« (Apostelgeschichte 3,16) zu geschehen begann, hat inzwischen nach Umfang und Intensität in der Geschichte keine Analogie.

Und auch die Namen, die er bekam, sind ohne Vergleich. Von Millionen wurde und wird er verehrt als der »Erlöser der Welt«, als »Sohn Gottes«, ja als eine Person »eines Wesens mit dem Vater«, das heißt als eine Gott gleiche Person, in gewissem Sinne selbst göttlich. Die in seinem Namen von Generation zu Generation weitergegebenen Gedanken und Ideale inspirierten geniale Einzelne und ganze Nationen, Epochen, Bewegungen. Mit seinem Namen auf den Lippen starben Märtyrer — und andere töteten in seinem Namen. Gute wie böse Menschen bekannten sich zu ihm. Die tiefsinnigsten Denker opferten vielfach das ganze Leben dem Nachdenken über ihn, über seine Botschaft, über das, was er eigentlich war und was nicht, was er lehrte und was nicht. Der dramatische Charakter einer zweitausendjährigen Geschichte des bislang dynamischsten und einflußreichsten Kontinents hängt ganz unbestreitbar mehr oder weniger mit seinem Anruf, mit seiner »Botschaft«, dem Evangelium (griechisch: eu = gut, froh; angelion = Botschaft), zusammen, mit den erbittertsten Kämpfen um seine Auslegung, mit den heterogensten Folgen dieser Auslegungen.

War das alles nur ein Irrtum? War diese zweitausendjährige Geschichte nur die Folge einiger Zufälle, war sie vielleicht nur aus Illusion auf einen Menschen zentriert, der im Grunde nicht anders war als Dutzende andere? Wer zu einer solchen oder ähnlichen Meinung kommt, für den endet jedoch damit das Fragen noch nicht, denn es geht um eine der interessantesten und wichtigsten Fragen der ganzen menschlichen Geschichte: um Einfluß und Sinn des tradierten Jesusbildes im Denken der Menschen. Es geht um die Unterscheidung von Wahrheit und Irrtum in dieser Tradition, um die Unterscheidung zwischen menschlichen Illusionen und den Tiefen einer fortschreitenden Selbsterkenntnis des Menschen, was manchmal verwechselt wird, und um die Erklärung dessen, was da eigentlich die Geister durch zwei Jahrtausende immer wieder zu fieberhaften Überlegungen und erbittertem Streit führte. Das alles sollten nur Irrtümer, nur Torheiten sein? Letzten Endes kann sich selbst hinter Torheiten etwas ungeheuer Ernsthaftes, für den Menschen äußerst Wichtiges verbergen, das zu ignorieren die Katastrophe herbeiführen könnte. Und hätte es sich in den Anfängen vielleicht nur um einen Irrtum gehandelt, nach diesen zweitausend Jahren hat er sich unzweifelhaft mit etwas höchst Gewichtigem vermischt. Diejenigen, die sich von dieser Tradition radikal trennen wollen, müssen sich im eigenen Interesse bewußt machen, daß es wirklich nicht leicht ist, über etwas hinauszukommen, wofür und wovon unsere Kultur zweitausend Jahre lebte. Dieser Jesus der Tradition, dieser kerygmatische Jesus (griechisch: kerygma = Verkündigung, Zeugnis, Tradition) ist vom Standpunkt der ganzen menschlichen Geschichte eine unvergleichlich gewichtigere und lebendigere Wirklichkeit als der sogenannte historische Jesus, das heißt als die irdische Lebensgeschichte Jesu von Nazareth. Aber solche Traditionen entstehen in der Regel nicht aus nichts, ohne den Impuls realer Menschen. Deshalb ist auch die Frage völlig legitim, bis zu welchem Grade jenem kerygmatischen Jesus, dem Jesus der Verkündigung, das wirkliche Leben des Jesus von Nazareth entspricht.

Aber gerade die Aufgabe der Rekonstruktion von Leben und Denken des wirklichen Jesus von Nazareth — und zwar mit den ausgereiften Methoden historischer und philologischer Kritik, auf die man heute nicht mehr verzichten kann, wenn man sich nicht selbst belügen will — erwies sich als eine unglaublich schwierige Aufgabe, ja auf gewissem Gebiet als ganz unlösbar. Denn die Quellen über ihn, auf die wir uns dabei stützen, sind nur beim ersten Blick reich und farbig. Es sind dies vor allem die vier Evangelien (nach der Reihenfolge ihrer Entstehung: Markus, Matthäus, Lukas, Johannes), sodann die übrigen neutestamentlichen Bücher, in dritter Linie die nichtkanonisierten christlichen Schriften, vor allem verschiedene apokryphe Evangelien, zum Beispiel das des Thomas. Sie enthalten zwar reiche und bunte Informationen, ja stellen in gewissem Sinn wirklich etwas Einmaliges dar, aber es sind Dokumente im besten Fall aus der Zeit zwanzig bis dreißig Jahre nach dem irdischen Auftreten Jesu (die Briefe des Paulus); und die auf den ersten Blick an Informationen reicheren Evangelien stammen aus einer Zeit, die noch vierzig bis siebzig Jahre später liegt. Als religiöse Dokumente und als Zeugnisse des Denkens und Fühlens der Menschen aus der Zeit ihrer Niederschrift sind sie gewiß von hervorragender Bedeutung, aber als Information über das Leben Jesu? Ist vielleicht gerade das, worauf der Forscher, der »Biograph«, seine vermeintliche Rekonstruktion der Wirklichkeit aufbaut, nicht erst in jener jahrzehntelangen Zwischenzeit hinzugekommen? Allein schon der zeitliche Abstand ist mehr als bedenklich und warnt!

Es gibt jedoch noch weitere Schwierigkeiten, zum Beispiel eine gewisse merkwürdige Widersprüchlichkeit in den Nachrichten selbst. So spricht zum Beispiel der Jesus des Johannes fast nur von sich selbst, während der Jesus der ersten drei Evangelisten von sich fast niemals spricht. Die moderne Forschung aber hat darüber hinaus so viele und so ernstzunehmende Schwierigkeiten aufgezeigt, soviel Widerspruch und Ungewißheit, daß letztlich als gewiß verbürgt nur zwei Tatsachen bleiben: daß sich das erste Auftreten Jesu in Galiläa ereignete und daß sein irdischer Pilgerweg schon bald am Kreuz in Jerusalem endete. Alles übrige ist problematisch geworden, begann mit mehr oder weniger guten Gründen verteidigt und bestritten zu werden.

Die dritte Schwierigkeit entstand, als man Ende des 19. Jahrhunderts endgültig erkannte und anerkannte, daß die gesamte neutestamentliche Literatur Jesus schon aus dem Gesichtswinkel der frühen Christen sieht, das heißt durch ein frühtheologisches Prisma, mit den Augen des Glaubens, absolut alles vom »Ostererlebnis« her sehend und gestaltend — und gleichzeitig völlig uninteressiert ist an der Vergangenheit, an der Geschichte, im Gegenteil ganz der Zukunft zugewandt. Kann man also überhaupt noch die historisch glaubwürdige Tradition von der religiös-theologischen Haltung der Evangelienschreiber trennen, die zwar ganz unzweifelhaft gewisse alte, überwiegend nur durch mündliche Weitergabe erhaltene Traditionen aufgezeichnet haben, aber wohl ohne den geringsten kritischen Sinn für deren Herkunft? Bedenken wir doch, daß wir praktisch kein Vergleichsmaterial aus nichttheologischem Blickwinkel zur Verfügung haben, denn die nichtchristlichen Quellen über das Christentum (zum Beispiel Tacitus oder Josephus) aus dem ersten Jahrhundert sind nicht nur umstritten, sondern davon abgesehen auch so unwichtig, daß man sie praktisch ignorieren kann. So ist auch der Wert anderer Quellen, etwa des Talmud, für unsere Zwecke sehr problematisch und bringt nichts Wesentliches. Schließlich kommt noch hinzu, daß die aufgeschriebenen Evangelien ausschließlich in griechischer Sprache erhalten sind, einer Sprache, die in ihrer gesamten Struktur vom Aramäischen grundverschieden ist, das Jesus und seine Umgebung sprachen, und ebenso vom Hebräischen, in dem die jüdische alttestamentliche Tradition festgehalten ist.

Lassen sich nun überhaupt noch in dem christlich-theologischen Bild Jesu Christi vom Ende des ersten Jahrhunderts Spuren des historischen Jesus von Nazareth finden? Das muß gefragt werden, vor allem wegen der zahllosen »Lebensbeschreibungen«, wie sie im 19. und zum Teil auch noch im 20. Jahrhundert erschienen sind. Karl Kautsky hat einmal mit vollem Recht die Bemühungen der neutestamentlichen Kritiker mit denen eines Restaurators verglichen, der die Grundschicht eines vielmals übermalten Bildes freizulegen versucht. Die Ergebnisse all der heroischen Bemühungen vieler Generationen kritischer Theologen und neutestamentlicher Forscher sind gewiß imposant im Hinblick auf die aufgewendeten Kräfte menschlichen Geistes, auf den Umfang des verwendeten historischen und kulturellen Materials, der vergleichenden Religionsforschung usw., auch im Hinblick auf die große Zahl feiner und scharfsinniger Hypothesen; und doch bleibt trotz allem gewiß nur die Ungewißheit, die Ungewißheit aller bisherigen Lösungen und Hypothesen. Diese Tatsache wird sich im Grunde wohl niemals mehr verändern; es sei denn, man würde irgendwelche völlig neue, von den bisherigen sachlich wie zeitlich verschiedene Quellen finden. Die Entdeckung der Handschriften von Qumran nach dem Zweiten Weltkrieg — so unzweifelhaft die Bedeutung der durch sie ermöglichten Erkenntnisse ist — hat auch keine sensationellen und umstürzenden Ergebnisse gezeitigt. Deshalb weiß jeder neutestamentliche Forscher (der mit einer so riesigen Literatur arbeiten muß, daß es oft weniger schwer ist, eine neue Hypothese zu entwickeln, als sicherzustellen, ob sie nicht früher von einem anderen schon aufgestellt wurde), wenn er ehrlich ist, auf welch unsicherem Grund er sich mit seinen Forschungen bewegt.

Dies alles, was wir hier nur sehr flüchtig zusammengefaßt haben, ist für eine strenge historische Wissenschaft so deprimierend und bedenklich, daß sich nicht zufällig schon am Ende des 18. Jahrhunderts auch radikale, skeptische, nihilistische Ansichten zu entwickeln begannen, die in der einigermaßen kuriosen Hypothese gipfelten, daß Jesus wahrscheinlich überhaupt nicht existiert habe und in der christlichen Tradition alles und auch er selbst restlos Frucht menschlicher mythenbildender Erfindung sei. Der Autor dieses Buches unterschätzt diese Fähigkeiten zur Mythenbildung keineswegs. Er geht sogar von der Voraussetzung aus, daß diese Fähigkeit selbst heute eine wesentlich größere Rolle spielt, als es sich die meisten modernen Menschen vorstellen. Doch wäre es unvernünftig, in schlichter Umkehrung der christlichen Traditionen und im Gegensatz zu sachkundigen Analysen, hinter den frühchristlichen evangelischen Texten keine große, ergreifende, religiöse Gestalt sehen zu wollen, deren Weisungen und deren Ideale bald von Schülern und Nachfolgern befolgt und verbreitet wurden. Es ist sicher, daß dadurch auch etwas Neues entstanden ist, etwas in bezug auf Jesus selbst keineswegs historisch Authentisches; das zeigen sonnenklar schon die Widersprüche in den niedergeschriebenen Evangelien. Aber wenn manchmal diese Widersprüche als Argument für die angebliche Nichtexistenz der Person Jesus verwendet wurden, wäre es dann nicht einleuchtender, wenn solche Widersprüche in der Jesus-Tradition überhaupt nicht existierten? Wenn sich aus dem ersten Jahrhundert irgendein innerlich logischer, harmonischer, widerspruchsfreier Mythos erhalten hätte? Denn so pflegt es doch meist beim Mythos zu sein.

Man kann übrigens noch weitere, nach unserer Meinung unwiderlegbare Argumente anführen. So zum Beispiel: Wenn nach der »mythologischen Schule« das Christentum ausschließlich aus den mythenbildenden Kräften des hellenistischen Milieus entstanden ist, also außerhalb des eigentlichen Israel, aus welchen Gründen hat sich dann dieser Mythos aber gerade in Palästina »historisiert«? Wie ist es möglich, daß ihn gerade Juden ausbildeten, wenn auch verstreut in der Diaspora, wo doch bei den Juden zum Unterschied von den anderen Orientalen die mythenbildende

Kraft immer wesentlich schwächer entwickelt war? Und wenn die Juden dies im hellenistischen Milieu getan haben, warum haben sie dann die Wiege Jesu ausgerechnet nach Galiläa gestellt und nicht eindeutig nach Judäa, wo die Geburt des Messias allgemein erwartet wurde? Gerade das Galiläertum Jesu — und eine ganze Reihe anderer Tatsachen, die zu entwickeln kein Mythos je interessiert gewesen wäre, ja die ihm gar unbehaglich gewesen wären — zwingt uns, die Frage zu stellen, ob nicht gerade die Widersprüche in den Evangelien, wie spät diese auch aufgezeichnet sein mögen, das beste Dokument für die Geschichtlichkeit der Person Jesu sind; gerade diese Widersprüche zeigen, wie in der zweiten Hälfte des ersten Jahrhunderts verschiedene Traditionen, die dem frühen Christentum oft ziemlich unangenehm waren (Jesu Brüder und Schwestern, Markus 3,32), schon theologisch-orthodoxen Tendenzen begegneten. Diese Traditionen waren nicht die Frucht des Mythos, sie behinderten im Gegenteil die fortschreitende Mythologisierung.

Außerdem kann man sich überhaupt keine wie immer geartete große, originale, etwas Neues entfaltende, historische Person vorstellen, sei sie politisch, sei sie religiös, deren Psyche nicht in gewisser Weise kompliziert wäre, deren Ansichten nicht eine gewisse schwierige Entwicklung durchmachten, die nicht eine suchende Person wäre, die auf neue Situationen auch neu reagiert; die deshalb auch nie etwas gesagt hat, was nicht mit einem anderen Ausspruch in einer anderen konkreten Situation in Widerspruch gebracht werden könnte, und die deshalb Schüler und Nachfolger hat, die sie auf sehr verschiedene Weise auslegen. So ist das immer und überall, besonders aber in Situationen der Krise, der Konflikte, der neuen Widersprüche. Wir wissen, daß das erste Jahrhundert im ganzen Römischen Reich, aber besonders in Israel, eine Zeit außerordentlich heftiger

Konflikte war, die schließlich in zwei große Revolutionen mündeten und zur völligen Vernichtung des jüdischen Staates und zur Vertreibung des größten Teils der Bevölkerung aus der Heimat führten. Wenn schon eine Generation nach Jesus die eigentliche Revolution ausbrach, vorbereitet durch eine Reihe von Konflikten schon lang vor seinem Auftreten, kann man sich da überhaupt vorstellen, daß angesichts dieser allgemeinen Situation eine Gestalt aufwachsen und tief nachwirken konnte, deren Leben und Lehre nicht aufs äußerste sucherisch, elastisch, vielgesichtig, spannungsgeladen, deshalb auch vielfältig begreifbar und interpretierbar sein mußte? Die Widersprüche, die wir in den niedergeschriebenen Evangelien finden, Widersprüche auch in den Äußerungen von Jesus selbst — zum Beispiel: »Ich bin nicht gekommen, den Frieden zu bringen, sondern das Schwert« (Matthäus 10,34); »Jeder, der nach dem Schwert greift, wird durch das Schwert getötet« (Matthäus 26,52) —, schließlich die Widersprüche zwischen ihm und seiner Umgebung, die Widersprüche zwischen den historischen Traditionen und dem Glauben derer, die sie verarbeiteten — alle diese Widersprüche sind nicht nur ein Dokument für die Geschichtlichkeit Jesu, sie sind auch ein Schlüssel zum Verständnis der ursprünglichen Form seiner Lehre.

Auch wenn es möglich wäre, einige der angeführten Argumente für die Geschichtlichkeit der Person Jesu in Frage zu stellen, bleibt doch als unwiderlegbare Tatsache, daß die frühchristliche Konzeption des Glaubens (aus der zweiten Hälfte des ersten Jahrhunderts), die in Jesus schon ein göttliches Wesen, den »Gottessohn« erblickt, eine insgesamt minimale Stütze in der Evangelientradition findet. Sie ist also erst sekundär entstanden. Zwar hat die dogmatisch-theologische Entwicklung der frühen Kirche teilweise jene alte Tradition über Jesus modifiziert; sollte sie sie aber erfunden haben, dann wäre das ganz anders geschehen, weit mehr theologisch. Diese Tatsache, die heute praktisch allgemein anerkannt wird, zeigt klar, daß die Entwicklung genau umgekehrt verlief: vom historischen Jesus zum theologischen Christus und keineswegs vom mythologischen Christus zum angeblich historisierten Jesus.

Auf der anderen Seite ist es allerdings selbstverständlich, daß es — wenn wir vom historischen Jesus sprechen — unmöglich ist, ein in allen Details vollständiges und unumstrittenes Bild der ursprünglichen Lehre Jesu zu rekonstruieren; von einer »Biographie« kann ohnehin gar keine Rede sein. Die Tradition von Jesus gelangte nämlich in einer Zeit zur literarischen Fixierung, als die alten Traditionen von seiner Lehre und seinem Schicksal noch stark genug waren, sich gegen theologische Tendenzen durchzusetzen, aber nicht mehr so stark, daß sie sich mit neuen Tendenzen nicht vermischt hätten. Die Christen zu Ende des ersten Jahrhunderts unterschieden überhaupt nicht ihre eigene Situation von der Situation des Auftretens Jesu, deshalb trennten sie auch nicht allzu sorgfältig Jesu Botschaft von den Lehren über ihn. In dieser Situation konnten Jesus ex post Aussprüche in den Mund gelegt werden, die eigentlich schon Frucht der Gemeinde-Situation und manchmal auch der theologischen Ziele der Christengemeinden zu Ende des ersten Jahrhunderts waren. Und Jesus selbst wird nicht selten in Situationen gestellt, in denen so gehandelt wird, wie das den Vorstellungen seiner Anhänger entspricht, und nicht so, wie es die alte Tradition von ihm berichtet. Die Gestalt Jesu, wie sie auf den ersten Blick erscheint, das heißt ohne das Studium der synoptischen Tradition, ist also eine Synthese aller dieser erwähnten Traditionen und Tendenzen. Das allerdings macht eine unanzweifelbare Gewißheit für irgendwelche einzelne Aussprüche, Begebenheiten, Gleichnisse fraglich. Das Eingeständnis der Ungewißheit muß hier am Beginn jeder einzelnen Erörterung stehen.

Das muß jedoch andererseits nicht absolute Skepsis bedeuten. Daß Markus, Matthäus und Lukas keine »Schriftsteller« im modernen oder antiken Sinn des Wortes waren, sondern viel eher eine Art von Redaktoren, die versuchten, einen gewissen Überblick über die Tradition von Jesus zu geben; daß man in ihren Ausarbeitungen wenigstens drei Schichten der sogenannten »synoptischen Tradition« (griechisch: synopsis = Zusammenschau) finden kann, erlaubt die Unterscheidung zwischen dem, was zwischen den siebziger und neunziger Jahren als Frucht der Situation oder als theologische Anstrengung der christlichen Gemeinden entstehen konnte oder mußte, und dem, was in dieser Zeit nicht entstehen konnte, was also früher entstanden sein mußte. Was dieses »früher« dann bedeutet, das allerdings zu unterscheiden ist eine noch schwierigere Aufgabe; schon hier — wenigstens in bezug auf die einzelnen Gedanken — existiert kein »mußte« oder »konnte nicht«. Das heißt, schon hier kann man nicht mit absoluter Gewißheit unterscheiden, was Jesus selbst »wirklich gesagt hat« und was ein ihm nachfolgender und in seinem Geist zu denken sich bemühender Schüler sagte — lange vor der Redaktion des Markus oder Matthäus. Außer zwei, drei sehr allgemeinen Tendenzen — zum Beispiel, daß Jesus das Kommen des Reiches Gottes verkündete (was allerdings wieder in dieser allgemeinen Form zweifellos jeder prophetische Geist verkündet hat) — gibt es nicht nur zur Biographie, sondern auch die Lehre Jesu betreffend keine Gewißheit. Und wen in der Geschichte und überhaupt auf der Welt nur derartige Gewißheiten interessieren, der kann allerdings den ganzen jahrhundertealten Streit um den Inhalt von Jesu Verkündigung ignorieren. Es ist jedoch die Frage, ob gerade solche Gewißheiten suchende Menschen wenigstens selbst einige Gewißheiten haben, was den Inhalt und den Sinn ihres eigenen Lebens betrifft.

Wo es um die Erkenntnis der Wahrheit bedeutender geschichtlicher Gestalten überhaupt geht, besonders solcher, die selbst nichts geschrieben haben (denken wir an Sokrates oder Konfuzius, aber auch daran, wie völlig verschiedene Aspekte einzelne Teilnehmer am Leben eines Napoleon oder Goethe bei ihren Helden gesehen haben), erhebt sich die Frage, ob jene Forderung nach Verbürgtheit von einzelnen Aussprüchen nicht selbst die größte Torheit ist. Auch wenn wir niemals mit Sicherheit entscheiden können, welchen einzelnen Ausspruch Jesus selbst formulierte und welcher einer späteren Zeit zuzuschreiben ist — deshalb an der hypothetischen Rekonstruktion der ersten zwei Schichten christlicher Geschichte zu resignieren, wäre unrealistisch, läßt sich doch durch das Studium der Schichten der synoptischen Tradition die grundlegende Tendenz des Denkens Jesu mit einem hohen Grad der Wahrscheinlichkeit rekonstruieren. Allein schon die ungeheure Wirkungsgeschichte Jesu läßt den Schluß zu, daß seine Aussprüche doch nicht völlig chaotisch sein konnten, sie mußten eine bestimmte Struktur haben, mußten sich in ihrem Zusammenhang organisch verhalten, mußten einigen grundlegenden, zentralen, richtungsweisenden Ideen untergeordnet sein. Von solchen Ideen gibt es letztlich bei jeder großen geschichtlichen Person nur wenige; nur durchschnittlich begabte Leute haben viele davon im Kopf. Wenn wir uns also dieser Stützpfeiler im Denken Jesu vergewissern, wird es uns nicht wichtig erscheinen, ob er dies oder jenes in jedem einzelnen Fall »wirklich sagte«. Es wird uns vielmehr interessieren, ob seine uns überlieferten Aussprüche in ihrer logischen Struktur und inneren Ordnung dem Menschen unserer Zeit nicht nur das rein verstandesmäßige Begreifen der Grundstruktur seiner Gedankenwelt ermöglichen, sondern ob sie — richtig betrachtet — zu der Fähigkeit führen, durch das Leben Jesu unser eigenes Leben zu begreifen, durch das Lebendige des Frühchristentums das Lebendige in uns, die aktive Harmonie von Erkennen und Handeln, Fühlen und Wollen, Freude und Schmerz zu entdecken. Der heutige Mensch, Produkt fetischisierter Bedürfnisse einer industriellen Zivilisation, die er selbst nicht mehr oder noch nicht versteht, ist sich kaum bewußt, wie sehr er selbst der »Erlösung« bedarf und selbst das Sinnproblem im eigenen Leben, Leiden, in der Liebe durch Hinwendung zu etwas, das alle Tatsachen transzendiert, lösen müßte. Er kann zwar über Jesus lesen, kann auch einiges verstehen, aber er sieht nicht den lebendigen Jesus, solange er selbst nicht auf menschliche Weise lebendig wird.

Zum Schluß ist noch eine Bemerkung nötig. Jesus ist nicht nur eine historische Gestalt wie andere Gestalten, über die man Monographien schreibt, wie zum Beispiel Mose, Augustinus und andere, Jesus ist außerdem für Millionen der »Sohn Gottes«, »Erlöser der Welt«, an dessen Auserwähltheit und dessen zentrale Stellung in der Geschichte man auf religiöse Weise glaubt. Deshalb sind Betrachtungen über ihn für eine unübersehbare Zahl von Menschen weit mehr als nur Gedanken über einen bloßen Gegenstand »historischer Forschung«, sie fließen bei ihnen vielmehr zusammen mit einem Lebensstil, mit gewissen Erlebnissen, darunter auch gewissen »sonntäglichen Erlebnissen«, Gefühlen einer Erhebung über den Alltag und seinen sinnlosen Lebensrhythmus, aber auch mit gewissen »letzten Fragen«, mit Erlebnissen des Bedrohtseins, der Todesnähe, mit Erlebnissen des eigenen Versagens, der Schwäche, der Schuld. Aber sie erfahren Jesus auch im Zusammenhang mit Erlebnissen des Überwindens der eigenen Lebensnot und der Grausamkeit von Zufall und Geschick, als Trost in der enttäuschten Sehnsucht nach Freiheit, der unerwiderten Liebe. Anderen Menschen ist Jesus ganz im Gegenteil der zentrale Begriff für einen der größten und bedauerlichsten Irrtümer der menschlichen Geschichte: die christliche Religion.

Ich selbst meine nicht, daß die Welt schon das »Heil« besäße, aber ebensowenig betrachte ich das Auftreten Jesu und die ganze zweitausendjährige »Heils«-Geschichte der Interpretation seiner Botschaft als bloßen Irrtum oder als reinen Irrweg der menschlichen Geschichte. Die dramatische Größe dieser Geschichte — einer Geschichte, gesegnet »mit Segen vom Himmel herab, mit Segen von der Tiefe« (1. Mose 49,25), wie Jakob zu Joseph spricht, der als erster versucht, den »Gott Abrahams«, den »Gott Israels« unter das nichtjüdische Volk des Westens zu bringen — entspricht der Größe der Fragen, die in der Botschaft Jesu enthalten sind, unter dessen Namen dann wirklich der »lange Marsch« durch die Geschichte der westlichen Welt begann. Nach den Erfahrungen von Auschwitz und Hiroshima, aber auch nach den epochalen Anstrengungen Albert Schweitzers, Rudolf Bultmanns und anderer Protestanten bei der »Entmythologisierung« des traditionellen christlichen Stoffs und nach der umwälzenden Zuwendung zur »Welt«, zum »Heute«, wie sie auch unter Katholiken tapfer und voll des Glaubens Johannes XXIII. begonnen hat — nach all dem ist auch unter »Gläubigen« das Interesse gewachsen, zu erfahren, »wie das alles wirklich gewesen ist«. Denn unabweisbar wird die Frage: Welchen Sinn hat das Gebot der Nächstenliebe (Markus 12,31), wenn heute trotz wissenschaftlicher Erforschung der sozialen und politischen Situation in West und Ost und alles dessen, worauf die von Marx ausgehende Bewegung die Aufmerksamkeit gelenkt hat, nicht gesichert ist, wie binnen kurzem ein menschlicheres Leben real ermöglicht und verwirklicht werden soll.

Aber auch die »Ungläubigen« und vor allem diejenigen, bei denen der sogenannte »Unglaube« nicht ein reiner leerer Negativismus ist, sondern Teil einer großen positiven Anstrengung um die Errichtung eines menschenwürdigeren gemeinschaftlichen Lebens (und nur ein solcher Atheismus kann einen positiven Sinn bei den Schülern von Marx und Lenin haben) — sie werden sich, wenn nicht alles zusammenstürzen soll, mit größerer Dringlichkeit als bisher der Größe unserer epochalen Krise bewußt werden müssen, einer nicht nur wirtschaftlichen, sondern unsere gesamte europäische Zivilisation und jahrtausendalte Tradition erschütternden Krise. Sie werden sich klarmachen müssen, daß diese Krise nicht mit wirtschaftlichen und politischen Mitteln allein gelöst werden kann, sondern daß es nötig wird, in die Tiefen unserer Tradition zu steigen, um die Probleme von heute zu beherrschen und um in der Begegnung mit den sich ausbreitenden Kulturen des Fernen Ostens menschlich und moralisch nicht total zu versagen. Das kritische Studium der drei Grundlagen des traditionellen Europäertums — griechische Kultur, römisches Staatsprinzip und jüdisch-christlicher Glaube — müßte auch für den radikal säkularisierten Atheisten des 20. Jahrhunderts grundlegend sein, wenn er seine Hoffnungen und die Ursachen seines Versagen und seiner Schwächen erkennen will.

Unumgängliche Voraussetzung ist dabei ein unbestechlicher Sinn für die Wahrheit, unabhängig von gläubigen und ungläubigen Vorurteilen, sowie das Bemühen, die Gewinnung der historischen Wahrheit sich nicht billig zu erschleichen. Es geht um Ausnutzung aller kritischen Möglichkeiten der bisherigen wissenschaftlichen Forschung mittels eines kühlen Verstandes, wie auch um die allergrößte Skepsis gegenüber rasch sich anbietenden fremden und vor allem eigenen Hypothesen. Das bedeutet jedoch nicht, daß die Ergebnisse der Arbeit »wertfrei« sein müßten, neutral zwischen den Fronten, zwischen Gut und Böse, Wahrheit und Irrtum nur so unterscheidend wie die Mathematik zwischen positiven und negativen Größen. Der Mensch selbst — sei er Autor oder Leser — sollte kein unbeteiligter Beobachter bleiben, wo immer er einem menschlich bedeutsamen Streit, einem moralischen Problem, einem wesentlichen Streben, vor allem irgendeinem Kampf zwischen Gut und Böse begegnet oder dem Bemühen, »daß das Licht leuchte und die Finsternis es nicht auslösche«, beziehungsweise — wie man das heute lieber ausdrückt — wo ihm das Ringen um eine vollere, verantwortlichere Menschlichkeit, das ehrliche Ringen um Ehre, Gewissen und Lebenssinn entgegentritt. Wo immer wir — auch nach jenen unerbittlichen Bedenken der kritischen Skepsis — dem tiefen und inneren Kampf um etwas menschlich Belangvolles begegnen, mag es sich auch um einen nicht ganz ausgetragenen, nicht ganz gelungenen Kampf handeln (und wann gelingt schon etwas Menschliches ganz?), mag er in den Strukturen schon reichlich abseitig uns erscheinen: wir selbst werden durch diesen Kampf mitgenommen und neu geformt. Und deshalb ist das Ergebnis unserer vieljährigen Beschäftigung mit unserem Thema — nicht nur unserem, sondern in gewissem Sinne *dem* Thema der dialogischen Begegnung zwischen Marxisten und Christen, wie sie sich in Prag im Verlauf der sechziger Jahre entwickelt hatte — nicht etwas, was wir ausgeben können als ein vergangenes, uns nicht berührendes Produkt, sondern wir könnten mit Jesu ersten Schülern sagen: »Brannte nicht unser Herz, als er mit uns auf dem Wege sprach . . . ?«

Die jüdische Religion vor Jesus

»Ich bin der Herr, dein Gott, der ich dich aus dem Lande Ägypten, aus dem Sklavenhause, herausgeführt habe; du sollst keine andern Götter neben mir haben. Du sollst dir kein Gottesbild machen, in keinerlei Gestalt, weder dessen, was oben im Himmel ist, noch dessen, was in den Wassern unter der Erde ist. Du sollst sie nicht anbeten und ihnen nicht dienen; denn ich, der Herr, dein Gott, bin ein eifriger Gott, der die Schuld der Väter heimsucht bis ins dritte und vierte Geschlecht an den Kindern derer, die mich hassen, der aber Gnade übt bis ins tausendste Geschlecht an den Kindern derer, die mich lieben und meine Gebote halten.«

»Höre, Israel, der Herr, unser Gott, ist ein Herr. Und du sollst den Herrn, deinen Gott, lieben von ganzem Herzen, von ganzer Seele und mit aller deiner Kraft.«

(5. Mose 5,6—10; 6,4—5)

Die Ursachen und den Verlauf der lawinenartigen Verbreitung des Glaubens an Jesus als »Erlöser der Welt« im ganzen Römischen Reich während zweier Jahrhunderte zu studieren und die Entwicklung des Denkens und der Persönlichkeit von Jesus selbst zu untersuchen, sind zwei beträchtlich voneinander verschiedene Aufgaben. Man kann die rasche Verbreitung der Kunde von Jesus im gesamten Römischen Weltreich nicht ohne Studium der damaligen sozial-politischen Gesamtsituation verstehen, einer äußerst krisenhaften Situation, die deshalb nach einer Erlösung, das heißt nach einem Ausweg geradezu verlangte, doch zugleich für die Millionen der breiten Volksschichten eine Situation ohne realen Ausweg war. Sie rief schließlich eine unstillbare Sehnsucht nach einem illusionären Erlöserprinzip hervor und stellte daher eine günstige Situation für den Aufschwung einer Religion der Erlösung dar. Hingegen sind für die Entwicklung des Denkens Jesu und seiner ersten Anhänger nur die engeren Umstände der politischen Situation und der religiösen Entwicklung seiner Heimat maßgebend, der Länder, die man abwechselnd — je nach den ethnischen Gruppen, die um sie in der Geschichte kämpften — Kanaan, Israel, Palästina nannte. Diese Bewegung Jesu entstand hier teilweise durch den Einfluß der konkreten Situation dieses Landes im 1. Jahrhundert unserer Zeitrechnung, doch zugleich auch bedingt durch die eigenständige gedankliche Entwicklung des jüdischen Volkes, das unbestreitbar zu den bemerkenswertesten Völkern der menschlichen Geschichte gehört, das am meisten verfolgt wurde, doch aus dem auch unverhältnismäßig viele geniale und die Richtung der Geschichte tief beeinflussende Persönlichkeiten hervorgegangen sind — von Mose über Jesus und Paulus bis zu Marx, Freud, Einstein.

Deshalb ist erste Voraussetzung für das Verständnis der Persönlichkeit und des Denkens Jesu das Bemühen, den spezifischen Charakter des Denkens der vorchristlichen Periode zu verstehen, insbesondere aus der Zeit knapp vor dem Auftreten Jesu, und vor allem auch die religiösen Charaktere. Doch diese kann man wiederum nicht ohne Bezug auf die gesamte geschichtliche Entwicklung der Juden begreifen. Besonders — wir betonen das — geht es hier um jene Momente und Neigungen des damaligen jüdischen Denkens, die sich in gewissen nur äußerlich unauffälligen Punkten wesentlich von den geläufigen Haltungen der heutigen Zeit und unserer Gedankenwelt unterscheiden. Denn vom Standpunkt unseres Zieles, das heißt, sofern es um eine zumindest relativ historisch treue Erkenntnis Jesu geht, gibt es nichts Falscheres, als einfach die Evangelien aufzuschlagen, um sich ohne weiteres von diesen Texten informieren und inspirieren zu lassen. In solch einem Fall projiziert nämlich fast notwendig der heutige Mensch unwillkürlich seine zum Teil ganz anderen Vorstellungen und Haltungen in die Lektüre, so daß er etwas anderes herausliest, als einst geschrieben wurde, wesentliche und unwesentliche Dinge verwechselt und manchmal auch gerade zum Gegenteil dessen gelangen kann, worum es den Aposteln und Evangelisten ging.

Zum zweiten — und in engem Zusammenhang damit — muß man betonen, daß die jüdische Religion damals mit der Bedrohung der Menschen zusammenhing, mit dem Kampf auf Leben und Tod, mit dem Kampf um alles — für den einzelnen und das ganze Volk. Vielleicht war es gerade dieses Moment, das vor allem bedingte, daß die Religion sich rascher, farbiger und tiefer entwickelte als anderswo. Das Leben war hier nicht nur nie leicht, sondern es stand immer fast alles auf dem Spiel, die nackte Existenz. Teilweise folgte das bereits aus der geographischen Situation. Das Land befand sich immer im Schnittpunkt diverser einander ausschließender politischer Interessen: zuerst zwischen dem ägyptischen Reich und den am Euphrat und Tigris entstehenden Staatsgebilden Assyrien und Babylonien, später dann zwischen dem persischen Großreich und der griechischen Kolonisierung, bald darauf zwischen den Nachfolgestaaten des Reichs Alexanders des Großen, zwischen den Seleukiden und Ptolemäern. Schließlich bildete das Land den unruhigen und nie gänzlich befriedeten Rand des Römischen Reichs, wobei man für die Belange unseres Buches außer acht lassen kann, daß es sich ähnlich auch im Mittelalter und besonders in der Neuzeit verhielt. Ins Land drängten ständig Menschen, und ständig wurden Menschen daraus verjagt; erinnern wir uns, daß die jüdische Bevölkerung hier fast nie, nicht einmal in den seltenen Augenblicken des relativ größten Aufschwungs, etwa während des Königreiches Davids, allein wohnte. Schon die ersten hierher gezogenen Hebräer hatten, bevor sie sich bewußt zu einem einheitlichen nationalen und politischen Ganzen formten, bevor sie Israel wurden, eine ältere, semitische, doch unjüdische Bevölkerung vorgefunden, die Kanaanäer (daher der ursprüngliche Name des Landes Kenaan oder Kanaan). Schwere Kämpfe mit der nichtsemitischen Bevölkerung im Süden des Landes folgten, mit den Philistern (nach denen viel später die Römer, als sie selbst den Namen des Landes auszurotten versuchten, dem Land den Namen Palästina gaben) — vom Norden drängte immer das syrisch-aramäische Element nach, in Galiläa, der Heimat Jesu, immer stark mit der jüdischen Bevölkerung vermischt, deren Sprache dann auf Jahrhunderte hinaus das Hebräische in der Umgangssprache auch der jüdischen Bevölkerung verdrängte. Aber die Juden blieben trotzdem Juden, im vollen Bewußtsein ihrer Verschiedenartigkeit. Daß in dieser Beziehung gerade jenes Bewußtsein der religiösen Verschiedenheit und der darauf gegründeten Stammeseinheit — als grundlegender Schutz gegen die ständige Bedrohtheit — eine erstrangige Rolle spielte, steht außerhalb aller Diskussion.

Dadurch entstand auch im Verlauf der Jahrhunderte — von unserer Warte aus jedoch bereits in der Morgendämmerung der Geschichte, das heißt in der Zeit der Anwesenheit der hebräischen Stämme in Ägypten, irgendwann vor dem 13. Jahrhundert vor Christus — einer der bemerkenswertesten Züge der jüdischen Religion, der sonst bei keinem anderen Volk vorkommt (außer mit schwachen Anzeichen bei den alten Römern), nämlich *die Verschmelzung des religiösen Fühlens mit dem geschichtlichen Bewußtsein des Stammes*, und zwar bis zur vollständigen gegenseitigen Durchdringung, wodurch einerseits die realen Geschehnisse eine gewisse sakrale, geweihte, messianische Qualität bekamen, andererseits auch zugleich jedwede »göttliche« Problematik im geschichtlichen Streben der Menschen aufzugehen begann. Eine gewisse Vermischung der Geschichte und der numinosen Vorstellungen kommt sicher bei allen Völkern vor, und zwar am Beginn ihrer Geschichte, in den verschiedenen Stammesmythen und -sagen. Doch überall anderswo trennt sich beides bald voneinander; man überliefert dann verschiedene Göttersagen und daneben profane Begebenheiten, doch man verbindet sie nicht, es sei denn, irgendein Wunder soll begründet werden. Doch die Juden erzählten einander keine Geschichten über Götter und keine profane Geschichte — im Gegenteil, bereits seit dem Beginn der Geschichte kommt die göttliche Stimme ausschließlich als das Gebot für eine bestimmte historische Handlung vor. So wurden also auf diese Weise bereits die ältesten Sagen des Stammes erzählt, Sagen über die Begebenheiten der Patriarchen, über Abraham, Jakob, Joseph von Ägypten. Sie erfassen unbezweifelbar gewisse ferne Erinnerungen an die Wandlungen und die Kämpfe einzelner Gruppen der halbnomadischen Stämme aus der ersten Hälfte des 2. Jahrtausends vor Christus, aus denen sich allmählich Israel gebildet hat. Die endgültige Redaktion und Kanonisierung der Texte ist freilich das Werk späterer Zeiten, vermutlich der Ära Davids.

Wenn wir insbesondere die griechische oder indische Mythologie mit diesen Nachrichten über die Zeit der jüdischen Patriarchen vergleichen, dann ergibt sich ein grundlegender Unterschied: dort handeln Götter, es geht um das Schicksal von Göttern oder Halbgöttern, von Heroen; hier handeln ausschließlich Menschen, der Stamm, sein Patriarch — die göttliche Stimme zeigt sich *in* diesem menschlichen Handeln. Hinsichtlich der Verschmelzung des religiösen und des historischen Moments spielte für die ganze folgende jüdische Geschichte vor allem die Erinnerung an den Exodus Israels aus Ägypten eine außergewöhnliche Rolle: unter der Führung von Mose, der seinerseits freilich wieder von der »Stimme Gottes« geleitet wurde. Uns kann es hier nicht darum gehen, in welchem Maß dieses oder jenes Detail der Schilderung den historischen Tatsachen entspricht, sondern um etwas viel Wichtigeres: daß die Erinnerung an etwas *Historisches*, an jene »große Nacht«, in der das Lamm geopfert und das Volk aus der ägyptischen Gefangenschaft befreit worden war, zum größten religiösen Feiertag der Juden wurde, an dem jahrtausendelang Zehntausende nach Jerusalem strömten. Diese Feier, das Passah-Fest, wird einmal eine entscheidende Rolle auch im Schicksal Jesu spielen.

Es war kaum nur der Glaube an Gott selbst, aber sicher diese Verschmelzung des religiös-sakralen Fühlens mit der Selbstreflexion auf die Stammesgeschichte, was ein weiteres bemerkenswertes und in diesem Ausmaß bei anderen Völkern unerhörtes Merkmal bedingte, nämlich die erstaunliche Widerstandskraft und Ausdauer, die Fähigkeit, generationenlang die härtesten Bedingungen zu ertragen, in der Fremde, in der Gefangenschaft, die Fähigkeit, sowohl dem Druck von außen zu widerstehen wie auch den Vorteilen der Assimilierung. So war das Volk auch dann nicht gebrochen, als Davids Königsreich vernichtet (an seinem Gipfelpunkt irgendwann um das Jahr 1000 vor Christus) und als zunächst der Norden des Landes, damals Israel genannt, 721 von der assyrischen Macht erobert wurde, später auch das südlichere Judäa 589 durch Babylon, und als ein großer Teil der Bevölkerung — offenbar hauptsächlich die Oberschichten — in assyrische bzw. babylonische Gefangenschaft abgeführt wurde. »An den Strömen Babels, da saßen wir und weinten, wenn wir Zions gedachten ... Denn dort hießen uns singen, die uns hinweggeführt, hießen uns fröhlich sein unsre Peiniger: ›Singt uns eins von den Zionsliedern!‹ Wie könnten wir des Herrn Lied singen auf fremder Erde? Vergesse ich deiner, Jerusalem, so müsse meine Rechte verdorren!« (Psalm 137, 1—5) Ähnliche, in den Psalmen festgehaltene Erlebnisse akzeptierten später alle christlichen Völker als die ihren, machten sie zu festen Bestandteilen ihrer Gottesdienste; doch wenn sie selbst in eine ähnliche Situation »auf fremder Erde« kamen, nutzte es ihnen nichts (erinnern wir uns an das Geschick Zehntausender Tschechen und Slowaken in Amerika)— nach zwei Generationen verschwindet gewöhnlich die Sprache, nach weiteren zweien auch die Erinnerung, die Assimilierung ist komplett. Warum war das bei den Juden nicht so? Warum hielten sie es jahrhundertelang durch, sich mit »nächstes Jahr in Jerusalem« zu begrüßen? Das kann man sicher nicht nur mit irgendeiner »Stammesvitalität« erklären, das muß mit denselben Umständen zusammenhängen, aus denen die Bibel, die jüdische Religion, Jesus entstanden sind. Es muß mit dem Wesentlichsten im ganzen Gedankenkreis des Judentums zusammenhängen, mit der Konzeption Gottes, und damit — indirekt — mit der Konzeption des Menschen, mit dem Begriff seiner selbst, stammesmäßig und individuell, mit dem Begriff vom Sinn der menschlichen Existenz und aller Bemühung. Daß die Selbstreflexion damals wesentlich anders war als beim Großteil der Menschen der industriellen Zivilisation heute, das hatte selbstverständlich seine Wurzeln auch in anderen Umständen, die vor allem durch die überwiegend landwirtschaftliche Arbeitsweise und die wenig fortgeschrittene Arbeitsteilung gegeben waren. Die private Selbstreflexion des einzelnen war noch nicht so stark wie später (oder auch nur wie damals bei den bereits technisch und zivilisationsmäßig fortgeschritteneren Griechen), deshalb gab es zum Beispiel auch nicht jenes starke Haften am individuellen Schicksal, am »Überleben«, wie es zur Grundlage der Suche nach Glück und gleichzeitig zur Ursache unermeßlichen Leides beim Großteil der Menschen in der modernen europäischen und überhaupt westlichen Zivilisation wurde. Der Mensch fühlte sich damals im Judentum viel mehr in das Geschehen des Stammes, in den Kreislauf des Lebens, in die Geschicke der Heimat eingegliedert. In dieser Beziehung finden wir heute Parallelen eher in den asiatischen Ländern als in den Ländern der »christlichen Zivilisation«. Aus ähnlichen Ursachen — denn die landwirtschaftliche Arbeit herrschte noch absolut vor und es gab keine »Arbeitsprobleme« — konnte damals auch noch nicht der Gegensatz zwischen dem materiellen und dem geistigen Prinzip entstehen. Doch letztlich können wir aus diesen Umständen den besonderen Charakter der jüdischen Geschichte und die Entstehung der Bibel nicht ableiten; denn ähnlich arbeiteten Hunderte anderer Stämme, die sich in die Geschichte auf keine Weise eingeschrieben haben. Es ist leichter zu beschreiben, *wie* sich das Konzept Gottes und des Menschen bei den Juden entwickelt hat, als klarzumachen, *warum* dem so war, warum hier die Entwicklung zu tieferen Formen der Religion so viel rascher vor sich ging als bei allen anderen Stämmen und Völkern der menschlichen Geschichte.

Gewiß gibt es auch in der jüdischen religiösen Tradition einiges, was den religiös-mythologischen Vorstellungen anderer antiker Völker gleicht, so zum Beispiel den Mythos über die Erschaffung der Welt bei anderen semitischen und arischen Völkern. In der Sage von Romulus und Remus beginnt die römische Geschichte ebenfalls mit einem Brudermord, so wie die Bibel mit der Kunde von Abel und Kain. Ödipus und Aeneas wandern ähnlich schicksalhaft und sucherisch wie Abraham. Iphigenie sollte von ihrem Vater geopfert werden wie Isaak. Die märchenhaft novellistischen Motive des unter seinen Brüdern auserwählten einen kennen auch jene, die nichts von Joseph in Ägypten gehört haben. Niobe wurde so bestraft wie die Frau Lots usw. Wenn jemand in dieser Richtung weitere Analogien suchen will, kann man es ihm nicht verwehren, doch sie erklären letztlich die Erscheinung Moses, Jesajas, Jesu und Paulus nicht. Das Hauptsächliche beruht ohne Zweifel in etwas anderem als in solchen Analogien.

Auch soweit es um die Konzeptionen des einen einzigen Gottes geht, dessen ausschließlicher Kultus seit den frühesten Zeiten die Grundlage der jüdischen Religion bildet, des Gottes Jahwe, finden wir — insbesondere in den älteren Schichten — einiges, was anderswo geläufige Kulte in Erinnerung ruft. So kann man gewissen Hinweisen darauf begegnen, daß es sich ursprünglich um eine Stammesgottheit handelte, die nicht als einzige überhaupt verehrt wurde, sondern nur anderen übergeordnet war, in dem Sinn, in dem sich der Stamm wünschte, seine eigenen Interessen über jene anderer Stämme zu stellen. Einige Zusammenhänge ihrer Erscheinung mit dem Feuer in den ältesten Schichten der biblischen Tradition legen den Schluß nahe, daß diese Stammesgottheit als eine vulkanische Gottheit (des Feuers) verehrt wurde bzw. überhaupt als eine Gottheit atmosphärischer Phänomene (so wie der griechische Zeus über den Donner verfügt). Wir finden bei ihr auch einige Züge kriegerischer Gottheiten, erklärlich aus der Situation eine Stammes, der oft in Kriegskonflikte verwickelt war. Außerdem kann man noch durch Jahrhunderte gewisse Anzeichen dafür verfolgen, wie sich neben dem siegreichen jüdischen Monotheismus und teilweise noch in einigen Formen seines eigenen Kultus Reste primitiverer Kulte der kanaanäischen Urbevölkerung erhalten — insbesondere im Norden des Landes, der nie ganz von der Orthodoxie beherrscht wurde.

Doch letztlich ist das alles unwichtig. Wesentlich bleibt, daß wir schon in den ältesten Schichten der biblischen Tradition einen so zugespitzten und konsequenten Monotheismus antreffen wie nirgends sonst. Nur bei den Juden setzte sich ausdrücklich und erfolgreich die Vorstellung der absoluten Einzigartigkeit, des universellen Charakters der Gottheit und der Nichtexistenz anderer Götter durch. Noch wichtiger ist der Umstand, daß dieser Gott verbietet, abgebildet und dargestellt zu werden, daß er es den Menschen, die an ihn glauben wollen, keineswegs leicht macht, ihnen Handlungen und Überlegungen gebietet, die den unmittelbaren Lebenserfahrungen oft zuwiderlaufen. Schon damit beansprucht er eine größere Leistung des menschlichen Intellekts und des Willens. Zu Versuchen, primitive anthropomorphe Vorstellungen von den Göttern zu überwinden, kommt es zwar auch anderswo — vom ägyptischen Pharao Echnaton bis zu den griechischen Philosophen —, doch nur bei den Juden gelingt es, dies zur Sache des ganzen Volkes zu machen. Ob diese Tat wirklich, wie es die älteste biblische Tradition schildert, vor allem das Werk Moses war, kann man heute weder beweisen noch widerlegen; insgesamt gibt es keinen Grund, der Tradition nicht zu glauben, daß er daran den Hauptanteil hatte. Daß es ihm jedoch gelang, es unumkehrbar durchzusetzen — und es ist kein Zufall, daß die Bibel schildert, unter welch riesigen Schwierigkeiten und Widerständen beim eigenen Volk dies erfolgte —, kann man vielleicht teilweise mit jenen Belastungen erklären, die das Volk beim Exodus aus Ägypten auf sich nehmen mußte und die halfen, seine geistigen Kräfte zu mobilisieren. Freilich, Hunderte von Stämmen kamen im Verlauf der Geschichte in Situationen, die zumindest ähnlich bedrängend waren, doch schufen sie trotzdem nichts Gleichartiges. Eins ist sicher: die weitere religiöse Entwicklung — sowohl hinsichtlich der Erhellung der existentiellen Situation des einzelnen Menschen bei Hiob und in den Psalmen als auch hinsichtlich der Zukunftsperspektiven der Menschheit im Prophetismus — wäre ohne diese erste Phase nicht denkbar, ohne den Übergang zu einem radikalen und rigorosen Monotheismus, zu einer Gottheit, die es verbietet, bloß als Instrument menschlicher Vorstellungen und Wünsche aufgefaßt zu werden.

Jetzt zeigt sich uns der tiefere Grund dafür, warum Jahwe in der jüdischen Mythologie anders auftritt als Zeus in der griechischen oder Schiwa in der indischen: Jahwe spricht, verbietet, ärgert sich, aber *er handelt nicht*, zumindest nicht auf menschliche Weise — *die Menschen handeln.* Und nur auf dieser Grundlage kann man jene wichtige Idee des *Bundes* zwischen Israel und der Gottheit begreifen: *Jahwe verpflichtet zum Handeln.* Er ist weder irgendein kosmologischer Theaterdirektor noch ein Garant für Sinn und Korrigierbarkeit menschlichen Handelns, er ist nicht jemand, der die Lücken der menschlichen Erkenntnis füllt oder emotionale Bedürfnisse befriedigt. Daß sich alle diese Vorstellungen mehr oder minder in der christlichen Geschichte geltend gemacht haben, geht eher auf griechischen oder römischen Einfluß zurück als auf jüdischen. Wenn man die alttestamentlichen und bis zu einem gewissen Maß auch die neutestamentlichen Texte ohne Wachsamkeit diesen Vorstellungen gegenüber liest, legt man unwillkürlich etwas in sie hinein, was ihnen fremd ist.

Gerade weil wir zivilisierte, durch »Kultur« geprägte Menschen sind (wenigstens was das Wissen anbelangt; in moralischer Hinsicht ist der moderne Mensch immer imstande zu zeigen, wie brüchig diese Zivilisiertheit ist) und deshalb von gewissen in Jahrhunderten fixierten Haltungen gebunden, ist es so schwer, sich zumindest eine annähernd zutreffende Vorstellung von dem zu machen, was eigentlich dieser »Gott Abrahams« für die Menschen der Zeit Jakobs, Moses, Davids, lange vor der Entfaltung der klassischen griechischen Kultur, bedeutet hat. Jahrhundertealte Traditionen verführen uns — gleichgültig, ob wir Atheisten sind oder Gläubige — fast zwangsläufig dazu, Gott als »Person«, »Herrscher des Alls«, Schöpfer der Natur, Herr und Korrektor der geschichtlichen Prozesse aufzufassen. Ob man an so einen Gott glaubt oder nicht — man klebt hartnäckig an dieser Vorstellung, und der moderne Mensch, der die Bibel öffnet, stellt sich mit einer gewissen Selbstverständlichkeit vor, daß Mose oder David eine ähnliche Auffassung haben *mußten*, weil andere angeblich nicht möglich seien. *Entweder* ist Gott so etwas wie Apollo oder Hermes (und das ist er in der Bibel offenbar nicht), *oder* er ist ein abstraktes philosophisches Prinzip, »Geist«, geistige Struktur des Alls, Ursache der Bewegung und Garant einer sinnvollen Welt, Beschützer des Menschen vor der Absurdität und Verlorenheit in der unsinnigen Unendlichkeit der materiellen Prozesse. Der moderne Mensch macht sich nicht klar, daß auch der zweite Teil dieser Alternative ebenso griechischen Ursprungs ist wie die Vorstellung von Apollo oder Hermes. Er kann nur schwer einsehen, daß die Welt des Alten Testaments von anderer Art ist als die Welt Platons. Mose oder David hatten keinen Grund, sich in Richtung auf die platonisch-stoische Auffassung der Gottheit zu bewegen. Die alten Juden erforschten weder die Natur noch die Kausalität; warum sollten sie dann eine Gottesvorstellung entwickeln, die später in Griechenland aus solcher Forschung erwachsen ist? Den primitiven Polytheismus und Anthropomorphismus verließen sie in einer ganz anderen Richtung als die Griechen im Prozeß von Xenophanes bis Plotin.

Jahwe ist weder ein Gott der Natur noch ein Gott der Kausalität — damit haben sich die Juden nicht befaßt. Seine Unanschaulichkeit bedeutet kein »abstraktes Prinzip« im Unterschied zu den konkreten Gestalten des Polytheismus. Aber was ist dann Jahwe eigentlich? Welcher menschliche Lebensbereich ist seine eigentliche Sphäre? Entscheidend ist vor allem, daß Jahwe *spricht.*

Jahwe spricht zum Menschen, spricht ihn mit »Du« an, fordert etwas von ihm oder vom ganzen Stamm. Als Gott des Bundes ist er ein Gott der Aufforderung, des Gebots, des Anspruchs. Sein Gebiet ist nicht das kosmische und natürliche Geschehen, sondern die Sphäre des Bewußtseins vom eigenen »Ich«, die Sphäre von Not, Schuld und möglicher Sendung eines jeden solcherart angesprochenen menschlichen »Ich«. «Aber mit dir will ich einen Bund aufrichten ...« (1. Mose 6,18) — das ist geradezu das Motto, der häufigste und impulsivste Gedanke der jüdischen heiligen Texte. Deshalb wird auch Jahwe — nach dem Untergang des Polytheismus, des Naturdämonismus und der primitiven Monolatrie einer Stammesgottheit — nicht zu irgendeinem »Gott überhaupt«, sondern bleibt immer der »Gott Abrahams«, der »Gott Isaaks«, der »Gott Jakobs« (keineswegs: der »Gott Abrahams, Isaaks und Jakobs«).

Was für eine Beziehung ist das, die nicht verallgemeinert werden kann, nicht einmal in die Gemeinsamkeit von »Großvater, Vater und Sohn«?

Es ist die persönlichste unverwechselbare Sphäre eines jeden menschlichen »Ich«, ja es ist in einem gewissen Sinn das menschliche »Ich« selbst als voll erlebtes, bewußtes, mit seiner Sendung identisches Ich, das aus der Verlorenheit des Menschen in der alltäglichen oft so erbärmlichen Realität zum maximalen Anspruch, zur größten Anspannung der menschlichen Kräfte, zum Handeln drängt. Deshalb ist dieser Gott auch bei weitem nicht Gegenstand irgendwelcher bigotter Gefühlchen und Sehnsüchte, sondern ein Gott, mit dem man kämpft, dem gegenüber man stark und widerstandsfähig sein muß (1. Mose 32,28). Er ist also Ausdruck der Spannung zwischen den höheren und niedrigeren Komponenten jeder menschlichen Subjektivität, freilich nicht einer Subjektivität im Sinn des »Rückzugs in sich selbst«, ins Innere, in die Intimität der rein persönlichen Erlebnisse, sondern der Subjektivität im Sinn der Bewußtheit, des bewußten Handelns nicht nur des Individuums, sondern des ganzen Stammes. Es geht um das menschliche »Ich«, das im Geist jenes »Bundes« bewußt handelt.

Deshalb lautet auch der einzig mögliche »Name« dieses Gottes, mit dem er sich seinem größten Verkünder Mose offenbart, »ich bin, der ich bin« (2. Mose 3,14). Diese Aussage kann freilich im modernen, von den Griechen, der Naturwissenschaft und dem Rationalismus geprägten Denken kaum anders als im Sinne einer aristotelischen oder mittelalterlichen, allenfalls vermeintlich modernen, substantialen Ontologie mißverstanden werden. Das alles ist irreführend auch dann, wenn man, wozu viele unter dem Einfluß des Dynamismus der letzten Generation neigen, den Ausspruch mit »ich bin der, der geschieht« übersetzt.

Denn sowenig die alten Juden aristotelisch-scholastische Philosophen waren, ebensowenig waren sie Schöpfer irgendeiner dialektischen Ontologie. Diese Aussage — wenn wir eine gewisse pythische Dunkelheit beiseite lassen, die ein Begleitmerkmal jeder religiösen Materie ist — bedeutet viel eher etwas ähnliches wie »das bin *ich*, das ist«, das heißt, ich bin die Angelegenheit deines und jedes möglichen menschlichen »Ich«, ich bin das »Ich-Prinzip« der Menschheit und der ganzen Welt; also mit anderen Worten eigentlich nur wieder das, was jene nicht generalisierbaren Ausdrücke »Gott Abrahams«, »Gott Isaaks«, »Gott Jakobs« sagen wollten: ein Gott, der Anspruch erhebt *auf dich* in seinem Bund, mit dem er das menschliche Ich zum Handeln verpflichtet.

Philosophisch könnte man sagen: Der Sturz der polytheistischen Vorstellungen und des Naturdämonismus wird im mosaischen Theismus als Sturz der Göttlichkeit der Dinge begriffen, also auch als Sturz Gottes als Objekt (daher seine Unanschaulichkeit). Das Göttliche wird ausschließlich in den Bereich des Subjekts übertragen, in die subjektive Sphäre, in die Beziehungen zwischen den niedrigeren und höheren Komponenten des Prinzips »Ich« und in die Beziehung »Ich — Du«.

Ist das überhaupt noch Religion? Die alten Juden hatten sicher einen bestimmten Kult und auch bestimmte Opfer, sie hatten einen bestimmten »Glauben« und auch eine Priesterschaft usw. In gewissem Sinn ist das eine tiefere Religion als jede andere. Und die neuen Generationen des jüdischen Stammes bewegten sich schließlich und endlich immer zwischen Heiden und Götzendienern; mehr oder minder davon beeinflußt, hatten deshalb viele Juden immer wieder die Neigung, sich irgendein »goldenes Kalb« (2. Mose 32,4) zu bilden mit einem Kult, der dem Kult anderer Völker ähnlich war. Besonders wenn es ihnen gut ging, verloren viele den Sinn für das wahre Vermächtnis Abrahams, Jakobs und Moses (5. Mose 32,15).

So ist die reale jüdische Geschichte sicherlich eine Geschichte sowohl des Glaubens wie auch des Unglaubens, eine Geschichte des Überwindens von Aberglauben und Bigotterie, aber auch eine Geschichte des Abfalls vom

»Bund« Abrahams und Moses zum Aberglauben, zur Einbeziehung der Gottheit in die eigenen Sehnsüchte, zur Projektion der eigenen Wünsche in die religiösen Vorstellungen.

Aber auf der anderen Seite wird doch gerade wiederum durch diesen »Gott Abrahams«, durch den jedes menschliche »Ich« ansprechenden Gott, durch die jede Abbildung verbietende Gottheit, in einem gewissen Sinn der Rahmen jeder Religion wenn nicht gesprengt, so doch zumindest geöffnet und problematisiert, so daß nicht zufällig aus der biblischen Tradition in den verschiedensten Zeiten auch Tendenzen folgten, die so oder so den Horizont der Religion überschritten. Im 20. Jahrhundert tritt dann eine ganze Reihe von Denkern auf — unter den bedeutendsten muß man vor allem Karl Barth, Erich Fromm und Ernst Bloch nennen —, die sich bemühen, die biblische Tradition als etwas in seinen besten Grundlagen Nichtreligiöses zu interpretieren, wenn auch mit sehr verschiedenen Konsequenzen. Der erste der Erwähnten greift zwar die Religiosität und Frömmigkeit an, bewahrt jedoch die Idee des »Wortes Gottes« und versteht die Offenbarung Gottes an den Menschen als Gegenteil von Religion, das heißt der Bemühung, eine menschliche Lehre von Gott zu bilden. Die beiden anderen jedoch ziehen aus der Bibel Schlüsse, die unreligiös, atheistisch-humanistisch sind. Denn der Gott des Bundes, der Gott, der das grundlegende Prinzip jeder Religion verbietet, die Abbildung, den Anthropomorphismus, die Projektion menschlicher Wünsche, ermöglicht diese paradoxe Folgerung nicht nur, sondern macht sie eigentlich unumgänglich.

So kann dann die Essenz der jüdischen denkerischen Tradition, wie sie vor allem in den biblischen Büchern, aber auch im Talmud und in der nachbiblischen jüdischen Literatur vorliegt, auf zwei ganz verschiedene Weisen interpretiert werden. Auch ihre gedanklichen Gipfelpunkte, zum Beispiel das Buch der Psalmen, Hiob, des Predigers, können einerseits als tiefste, anspruchsvollste, innerlichste Religion aufgefaßt werden. Andrerseits geht es um die Erfassung komplizierter und tiefer Probleme der menschlichen Existenz, also um einen gewichtigen Beitrag zur Selbstfindung des Menschen, gewichtiger in gewissem Sinn als selbst die Gipfelpunkte anderer Religionen oder die griechische und römische Antike. Einzigartig werden etwa in den Psalmen gewisse elementare Lebenssituationen ausgedrückt: die Situation des Kämpfens und des Scheiterns, der hoffnungslosen Depressionen und ihrer Überwindung durch neue Hoffnung; die Verletzung durch die Schmerzen des Lebens, durch den Verrat der Freunde und der neue Glaube an den Menschen; die Nähe des Todes oder der Gefahr und die Mobilisierung innerer Kräfte dagegen; die Scham und die Not des täglichen Lebens und das Aufschauen zu den »Bergen, von welchen mir Hilfe kommt« (Psalm 121,1). Vom Christentum übernommen und verbreitet, haben die Psalmen der Menschheit für Jahrtausende *Modelle des Erlebens und der Bewältigung elementarer menschlicher Situationen* geliefert. Es ist zwar nicht leicht, diese Situationen so zu bewältigen, daß sich in ihnen das menschliche »Ich« schließlich nicht auflöst; und diese Modelle geben keine Garantie, daß die Bewältigung dem einzelnen gelingt. Aber vertraut mit ihnen zu leben, gibt dem Menschen eine gewisse Stütze, um in den Bedrängnissen des Lebens mit seinem »Ich« nicht unterzugehen, sondern moralisch und gefühlsmäßig über sie hinaus zu gelangen. Soweit der moderne Mensch ähnliche Modelle nicht mehr hat, bleibt er trotz aller äußeren Zivilisiertheit und vielleicht auch ausgezeichneter spezieller Fertigkeiten in moralischer und emotionaler Hinsicht auf niedrigerem Niveau als jene, die diese Modelle hatten.

Die alten Griechen, Schöpfer des Großteils dessen, was die Grundlagen der modernen Wissenschaft, Technik, Spezialisierung, der kulturellen und künstlerischen Formen, des Individualismus, Rationalismus usw. bildet, gaben der Menschheit Bücher, Hunderte Bücher, führten die Menschheit zu Erfolgen unermeßlichen Umfangs, öffneten ihr den Horizont der realen Unterwerfung der Natur und des Kosmos. Doch damit entstand auch — insbesondere in der Neuzeit, als dieses »griechische Prinzip« zur Basis des Lebensstils von Millionen wurde — jener Menschentyp, der Hunderte Bücher liest, aber keines tief erlebt. Alles Gelesene geht ihm durch den Kopf und hinterläßt zwar gewisse Spuren von Wissen, doch formt es den Menschen in der Tiefe seines Inneren nicht. Die Juden gaben der Menschheit nicht Bücher, sondern *das Buch* — in einem bestimmten Sinn ist das mehr; vor allem, weil in diesem Buch Modelle entwickelt werden, die imstande sind, das Gewissen, den Willen, existentielle Haltungen und den Sinn für die sogenannten »letzten Fragen« zu formen, Fragen nach dem Sinn des menschlichen Lebens, nach dem Sinn des Strebens, der Liebe, des Schmerzes, der Situation des Menschen zwischen Leben und Tod.

Auch das jüdische Volk geriet oft in Gefahr, den Sinn für den weitreichenden Inhalt des erwähnten »Bundes« zu verlieren. Erfolg und Bequemlichkeit verführten dazu eigentlich noch mehr als schreckliche Katastrophen, die ja die moralischen Kräfte mobilisieren konnten. Aber immer dann, wenn im Schwindelgefühl des Erfolgs, der Selbstblendung durch die Macht und im Zauber epikureischer Freuden alles verlorenging und das mosaische Vermächtnis auf die rein äußerliche, formalistische Erfüllung des Gesetzes und auf ritualistische Zeremonien reduziert wurde, traten die sogenannten Propheten auf, die gegen das alles wetterten und die Lebendigkeit des Jahwe-Glaubens erneuern wollten. Sie tauchten fast in jedem Jahrhundert zwischen Mose und Jesus auf, von Elia bis Daniel, Deuterojesaja und Johannes dem Täufer, ein erster Hinweis darauf, daß die Formation des Menschen immer von neuem beginnen muß, daß die Reformation entweder permanent ist — oder überhaupt nicht ist.

Indem sie dem Volk Israel in den verzweifelten Situationen etwa der babylonischen Gefangenschaft, aber auch bei inneren Schwierigkeiten Hoffnung und Kraft zur Veränderung gaben, indem sie schilderten, wie es besser sein sollte und könnte, entdeckten sie für die Menschheit etwas, was bis zu dieser Zeit überhaupt nicht bekannt war und was vielleicht die gewichtigste Entdeckung der menschlichen Geschichte ist, sofern wir sie nicht äußerlich begreifen, sondern als Geschichte der allmählichen Selbstfindung der Menschlichkeit: *die Dimension der Zukunft*, der lebendigen, mitreißenden Zukunft, die auf den Menschen in seiner Gegenwärtigkeit Anspruch erhebt — und damit erst die Gegenwart in etwas Wahrhaftes, tief Begriffenes verwandelt. Ohne Verständnis des Inhalts und des Sinns der prophetischen Bewegung — als wichtigem Zwischenglied zwischen Mose auf der einen Seite und dem frühen Christentum auf der anderen — kann man die Gedankenwelt Jesu und seiner ersten Anhänger überhaupt nicht verstehen.

Propheten und Seher kommen freilich in allen religiösen Systemen vor — erinnern wir uns an die römischen Auguren und Haruspices! Doch während sie anderswo nicht die Grenze des nur naiven »Erratens« einzelner kommender Ereignisse überschreiten, werden sie bei den Juden — sicher im Zusammenhang mit der oben analysierten Vertiefung der Rolle der Religion schon seit dem eigenständigen mosaischen Monotheismus und seit den Psalmen Davids — zu einer einflußreichen politischen und sozialen Kraft, die in Protest und Opposition oft auch direkt revolutionäre oder den revolutionären Radikalismus vorbereitende Tendenzen entwickelt. Ja, die jüdische prophetische Bewegung entfaltet allmählich ein ganzes System des sogenannten eschatologischen Denkens (griechisch: eschatos = Letztes), das heißt eines Denkens, in dem sich radikale Kritik am gegenwärtigen gesellschaftlichen Zustand vermischt mit der Erwartung eines grundlegenden Umbruchs in der Zukunft durch direkte göttliche Aktivität oder durch einen von Gott erwählten Helden.

Bei der Schilderung dieses künftigen Reichs der Seligkeit geht die prophetische Bewegung zunächst selbstverständlich von der uralten Erinnerung der Menschheit an die Urgemeinschaft, an das »goldene Zeitalter« oder das »Paradies« aus. In diesem Sinn wird Umkehr (= Buße) zunächst eher als Rückkehr begriffen, als Beendigung des Abfalls vom ursprünglichen Jahwe-Glauben. Doch es bleibt nicht dabei. Etwas ganz Neues entsteht, weil diese Tradition sich einerseits mit radikalster gesellschaftlicher Kritik verbindet, weil sie beginnt, die sozialen Sehnsüchte der Unterdrückten auszusprechen, weil sie beginnt, Könige, Despoten, Reiche und Verräter zu kritisieren, weil andererseits die Verlegung der Vision vom idealen Zustand in die Zukunft es ermöglicht, ihn nun als Angelegenheit der menschlichen Bemühungen, der Aktivität, der moralischen Pflicht zu begreifen. In der Zukunft wird Israel die Erlösung zuteil! Ja, die ganze Welt wird sich radikal ändern und wird befreit werden! Das ideale Reich kommt, in dem Unterdrückung und Blutvergießen beendet sein werden, in dem »die Schwerter zu Pflugscharen werden« (Jesaja 2,4), in dem es zum Frieden nicht nur zwischen den Menschen, sondern in der ganzen Natur kommt. Je härter die Realität des Lebens ist — Vergewaltigung der Ehrlichen, entfremdete Arbeit, Leiden —, um so eifriger entwickeln die Propheten vor dem Volk das Bild des kommenden Reiches, geben den Menschen Hoffnung, die moralische Kraft zum Widerstand und zur Ausdauer. Selbst freilich wurden sie verfolgt, vertrieben, gesteinigt, waren jedoch unbeugsam.

Je mehr man sich der Generation Jesu nähert, desto stärker entwickeln sich verschiedene Seiten des prophetisch-eschatologischen Denkens; zum Beispiel die Ansicht vom plötzlichen chiliastischen Umbruch der Geschichte, daß gerade am Gipfel des Leidens das tausendjährige Reich der Seligkeit und Freiheit kommt (griechisch: chilioi = tausend). Farbige apokalyptische Bilder entstehen (griechisch: apokalypsis = Enthüllung, Offenbarung) einerseits vom Höhepunkt der Katastrophe, vom Schrecken jener erwarteten »letzten Schlacht«, aber auch vom seligen Zustand danach. Das Denken von Tausenden heftete sich an das zukünftige Zeitalter, Tausende reine Herzen vermeinten in den »Enthüllungen« dieser Apokalyptik tiefer und genauer in die Geheimnisse des Lebens und der menschlichen Existenz eingeweiht zu werden, als es die graue tägliche Realität bieten konnte. So begann aus unauffälligen Keimen etwas zu reifen, was später — durch die christliche und schließlich marxistische Mission auch in andere Völker getragen — eine ungeheure Kraft zeigen sollte, die realen Geschicke von Millionen in ihren Hoffnungen und Tragödien formen sollte. Die Zukunft begann dem Menschen als das Wichtigste zu erscheinen.

Wie überall und immer in der Geschichte wurden auch diese Sehnsüchte nach Erlösung mit der Hoffnung auf eine bestimmte mächtige Gestalt verknüpft, die das Zeitalter des Heils herbeiführt oder zumindest vorbereitet. Erinnerungen an berühmte Helden der Vergangenheit, an Mose, der das Volk Israel aus dem ägyptischen Arbeitslager herausführte, insbesondere aber an den berühmtesten israelischen König, an David, halfen die Hoffnungen zu wecken, daß ein ähnlicher Held kommen werde, der das israelische

Volk zu neuem Ruhm und Wohl führen könnte. Aber wie die prophetisch-eschatologische Bewegung in Israel keine Angelegenheit der Allgemeinheit war, sondern immer nur einen Teil seiner oppositionellen bzw. geradezu revolutionären Volksschichten ergriff, war auch diese Konzeption des künftigen Helden Israels weder allgemein noch eindeutig. Die größte Hoffnung breitester Kreise vermochte ohne große gedankliche Anstrengung die rein davidische Vorstellung zu wecken, die Vorstellung also, daß es sich um einen außergewöhnlichen, auf königliche Art »gesalbten« Helden handeln werde (hebräisch: Maschiah, daher Messias; griechisch: christos = Gesalbter, im übertragenen Sinn dann jedoch schon »Erlöser«, und überhaupt »Befreier«). Schließlich übertrug man dann den Begriff des »Gesalbten« auch auf unkönigliche Typen möglicher Befreier. So wie man glaubte, dem künftigen Reich der Seligkeit würde schreckliches Leid vorangehen, ja daß das Reich Gottes gerade als Folge einer maximalen Steigerung der Leiden anbrechen würde, so begannen nicht zufällig die hoffnungsvollen Blicke sich bereits in einigen Psalmen und dann insbesondere beim Deuterojesaja an die leidende Gestalt zu heften, die als »Knecht des Herren« (ebed Jahwe) alle Qualen auf sich nimmt und damit die Ankunft des Zeitalters des Heils einleitet. Wir lernen damit viel von der Psyche der jüdischen Revolutionäre noch in den römisch-jüdischen Kriegen zu verstehen, die im Kampf ausharrten, auch wenn aller realen Voraussicht nach alles verloren war. Ohne Zweifel hofften sie, daß gerade durch die Ausdauer bis zum Augenblick der letzten Not der messianische Umbruch eingeleitet werde. Das öffnet uns schon vielleicht ein wenig das Tor zum Verstehen des menschlichen Schicksals Jesu. Auch war es nicht klar, ob der künftige Retter die rein irdischen Züge eines Rebellen oder eines Königs tragen werde, oder ob er bereits als übernatürlicher, apokalyptischer Held, wie ihn der Prophet Daniel erwähnt, als geheimnisvoller »Menschensohn« direkt auf himmlischen Wolken einhergeschritten kommt, Schöpfer des ewigen Wohls für alle Nationen (Daniel 7,13—14). Die erwähnten Vorstellungen schlossen einander freilich keineswegs aus, doch mußten sie nicht unbedingt verknüpft werden. Daß sie freilich — wie das prophetische Denken überhaupt — nicht etwas allgemein Anerkanntes wurden, daß sie sich stärker in den geradezu häretischen, von der strengen Orthodoxie abweichenden Volksschichten geltend machten, ist selbstverständlich. Ähnlichen Widersprüchen begegnen wir auch im Mittelalter und noch in der Neuzeit.

Von den Zeiten an, da durch Palästina die Heere Alexanders des Großen gezogen waren, beruhigte sich die Situation im Land praktisch nie vollkommen. Wenn schon früher immer bestimmte Gründe für prophetische Kritik und für die messianische Sehnsucht des Volkes existiert hatten, dann waren jene drei Jahrhunderte vor dem Auftreten Jesu von der Häufung verschiedener Konflikte und immer heftigeren und verzweifelteren Bemühungen um ihre Lösung charakterisiert. Das aus der persischen Sphäre und bald danach auch aus der Herrschaft der ägyptischen Ptolemäer befreite Land hellenisierte sich in dem Machtbereich der syrischen Seleukiden stark und kam im 3. und 2. Jahrhundert zum erstenmal in den Einflußbereich einer in vieler Hinsicht reiferen Kultur, in den Bereich des Denkens des antiken Griechenlands. Das zeigt sich vor allem im Lebens- und Denkstil der oberen Schichten, aber auch in weiterem Erstarken des alten Antagonismus zwischen dem orthodoxen Süden, Judäa, und dem Norden des Landes, Samaria und Galiläa, der gegen syrische und hellenistische Einflüsse weniger widerstandsfähig war — damals reißt sich vom zentralen jerusalemischen Kult die sogenannte samaritanische Sekte los, der gegenüber die Spannung und der Widerstand noch zur Zeit Jesu andauern. Auch wenn der makkabäische Aufstand gegen die Syrer im 2. Jahrhundert von Erfolg gekrönt ist, wird Jerusalem im Jahr 63 vor Christus von Pompeius erobert und damit zu einer Kolonie, zu einem Teil des römischen Großreiches. Das bleibt für zwei Jahrhunderte das Schicksal Israels, führt nach vergeblichen revolutionären Kämpfen zur vollständigen Vernichtung des Landes und zur Vertreibung der Juden in alle Ecken der Welt, bildet aber paradoxerweise auch die Basis für das Schicksal des Römischen Reiches. Die Bewegung Jesu erwächst im Grunde schon aus ähnlichen gesellschaftlichen Bedingungen, wie sie sich auch in den beiden großen Aufständen aus den Jahren 66—70 n. Chr. und 132—135 n. Chr. Ausdruck verschafften; und wenn bald nachher Rom zum Zentrum des Kultes und des Ruhmes des galiläischen Propheten wurde, geht es hier eigentlich um eine jener phantastischen Umkehrungen der Geschichte, bei denen schwer zu bestimmen ist, wer eigentlich Sieger und wer der Besiegte ist.

Das letzte Jahrhundert vor dem Auftreten Jesu bringt schließlich auch eine große gedankliche Gliederung und Klärung in Judäa, ja geradezu Kämpfe um das Konzept der Orthodoxie im Zentrum der Orthodoxie selbst, in Jerusalem. Insbesondere unter Herodes dem Großen (37 bis 4), der durch geschickte Politik, eine Mischung von Grausamkeit gegenüber unbequemen Leuten daheim und Servilität gegenüber Rom, eine gewisse begrenzte Souveränität erlangte (es ist interessant, daß das Volk eher Rom verzieh als ihm — der Haß gegen ihn lebt lang nach seinem Tod noch in den Legenden über Jesu Geburt und Herodes schrecklichen Tod weiter), werden die Grundlagen jener religiös-politischen Parteien und Sekten geformt, die dann direkt in der eigentlichen Geschichte Jesu eine Rolle spielen. Ihre Streitigkeiten über die Konzeption und den Sinn des mosaischen Gesetzes waren sicher nicht nur irgendeine rein gelehrte oder rein theologische Angelegenheit, sondern hatte auch einen gesellschaftlich-politischen Inhalt. Dabei ging es ohne Zweifel auch darum, wie das Land aus der gegebenen Krise zu retten sei.

Die uns bekannteste religiöse Gruppe, die Pharisäer (hebräisch: peruschim = Ausgesonderte, Berufene, Ausschließliche in bezug auf die Interpretation des Gesetzes) waren mancherlei Reformen zugeneigt, den vom Hellenismus und Neuplatonismus getragenen modernen Strömungen gegenüber aufgeschlossen. Sie stellten eine Art liberaleren Flügel der jerusalemischen Mittelschichten dar, der sich um einen Kompromiß zwischen dem konservativen Traditionalismus und dem volkstümlichen Radikalismus bemühte. Sie legten ohne Zweifel Wert auf die innere individuelle Wandlung jedes einzelnen; doch ob tatsächlich jene Tendenzen bei ihnen überwogen, die mit Recht in den neutestamentlichen Texten kritisiert werden, ob Jesus wirklich in ihnen seine Hauptgegner in der Polemik erblickte, wie es aus der ersten Lektüre der synoptischen Evangelien hervorzugehen scheint, das ist nicht sicher. Schließlich wurden einige auch Anhänger Jesu und verhielten sich ihm gegenüber entschieden nicht so scharf wie nach der synoptischen Tradition Jesus zu ihnen (vgl. Lukas 7,40; Johannes 3,1; Apostelgeschichte 5, 34—39). Die synoptische Tradition oder vielleicht bereits Jesus selbst kritisiert eher das »pharisäische Prinzip« (Heuchelei, Oberflächlichkeit, Selbstzufriedenheit), das sich vielleicht nur bei einem Teil von ihnen ausprägte. Daß sie in der Entstehung des Christentums eine Rolle spielten — der Konzeption der Auferstehung wegen, die sie als erste betonten —, kann man nicht behaupten. Eher ist es bedeutungsvoll, daß gerade aus ihrem Kreis, aus dem Kreis jener, die nicht das Gesetz, sondern die Innerlichkeit der Religion betonten, derjenige hervorging, der im frühen Christentum die Fesseln des jüdischen Gesetzes endgültig sprengte: Paulus (Apostelgeschichte 23,6).

Gegenüber den liberaleren Pharisäern stellten die Sadduzäer (hebräisch: saddik = Frommer, Gerechter) eine Art Priesterpatriarchat dar (»Schriftgelehrte« der neutestamentlichen Texte), den konservativen Flügel der höchsten Kreise von Jerusalem. Sie betonten die absolute Unabänderlichkeit des mosaischen Gesetzes und seine strikt formalistische Einhaltung; indem sie jedwede Reformen, seien es hellenistische oder solche der volkstümlichen sektiererisch-prophetischen Bewegung, ablehnten, stießen sie auf den Widerstand aller erneuernden Strömungen und wurden zur Stütze der Kollaboration mit den römischen Okkupanten auf der Grundlage der strengen Teilung der politischen und religiösen Autorität. Nach jeder neutestamentlichen Tradition liegt die Hauptverantwortung für die Verurteilung Jesu in ihren Kreisen. Im Unterschied zu den Pharisäern steht ihre Abneigung gegen alle Erneuerungsbemühungen außerhalb jeder Debatte.

Während sich beide erwähnten Strömungen vor allem in Jerusalem selbst bilden, entstehen alle radikaleren Bewegungen und Gruppen eher draußen im Land und finden ihre Brennpunkte insbesondere an der Peripherie des Landes: einmal in Galiläa, dann auch entlang dem Jordan und dem Toten Meer. Was die Form betrifft, und sicher auch die Ziele selbst, so gab es in der oppositionellen Volksbewegung zwei Haupttypen, wie das immer und überall in der Geschichte während ähnlicher Krisen der Fall ist: einmal verschiedene Gruppen und auch einzelne, die den revolutionären Kampf mit der Waffe in der Hand, Aufstand, Vertreibung der Römer und strenge Bestrafung der Kollaboranten forderten und die zu Kampfaktionen übergingen, zu denen sich die Möglichkeit bot oder die ihre Kräfte zuließen; dann gab es verschiedene einzelne und Gruppen, die den gegebenen Zustand der Gesellschaft nicht weniger radikal ablehnten, ihn jedoch in der Art von Einsiedlern, Mönchen, Sektierern negierten, also durch Flucht aus der Welt des Bösen irgendwohin abseits und durch die Bemühung um moralische Erneuerung besonders bei sich selbst — als Basis für eine künftige bessere Gesellschaft. Es ist freilich nicht zu bezweifeln, daß es hier nicht um zwei ganz geschlossene und getrennte Strömungen ging, sondern daß zwischen ihnen eine freie Fluktuation herrschte, daß eine Reihe von einzelnen, die von dieser oder jener Methode nicht voll befriedigt oder total enttäuscht waren, zu den anderen überwechselten — und manchmal auch wieder zurück. Was sie nach Marx trotz aller Unterschiede der Religion und der Revolution gemeinsam haben, nämlich die Negierung der gegebenen Welt, bewirkt, daß in allen Zeiten und Jahrhunderten geheime Brücken zwischen Mönchen und Revolutionären existieren — und die wurden auch benutzt.

War der Erfolg der Bewegung Jesu gerade dadurch bedingt, daß sie doch noch einen anderen, dritten Weg zeigte? Daß trotz der unbestrittenen und vielfach bewiesenen Kontakte mit beiden Strömungen das frühe Christentum weder den Weg des bewaffneten Kampfes noch den Weg der sektiererisch aufgefaßten Gewaltlosigkeit ging? Fest steht, daß nicht nur aus der Bewegung Johannes des Täufers, eines typischen Repräsentanten der mönchischen Negierung der Welt, viele zu Jesus kamen, sondern daß es sowohl in seiner weiteren Umgebung als auch direkt unter seinen nächsten Aposteln Zeloten = Eiferer gab (griechisch: zelos = Leidenschaft, Begeisterung), wie es der Spitzname mancher Jünger bezeugt (Lukas 6,15; Markus 3,17) und manche Begebenheit und Erzählung. Dabei handelt es sich um jene Bewegung, deren Angehörige in den galiläischen

Bergen gegen die römische Macht einen Partisanenkrieg führten und dann die radikalsten Kämpfer in beiden Revolutionskriegen waren. Ihre Leidenschaft war es, die schließlich zur vollständigen Vernichtung Jerusalems führte — zumindest in den Augen des jüdischen Historikers Flavius Josephus, eines Angehörigen der Priesterhierarchie. Wenn aus den Reihen dieser Romhasser sogar selbst Petrus stammte, wie das eine Hypothese (Carmichael) behauptet, dann wäre der Umstand, daß dieser Mann schließlich zum Pfeiler des neuen Ruhmes Roms wurde, wiederum eines jener merkwürdigen Paradoxa der Geschichte, von denen zu lesen wahrlich einfacher ist als sie zu schaffen.

Sofern es um radikal sektiererische Gruppen geht, wußte man seit jeher — insbesondere aus dem Werk des Historikers Flavius Josephus und des Philosophen Philo von Alexandrien — von der sogenannten essenischen Bewegung (vielleicht aus dem aramäischen chassajjá = Reine, Fromme), die angeblich im ganzen Land verbreitet war. Deshalb rief es, als in der Neuzeit der Sinn für historische Forschung wach zu werden begann, beträchtliche Verwunderung hervor, daß in der synoptischen Tradition, ja im gesamten Neuen Testament von ihnen nirgends die Rede ist, obwohl es hier gewisse deutliche Parallelen in der Lehre und andererseits auch Gründe zur Polemik gab. Schon seit dem Ende des 18. Jahrhunderts begannen auch Hypothesen aufzutauchen (Venturini, Bahrdt), Jesus sei Mitglied eines essenischen Ordens gewesen, ja sein Tod und seine vermeintliche Auferstehung seien von den Essenern inszeniert worden; folglich wäre das Schweigen der biblischen Texte nur durch Arglist zu erklären. Doch ist diese Hypothese einerseits zu romanhaft, andererseits ist kaum anzunehmen, daß solche verschwörerischen Geheimnisse von allen so verschiedenen Trägern christlicher Traditionen des

1. Jahrhunderts respektiert worden wären. Die Verwunderung wuchs jedoch noch nach dem Zweiten Weltkrieg, als es zu einigen neuen gewichtigen Handschriftenfunden kam (insbesondere bei Ausgrabungen in einer an ein ausgedehntes Kloster erinnernden Siedlung am Westufer des Toten Meeres bei einem Ort namens Qumran). Dabei fand man Texte des Alten Testaments, darunter den ältesten, der uns bekannt ist, aus der Zeit vom 2. Jahrhundert vor Christus bis zum ersten römischen Krieg, also bis zum Jahr 70 vor Christus. Man stieß aber auch auf umfangreiche, bisher unbekannte Originalschriften, die gedanklich dem sehr nahe kommen, was man von den sogenannten Essenern weiß, und die daher beweisen, daß zur Zeit der Anfänge des Christentums unweit von Jerusalem eine keineswegs unbedeutende Sekte von essenischem Typus lebte, vielleicht ein Bestandteil oder sogar Zentrum der essenischen Bewegung!

Die qumranischen Entdeckungen (bisher nicht vollständig publiziert und nicht voll ausgewertet) haben unser Wissen über die Ansichten und die Lebensart dieser jüdischen sektiererisch-mönchischen Bewegung zur Zeit, als das Christentum entstand, beträchtlich vermehrt, auch einige weitere bedeutende Analogien mit dem Denken des frühen Christentums (aber auch Unterschiede) aufgezeigt und das vollständige Schweigen der neutestamentlichen Texte über diese Bewegung zu einer geradezu frappanten Frage gemacht. Befinden sich doch unter den Analogien auch so gewichtige Tatsachen, wie daß die Qumraner einen »Lehrer der Gerechtigkeit« kannten, der von einem Teil seiner Anhänger verlassen und verfolgt wurde, doch — und das ist das Wichtigste daran! — an dessen Wiederkunft in der Zukunft man glaubte! Es gibt Analogien zu den Vorstellungen von Johannes (Kampf der Söhne des Lichts mit den Söhnen der Finsternis) und auch zum Hebräerbrief (die

Konzeption des Messias als Hoherpriester); es wird in ähnlicher Weise der Reichtum kritisiert, es gibt ähnliche Riten, die an die Taufe und an das gemeinsame Mahl erinnern; natürlich gibt es auch die Betonung des nahen eschatologischen Umbruchs (und das wie im Christentum nach dem Gipfelpunkt des Leidens), der offenbar ein gemeinsamer Zug aller volkstümlich-prophetischen Bewegungen war.

Es bestehen aber nicht weniger bedeutende Verschiedenheiten. Darunter ist ohne Zweifel gerade der absolut sektiererisch-mönchische, eingeweihte, elitäre Charakter des Qumranertums am wichtigsten, und im Zusammenhang damit das strenge und komplizierte Ritual der auserwählten »Reinen«, dagegen der weltoffene, absolut unsektiererische Charakter des frühen Christentums. Auch jene absolut nicht zu relativierende, aus den Legendentendenzen unerklärliche Fixierung der Anfänge Jesu in Galiläa schließt seine Identifikation mit dem qumranischen »Lehrer der Gerechtigkeit« und überhaupt engeren Zusammenhang mit der qumranischen Gemeinde aus. Wie hätte übrigens die Legende über die Hauptgestalt einer elitären Sekte auch solche Züge ausbilden können, wonach er freundliche Kontakte mit den Römern, ihren Mitarbeitern (den Zöllnern) und mit Freudenmädchen hatte? Das ist gegen alle Logik und jede Erfahrung; die mythisierenden, legendenbildenden Tendenzen gehen immer umgekehrt vor. Doch damit ist zwar die Nichtidentität beider Bewegungen erklärt, keineswegs jedoch jenes Schweigen der christlichen Texte, die doch sonst keiner Polemik ausweichen, über die essenischen und qumranischen Sektierer. Man hat deshalb auch Hypothesen aufgestellt: ob vielleicht in der synoptischen Tradition die Qumraner nicht in der Person Johannes des Täufers und seiner Anhänger erfaßt sind. Dann könnten zum Beispiel jene neutestamentlichen Polemiken gegen den Ritualismus, gegen die blinde Sabbatheiligung, gegen die Abgeschlossenheit und den Haß den Feinden gegenüber Reste realer Polemiken der Bewegung Jesu gegen die qumranisch-essenische Bewegung sein, wobei jene von der Tradition überlieferten persönlichen Beziehungen Jesu zu Johannes dem Täufer vielleicht eine gewisse Zurückhaltung und Indirektheit dieser Polemiken erklären.

Ohne daß wir eine gewisse Berechtigung der gerade angeführten Hypothese ausschließen, möchten wir doch zum Abschluß noch die Meinung ins Gespräch bringen, ob vielleicht das Schweigen der neutestamentlichen Texte über das qumranisch-essenische Sektierertum nicht trotz aller Übereinstimmung in einigen wichtigen Ideen letztlich ähnliche Ursachen hat wie jenes fast vollständige Schweigen der jüdischen und römischen Texte des ersten Jahrhunderts über das Urchristentum: Es hat in diesem Jahrhundert, voll des Tumultes und der Wirren, ursprünglich wahrscheinlich ganz verschiedene Perspektiven gegeben, von denen aus jede Bewegung »ihre Welt« so betrachtete, daß in ihr die anderen — die Christen für die römischen Historiker und Politiker sowie für die jüdischen Gelehrten; die essenisch-qumranischen Einsiedler für die ersten begeisterten Apostel des Christentums — »nicht zu sehen waren«, sich am Rand ihres Gesichtsfeldes oder schon außerhalb befanden. Stellen wir uns nur die ersten Apostel des Christentums vor. Es gab von ihnen nur eine Handvoll, sie erregten nur Spott oder Mitleid in ihrer unmittelbaren Umgebung, für seriöse Historiker und Politiker spielten sie keine Rolle. Dennoch begaben sie sich auf ausgedehnte Reisen im Mittelmeerraum, um »in die ganze Welt zu gehen und den Menschen gute Nachricht zu bringen« (Markus 16,15), um »alle Völker in die Gemeinschaft aufzunehmen, die ich mit euch habe« (Matthäus 28,19). Was konnten für sie, für ihre »Weltanschauung« irgendwelche in sich gekehrten

Einsiedler bedeuten, die schon seit fünf oder sechs Generationen in ihrer Klausur erstarrt waren, stolz auf ihre Erwähltheit? Die qumranisch-essenische Bewegung bleibt wahrscheinlich, wenn wir uns nicht nach positivistischer Art von der äußeren Ähnlichkeit der Aussprüche beeindrucken lassen, eher nur eines der Symptome der Zeit, in der die Bewegung Jesu entstanden war, nur ein Seitenzweig desselben Stammes, aus dem Jesus, Petrus, Paulus emporwuchsen, doch gerade deshalb schon am Ende des ersten Jahrhunderts aus der Geschichte verschwunden. Ob auf dieses Verschwinden das von allen Evangelisten übernommene Wort »Ich aber bin es nicht wert, mich vor ihm zu bücken und ihm die Riemen an seinen Schuhen aufzuschnüren!« (Markus 1,7 par.) angewendet werden kann, wissen wir nicht. Aber damit stehen wir unmittelbar vor jenem historischen Augenblick, in dem so viele Menschen — politische Rebellen und religiöse Träumer — in ihrer Sehnsucht nach Erlösung schon ungeduldig auf den warteten, dem sie glauben könnten, daß »die Stunde gekommen ist ...« (Markus 1,15).

Jesu Botschaft

»Die Stunde ist gekommen! Gottes Herrschaft bricht an! Ändert euch! Verlaßt euch auf mein Wort!«
(Markus 1,15)

Der Mensch, der später einmal in außerordentlichem Maße Denken und Fühlen von Tausenden fasziniert, taucht fast immer unauffällig auf, seine Kindheit bleibt im Dunkeln. Daß man einen Umbruch in der Geschichte verursacht, dazu wird man sicher nicht erzogen. Plötzlich ist einer da, »erscheint«, kommt aus dem Unbekannten. Etwas im wahren Sinn Neues, das eine neue Epoche in der Entwicklung des Natur- oder Menschengeschehens eröffnet, entsteht — wie Teilhard de Chardin bemerkte — regelmäßig im Schatten des nur scheinbar Neuen. Das scheinbar Neue zieht die Hauptaufmerksamkeit der alten Welt auf sich, ihren Haupthaß, ihren Widerstand, Aktionen, die die Macht der alten Welt erhalten sollen.

Dieses scheinbar Neue — vom Standpunkt der Mächtigen, Gebildeten, über Schwert und Feder Gebietenden — war im ersten Jahrhundert unserer Zeitrechnung am Ostrand des Mittelmeeres etwas anderes als Jesus und seine ersten Anhänger. Vom Standpunkt der römischen Verwaltung waren es sicherlich jene allmählich sich formierenden, Rom hassenden Gruppen radikaler Widerständler, Zeloten, die den Partisanenkrieg und den allgemeinen Aufstand vorbereiteten. Sie erschienen der staatlichen Macht als Hauptgefahr und waren es im vorliegenden Fall eigentlich auch wirklich. Vom Standpunkt der theologischen und klerikalen jüdischen Kreise waren es sicherlich die Gruppen der radikalen Sektierer vom qumranisch-essenischen Typus. Denn diese Menschen protestierten, klagten, haßten. Sie waren die Unversöhnlichsten, sie weckten bei der jüdischen und römischen Obrigkeit die größte Angst. Wenn später auch Jesus offensichtlich unter Beteiligung beider Obrigkeiten hingerichtet wurde, war das für seine Anhänger mehr als bedeutsam, doch für die Obrigkeiten war es nur eine winzige Episode, etwas, was eher beiläufig durchgeführt wurde. Für sie war hinsichtlich der Bewegung Jesu lange Zeit eher ein lässiges Desinteresse bezeichnend. Nur so kann man sich nämlich erklären, daß noch lange nach dem ersten römisch-jüdischen Krieg von 66—70, der doch alle Aufmerksamkeit auf Israel richtete, sich die jüdischen und römischen Quellen — also noch eine Generation, nachdem Paulus seine Episteln geschrieben hatte — bis auf einige unwesentliche und dazu noch ziemlich strittige Erwähnungen um die christliche Bewegung überhaupt nicht kümmern. Und so, im Schatten von anderen Vorgängen, konnte, von allen übersehen, aus der gesellschaftlichen Gärung das Bemerkenswerteste erwachsen.

Deshalb beschreibt die Anfänge der öffentlichen Tätigkeit Jesu zweifellos *historisch* relativ am treuesten der Evangelist Markus, der Jesus einfach plötzlich neben der Bewegung Johannes des Täufers auftauchen läßt und nichts von seiner Kindheit und Jugend weiß. Offenbar hat sie ihn gar nicht interessiert, ebensowenig wie schon vorher den Apostel Paulus. Diese Haltung war für die Verehrer und Hörer Jesu ohne Zweifel während seines Lebens und noch in der auf ihn folgenden ersten Generation charakteristisch. Und er selbst, wie alle, die von einer revolutionären Vision mitgerissen werden, hatte sicherlich auch zu seiner Mutter und seinen Verwandten eine ähnliche Haltung, wie sie in der folgenden Episode ausgedrückt wird: »Unter den vielen Menschen kamen auch seine Mutter und seine Brüder. Sie standen draußen und ließen ihn bitten, er solle doch zu ihnen kommen. Indessen umlagerten ihn die vielen Menschen, dicht gedrängt, und gaben die Bitte an ihn weiter: Deine Mutter, deine Brüder, deine Schwestern sind draußen und wollen dich sprechen. Er aber gab zur Antwort: Wer ist meine Mutter? Wer sind meine Brüder? Und er sah über die vielen hin, die im Kreis um ihn saßen, und sagte: Seht! Das ist meine Mutter! Das sind meine Brüder! Denn wer nach dem Willen Gottes lebt, der ist für mich Bruder und Schwester und Mutter« (Markus 3,31—34). Das ist kein Einzelfall; es gibt mehrere ähnliche Motive in der synoptischen Tradition.

Paulus und Markus wissen nichts von den Jugendeinflüssen Jesu oder von seinen Kontakten mit der Familie; in der Zeit seiner öffentlichen Tätigkeit hat es sie wahrscheinlich nicht mehr gegeben. Als sicher kann man nur annehmen, daß er im Norden des Landes aufgewachsen ist, in Galiläa, in der Stadt Nazareth, und daß seine Mutter Maria hieß (Miriam). Wahrscheinlich verließ er das Elternhaus bald, von der Vision seiner künftigen Sendung mitgerissen. An die Familie dachte er dann nicht mehr. Erst später, als Jesus für Tausende bereits das in der Erinnerung Teuerste, Geliebteste geworden war, als er nicht mehr durch die unmittelbare Kraft seiner Persönlichkeit, seiner Vision und seiner Erzählungen mitreißend wirkte — »die Versammlung wartete gespannt, was nun kommen würde ...« (Lukas 4,20 par.) —, erschien es seinen Anhängern selbstverständlich, daß solch ein Mensch schließlich auch in der Kindheit geliebt worden sein mußte. So wie Mütter ihre Kinder lieben — ach, nicht alle! —, aber fast immer die Mütter jener, die nicht mit Verbitterung, Zynismus, Negativismus ins Leben treten, sondern mit Vertrauen auf Liebe und mit offenem Herzen, so mußte auch seine Mutter ihn geliebt haben, darüber waren seine Verehrer der zweiten und dritten Generation sich einig. Es mußte einmal eine junge Frau gegeben haben, die — wie der Großteil aller Mütter — ihren reinen Traum von der herrlichen Zukunft ihres Kindes träumte; sie mußte, bereits die ersten Bewegungen des Kindes in ihrem Leib verspürend, Erhabenes empfunden haben, wenn sie seine künftige Lebensbahn erträumte, etwas wie das folgende: »Meine Seele rühmt den Herrn und hebt ihn über alles empor. Mein Geist freut sich über den Herrn, den Gott, der mir hilft. Denn er ist seiner Magd, die so niedrig ist, freundlich begegnet. Glücklich werden mich preisen die Menschen und Völker zu allen Zeiten« (Lukas 1,46—48). Und wenn dann, als das Kind größer wurde, die einfache Mutter vielleicht nichts mehr verstand — »Aber sie verstanden seine Fragen nicht« (Lukas 2,50) —, dieser Augenblick der Erhebung des Herzens, der sehnsüchtigen Vorahnung, des Wunsches der jungen Frau, ihr Kind möge zu einem Menschen heranreifen, der den Menschen etwas Großes bringt, dieser Augenblick gilt mehr als die Not der alltäglichen Wirklichkeit, mehr als ein Mißverständnis, als Enttäuschung, als Verzweiflung. Freilich, mit historischer Wissenschaft, die sich auf niedergeschriebene und überprüfbare Fakten stützt, hat *das* nichts zu tun. Doch kann der Mensch auf dokumentarische Daten reduziert werden? Halten Mütter ihre Gefühle an der Wiege auf dem Papier fest? Beschreiben sie sie nach der Hinrichtung ihres Kindes für Buchautoren? Was der Großteil der Mütter empfindet — das ließen sich die späteren Verehrer

Jesu nicht nehmen —, das empfand sicher auch seine Mutter. Und wie stark gerade sie, wenn sie einen solchen Sohn der Welt geschenkt hatte!

Die ersten Schüler und Bewunderer Jesu, von seiner Verkündigung und der Kraft seiner unmittelbaren Wirkung überwältigt, kamen freilich nicht auf solche Gedanken. Die wußten über seine Jugend nur, daß er aus Galiläa stammte — das erkannte man auch ohne Fragen aus dem Dialekt (Matthäus 26,73 par.) —, doch in ihren Herzen hegten sie ganz andere Sehnsüchte. Menschen, die ganz der Erwartung von etwas Umwälzendem hingegeben sind, besitzen nicht das Interesse der Biographen. Aus den Anfängen Jesu haben sich nur zwei Nachrichten erhalten, die man für mehr als wahrscheinlich halten kann: einerseits die Nachricht, daß der Beginn seines Wirkens irgendwie mit der Tätigkeit und der Bewegung Johannes des Täufers zusammenhing, daß es jedoch bald darauf zur Trennung kam; zum zweiten die Nachricht von dem Aufenthalt Jesu in der Wüste, in der Einsamkeit. Beides können wir praktisch als gesichert nicht nur deshalb ansehen, weil die spätere Tradition kein Interesse daran gehabt hat, so etwas zu erfinden, sondern besonders auch, weil Ähnliches in der oder jener Form in der Jugend jedes hervorragenden einzelnen vorzukommen pflegt. An einer beispielhaften Persönlichkeit, durch die enge Beziehung zu einem Lehrer, die manchmal an den Maßstäben des Normalen gemessen bereits übertrieben erscheinen mag, gewinnt gerade der künftige exzeptionelle Geist erst in einem schwierigen Prozeß Klarheit über sich selbst (durchschnittlichen Menschen ist im Gegenteil immer bald alles klar) und lernt allmählich das Wesentliche vom Zufälligen im eigenen Denken zu unterscheiden. Durch die dann folgende Einsamkeit, ob es nun jenes zeitweise Wanderdasein der persischen, indischen und chinesischen Großen ist oder der Rückzug in sich selbst wie in den Ländern der westlichen Traditionen, befreit sich dann wiederum der heranreifende hervorragende einzelne einerseits von den weiterdauernden störenden Einflüssen der Jugend, andererseits aber auch vom zu starken Überschattetwerden durch die Persönlichkeit des Lehrers, damit er nicht nur ein Weiterführer, Imitator bleibt, sondern »er selbst« wird. Beides, die Zeit bei Johannes dem Täufer (und damit vielleicht auch in einer qumranisch-essenischen Bewegung) und die Heimatlosigkeit, dauerte ohne Zweifel lange Jahre; nur so konnte er selbst dann bereits gereift beginnen. Die Tradition dramatisiert das — wie es immer in ähnlicher Umgebung und in ähnlichen Situationen zu sein pflegt — in zwei kurzen Episoden. Aus der Gesamtheit der synoptischen Tradition wird jedoch klar, daß es sich nicht nur um Episoden handelt.

Ob die Tradition dann die Unterschiede zwischen Johannes dem Täufer und dem bereits reifen Jesus verkleinert, vergrößert bzw. ohne wesentliche Änderungen erhält, kann man mit Sicherheit nicht sagen. Die Tradition hat das Interesse, Jesus als etwas absolut Außerordentliches, Übermenschliches zu schildern, und zielt auf die Hervorhebung der Unterschiede und Antithesen jedem gegenüber ab. Doch weil Johannes der Täufer bald als »Vorgänger« galt, kam in diesem Fall wahrscheinlich die Tradition nicht besonders zur Geltung. Wir brauchen nicht zu zweifeln, daß bei Johannes ebenso wie bei Jesus im Zentrum die Idee der »Ankunft des Königreichs Gottes« (Matthäus 3,2 par.) stand, denn das war — wie es bereits von den qumranisch-essenischen Sekten gesagt wurde — damals wahrscheinlich eine allgemeine Erscheinung bei allen volkstümlich-prophetischen, oppositionellen Bewegungen und Gruppen im Judentum. Ebenfalls gibt es keinen Grund, an der Tradition zu zweifeln, wonach sich Johannes der Täufer, der Typ des Einsiedlers, Asketen, eine Gestalt wie gewachsen aus den Wurzeln des alttestamentlichen prophetischen Widerstands, die »einen rauhen Umhang aus Kamelhaaren trug und einen ledernen Gürtel darum und von Heuschrecken und wildem Honig lebte« (Markus 1,6 par.), schon im Lebensstil von Jesus unterschied: durch eine gewisse Exzentrizität des Äußeren, durch die Härte der Formen, durch die Rauheit der Kritik, die Unversöhnlichkeit Sündern gegenüber, den Radikalismus in der Haltung zu den Mächtigen. Auch die Betonung der Selbsterniedrigung, des puritanischen Moralismus und in Zusammenhang damit gewisser ritueller Akte, insbesondere der Taufe (Jesus selbst taufte nicht, erst wieder seine Schüler) — das alles gibt es bei Jesus nicht. Wenn die synoptische Tradition überliefert, daß Jesus im Gegensatz zu Johannes einige absolut weltliche Züge trug, so kann man das kaum bezweifeln; solche Nachrichten werden von Legenden nicht erfunden.

Man kann voraussetzen, daß gerade der längere Aufenthalt in der der qumranisch-essenischen Bewegung nahestehenden Gruppe des Täufers Johannes Jesus half, sich allmählich das Ungenügen dieses puritanisch-sektiererischen Weges klarzumachen. Die Tradition aller Evangelien läßt uns die Bedeutung der Persönlichkeit Johannes des Täufers für die Erkenntnis, die Jesus über seine eigentliche, ganz andere Rolle gewann, durch die plastische Szene von der Taufe Jesu durch Johannes erkennen. Die Vision Jesu und die Stimme, die ihm seine eigene Mission verkündete (Markus 1,9—11 par.), sind trotz der legendären Form ohne Zweifel eine adäquate verkürzende Erfassung eines sicherlich durch viele Jahre hindurch vorbereiteten Erlebnisses, wie es sich jedoch im Leben künftiger großer Persönlichkeiten oft wirklich in einem augenblicklichen Höhepunkt konzentriert, wo es plötzlich zu einem markanten emotionellen Bruch kommt, der oft von optischen Erlebnissen der

Klarheit und Schönheit und der moralischen Katharsis begleitet wird (siehe etwa den plötzlichen Übergang zum Fanfarenmotiv im dritten Satz von Beethovens IX. Symphonie.) Nicht zufällig bewahrte dann ein Teil der kirchlichen Tradition (in der Orthodoxen Kirche) die Erinnerung an die Bedeutung dieser Szene durch die Überzeugung, daß erst in diesem Augenblick Jesus — durch göttliche Adoption — »Sohn Gottes wurde, an dem Gott Gefallen fand«. In legendärer Form haben wir hier ein ganz reales Erlebnis vor uns, wie es auch aus dem Leben anderer bedeutender Persönlichkeiten bekannt ist, in dem die Ehrfurcht vor dem Meister sich plötzlich in das Begreifen der eigenen anderen, höheren Mission wandelt.

Und die Nachricht, daß er dann das Bedürfnis nach Einsamkeit verspürt hat, daß »ihn sofort danach der Geist in die Wüste trieb« (Markus 1,12), ist sicher nicht weniger sinnvoll. Auch hier geht es um die verkürzte Erfassung eines unbezweifelbar langen, vielleicht mehrjährigen Aufenthaltes in der Einöde. Das Bedürfnis nach Einsamkeit — für die Selbstklärung, für das Bewußtmachen der eigenen Sendung, auch für die Konzentration der geistigen Kräfte — ist für die künftigen großen einzelnen nicht weniger wesentlich als die bereits erwähnte Ablösung von dem Lehrer. Jesus gewinnt überdies in dieser Zeit — durch ein gewisses Maß an Askese, psychophysischer Disziplin, weitreichender Konzentration — außerordentliche Eigenschaften der maximalen Beherrschung des eigenen Nervensystems, damit aber auch der moralischen Kraft, des persönlichen Zaubers, der Fähigkeit, Menschen schon durch einen Blick, eine Geste mitzureißen, wie sie nur bei einem von Millionen vorkommen und ohne die jede »Lehre« nur bloßes Wort bliebe. Diese Fähigkeiten können allerdings nicht *nur* aus der Askese stammen, doch entstehen sie kaum *ohne* etwas Ähnliches. Ohne diese »verlorene Zeit« — wie das wahrscheinlich auf den ersten Blick der Großteil der modernen verdinglichten Menschen nennen würde — hätte Jesus später nicht Geschichte machen können. Besonders das 20. Jahrhundert, von tausenderlei Mitteln durchdrungen, die scheinbare Kommunikation der Menschen zu bereichern, ist der ganz einseitigen und irrtümlichen Ansicht verfallen, daß es nur darum geht, *was* gesagt wird. In Wirklichkeit liegt offenbar viel mehr daran, *wer* etwas sagt, besonders wenn sich Harmonie zwischen reifen Worten und einem reifen Menschen einstellt.

Und jene »Versuchung des Teufels«, mit der angeblich der Aufenthalt in der Wüste endete (Matthäus, 4,1—11 par.)? Auch wenn die Gestaltung typisch legendenhaft ist, auch wenn ähnliche »Versuchungen des Gerechten« durch den Teufel auch aus dem Alten Testament (Hiob) und aus dem Kreis der nichtjüdischen Religionen (bei Buddha, Zarathustra usw.) bekannt sind, auch wenn die Zahl von vierzig Tagen ohne Zweifel entlehnt wird von Moses angeblichem Aufenthalt in der Wüste (2. Mose 34,28), brauchen wir trotzdem nicht daran zu zweifeln, daß es auch hier nicht um eine bloße Fabel geht, sondern um die spätere verkürzende Version eines realen Vorganges, in dem sich Jesus allmählich seine künftige Mission klarmachte bzw. die Widerstände in ihm selbst, die möglichen falschen Wege, »die teuflischen Versuchungen«, überwand. Die dreifache »Versuchung« bedeutet schließlich die Erkenntnis, daß das einzig Wichtige weder in den Dingen noch in der Macht, noch in der Sorge nur um die eigene Person liegen kann.

Diese zwei Szenen (Taufe und Versuchung) gehen also sinnvoll der Schilderung der eigentlichen öffentlichen Tätigkeit Jesu voran. Wenn wir das mit dem Leben bedeutender Persönlichkeiten der Religion oder manchmal auch der Politik und der Kunst vergleichen, zeigt sich uns die weitreichende Bedeutung dieser Vorgänge für das gesamte weitere Wirken Jesu. Ihre unbezweifelbare lange zeitliche Dauer erklärt uns auch die volle Berechtigung der Nachricht, daß Jesus zu Beginn seiner öffentlichen Tätigkeit etwa dreißigjährig war (Lukas 3,23); denn die tiefe und rasche Wirkung auf seine Schüler, undenkbar etwa bei einem Zwanzigjährigen, wird nur dadurch möglich, daß beide erwähnten Episoden gerade nur Reste von Informationen über die Periode der langen Reifung des bis dahin unbekannten Jesus sind.

Worin bestand der Übergang zur öffentlichen Tätigkeit? Sicher dürfen wir uns darunter nicht etwas Ähnliches wie die heutige Publicity vorstellen, die auf technischen Kommunikationsmitteln beruht, die die Reichweite vergrößern, doch den unmittelbar menschlichen Charakter der Wirkung vermindern. In der Zeit Jesu war der Übergang zur öffentlichen Tätigkeit sicher selbst ein langwährender, unauffälliger Prozeß; er bestand wohl darin, daß Jesus immer häufiger über den Inhalt seiner Überlegungen und Visionen mit den Menschen sprach und daß sich schließlich um ihn Zuhörer, dann bereits direkt Schüler und Verehrer zu sammeln begannen. Daß auch das ein langwährender Vorgang war, der nicht ohne Schwierigkeiten erfolgte, zeigt auch die ohne Zweifel authentische Episode über die insgesamt negative Aufnahme gerade in der Stadt seiner Jugend, in Nazareth. Hier hatte der erste Versuch der Wirkung auf jene, die ihn noch aus der Kindheit in Erinnerung hatten, keinen Erfolg: »Hat er nicht hier bei uns das Bauhandwerk gelernt? Ist er nicht der Sohn der Maria und der Bruder von Jakobus, Joses, Judas und Simon? Sind nicht auch alle seine Schwestern hier bei uns? Und sie konnten kein Ja zu ihm finden. Da antwortete Jesus: Ja, ein Beauftragter Gottes gilt nirgends so wenig wie in seiner Heimat, bei seinen Verwandten und in seinem Elternhaus« (Markus

6,2—4 par.). Aber dann kommen schon die ersten ständigen Schüler: Ob der, welcher unter ihnen einmal eine so außerordentliche und bemerkenswerte Rolle spielen wird, auch zeitlich einer der ersten war, ist sicher nicht wichtig. Doch dann war er immer und in allem, in jeder Hinsicht der erste — wir werden von ihm noch überraschend viel hören: Petrus. Die herrliche Szene der Berufung der ersten Jünger durch das Wort »Auf! Mir nach! Ich will euch zu Menschenfischern machen!« (Markus 1,17 par.) ist sicher nur eine spätere Komposition, wie auch so vieles andere, was man gewöhnlich in den Texten liest. Die einfachen Fischer damals hatten sicher nicht das geringste Interesse, künftige »Menschenfischer« zu werden, hätten einen ähnlichen Ausspruch nicht verstanden, wurden selbst eher von der Anziehungskraft der Persönlichkeit Jesu »gefischt«; doch die Szene bewahrt trotz aller späteren Überlagerungen gerade die Anziehungskraft Jesu.

Diesen gewissen »Zauber der Persönlichkeit« konnten die späteren schriftlichen Aufzeichnungen der synoptischen Evangelien bis auf kleine Ausnahmen nicht erfassen (wie das übrigens auch die moderne Wissenschaft nicht kann), es blieben nur Aussprüche, Worte. Daß hier jedoch in Wirklichkeit nicht nur die Lehre Jesu eine wichtige Rolle gespielt hat, sondern in nicht weniger gewichtigem Maß auch jenes Mitgerissensein durch die Kraft seiner überwältigenden Persönlichkeit, eine gewisse »Betroffenheit«, die man eher mit künstlerischen Mitteln ausdrücken kann (so in einigen meisterlichen Schilderungen Tolstojs, Dostojewskijs, Thomas Manns), liegt auf der Hand. In den Evangelien der Synoptiker besitzen wir davon nur einige Spuren, zum Beispiel in der Nachricht, in der das Erstaunen des Volkes erfaßt wird, daß er als jemand lehrte, »hinter dem Gott selbst steht, und nicht wie die Lehrer der heiligen Schriften« (Markus 1,22 par.), oder im plötzlichen Ausruf des leicht erregbaren Petrus: »Herr! Geh aus meinem Schiff! Ich bin ein gottloser Mensch« (Lukas 5,8). In der eigenständigen Tradition des Johannes gibt es mehr davon; die Authentizität kann man größtenteils anzweifeln, doch einige Stellen erfassen schon wegen ihrer erstaunlichen Überzeugungskraft zumindest ein gewisses Echo gerade dieses Moments der ältesten Tradition, etwa in dem wahrhaft emphatischen Bekenntnis, »wir sahen seine Herrlichkeit, den Lichtglanz des einzigen Sohnes Gottes, der vom Vater kam, voller Gnade und Wahrheit« (Johannes 1,14 par.). In diesen Bereich des uns sicher nicht mehr in allen Details erklärlichen Phänomens Jesu gehören jedoch in gewisser Weise auch jene Nachrichten von seiner Kraft, Krankheiten heilen zu können. Diese Nachrichten sind insgesamt zweifellos nicht ohne realen Kern, wenn auch freilich gerade hier bald darauf die legendenbildende Übertreibung am meisten am Werk war. Sie ganz aus dem Rahmen einer möglichst verstandesmäßig gefaßten Interpretation auszuschließen, sich nur auf Jesu Gedanken zu beschränken, wäre jedoch der größte Unverstand — nur durch Gedanken können Professoren ihren Lebensunterhalt verdienen, aber *nur* durch Gedanken entsteht kaum eine neue prophetische Gestalt, schon gar nicht der Initiator einer neuen Weltreligion.

Wir betonen diesen Umstand, denn in der Gegenwart hat sich die Tendenz, ihn unbeachtet zu lassen, so stark eingebürgert, daß dann notwendig das ganze frühe Christentum als etwas Rätselhaftes erscheinen muß. Man kann nicht genug betonen, daß *nur* in irgendeinem »Programm«, in irgendeiner »Lehre« die Ursache für die mächtige Wirkung Jesu gerade nicht zu finden ist; kann man doch zum großen Teil seiner Gedanken Parallelen schon im Alten Testament finden, bei den Essenern, beim Täufer Johannes, aber auch in der jüdischen rabbinischen

Tradition sowie in verschiedenen hellenistischen mystisch-philosophischen Konzeptionen, insbesondere den gnostischen. Moderne Menschen sind aber bereits so der Menschlichkeit entfremdet, verdinglicht, in fetischisierten Dingen, Riten, Stereotypen und in den institutionalisierten Beziehungen einer durchorganisierten Industrie-Gesellschaft verloren, daß sie keine Ahnung davon haben, was die geistige und moralische Kraft einer wirklich gereiften Persönlichkeit bedeuten kann; begegnen doch die wenigstens in ihrem ganzen Leben einer solchen Persönlichkeit. Deshalb hat sich auch der Irrtum eingenistet, große historische Persönlichkeiten hätten vor allem mit Gedanken gewirkt — die übrigens heute verdinglicht aufgefaßt werden wie jede andere eintauschbare Ware. Aber Gedanken können nur dann mitreißen, wenn sie in einem organischen Zusammenhang mit dem Menschen selbst stehen. Auf Menschen kann nur ein *Mensch* wirken mit der ganzheitlichen Kraft seines Geistes und seines Handelns. Der Gedanke allein, das Programm, die »Lehre« wirkt nur, soweit die Menschen bei jenem mitreißenden einzelnen eine überzeugende Harmonie von Gedanken und Persönlichkeit erleben, wenn also der »Verkünder des Gedankens« selbst *Vorbild seiner Verwirklichung* ist. Die »Lehre« Jesu — sit venia verbo! — setzte die Welt in Brand nicht wegen irgendeiner offenkundigen Überlegenheit des theoretischen Programms, sondern vor allem, weil *er selbst* identisch mit diesem Programm war, weil er selbst mitreißend wirkte.

Erst wenn wir dies betont haben, können wir zur Analyse jener Gedanken übergehen, die uns als angebliche Gedanken Jesu die Tradition der neutestamentlichen Texte überliefert hat, insbesondere die sogenannte synoptische Tradition, das heißt das, was uns irgendwann zwischen den siebziger und neunziger Jahren des ersten Jahrhunderts Markus, Matthäus und Lukas aufgezeichnet haben. Obwohl es um so späte Aufzeichnungen geht, ist es der modernen Forschung, insbesondere der formgeschichtlichen Schule (Bultmann, Dibelius, Jeremias u. a.) gelungen, ausgehend von dem literar-kritischen Studium einzelner kleinerer und größerer Formen (Apophthegma, Streitgespräch, Gleichnis, Legende, Novelle usw.) und aus der Verfolgung ihrer Überlieferungsgeschichte, mit einer an Gewißheit grenzenden Wahrscheinlichkeit in der Redaktionsarbeit der sogenannten Evangelisten bestimmte Schichten zu entdecken und darin wiederum jene, die als einzige die älteste Schicht sein konnte, also Bestandteil der Gedankenwelt Jesu oder seines nächsten Kreises war. Deshalb müssen wir heute keineswegs hyperkritisch ganz darauf verzichten, zu Jesu Denken selbst vorzudringen. Gewißheit in Details gibt es selbstverständlich nicht — nicht in einem einzigen! —, doch darum geht es auch nicht. Was die grundlegenden Tendenzen der Botschaft Jesu betrifft, insbesondere beim breiten Vergleich mit anderen ähnlichen Bewegungen, müssen wir nicht resignieren.

Jedem Leser, der die neutestamentlichen Texte in die Hand nimmt und versucht, unvoreingenommen, mit bloßer Wissensbegierde und Verständnisbereitschaft an sie heranzutreten, wird es selbst auffallen, welche außerordentliche Dringlichkeit sich in allen diesen Texten spiegelt: Die Sache, um die es geht, wird als unermeßlich wichtig aufgefaßt, als revolutionär und einzigartig, und das ohne Rücksicht darauf, daß der Großteil der Zeitgenossen kein Interesse an ihr zeigt. Die urchristliche Bewegung sieht ihre Sache, ihre »Wahrheit«, sei sie vorläufig auch nur einer Minderheit offenbar, deshalb als so dringlich an, weil sie einen drastischen Umbruch der menschlichen Angelegenheiten und Werte überhaupt betrifft, weil es um etwas wahrhaft Umwälzendes geht oder bald gehen soll. Daß solche Vorstellungen immer in einer tiefen gesellschaftlichen Krise wurzeln, ist bekannt; hier wird jedoch auf diese Krisenursachen gerade mit der festen und unbezwinglichen Überzeugung reagiert, daß die gesellschaftliche und menschliche Krise bereits ihren Höhepunkt erreicht hat, daß das Maß des Leidens bereits erfüllt ist, daß die Menschheit vor der Schwelle der allgemeinen Erlösung steht, vor dem Anbruch des idealen Zeitalters, des Zeitalters Gottes, damit auch des Menschen, eines für das menschliche Wohl positiven Zeitalters. Diese Texte wirken so eindringlich, weil sie nicht aus irgendeiner akademischen Spekulation über göttliche oder menschliche Dinge entstanden, sondern aus dem kumulierten unermeßlichen Schmerz und Leid, aus der kritischen Situation der Unterdrückten, Erniedrigten und Beleidigten. Aber auch der Schmerz, das Leid, »die Annahme des Kreuzes« (Markus 8,34 par.; Matthäus 10,38 par.) ist nie das letzte Wort, ist immer Bestandteil der »Dialektik des Kreuzes«, des grundlegenden Paradoxons der frühen Christenheit. Es geht um die Hoffnung auf die Umwälzung der Verhältnisse, nicht um Flucht aus der Welt, wie das nicht selten unrichtig oder einseitig verstanden wurde. Es geht um die endliche positive Umkehrung der Weltkrise, um die Rehabilitierung der Erniedrigten, Leidenden, Versklavten. Das Moment der sogenannten »Negierung der Welt«, das wir in den frühchristlichen Texten finden, folgt vor allem aus dieser Erwartung des realen Umbruchs, ist also nicht absolute Weltverneinung, sondern nur das Urteil über die gegenwärtige Situation. Es ist sicher nicht leicht, sich in die Psyche von Menschen einzufühlen, die — nach eigenem Urteil — an der Schwelle einer großen kosmischen und historischen Katastrophe standen und sie für eine notwendige Phase des Übergangs zur endlichen Rehabilitierung aller positiven menschlichen Werte hielten. Aber auch mit ihnen geschieht etwas; denn wenn der Geist eindeutig auf einen tiefgreifenden Umbruch gerichtet ist, dann wird nicht nur das Leid, die Not oder das Privateigentum relativiert, sondern es lösen sich auch Familienbeziehungen, die Verantwortlichkeit des Sohnes gegenüber den Eltern wird zweitrangig, Frau und Kind können für das Evangelium, für das Königreich Gottes verlassen werden (Markus, 10,29 par.).

Der Grundgedanke — oder eher das Ideal, die Achse des Wirkens, die Klammer aller Gedanken, der gemeinsame Nenner aller Überlegungen, Gleichnisse usw., die Basis der logischen Struktur auch gewisser innerer Widersprüchlichkeiten einiger Konsequenzen — ist bei Jesus unbestreitbar die Idee der Nähe, der Aktualität und des verbindlichen Anspruchs des sogenannten »Königreiches Gottes« oder »des himmlischen Königreichs«. Das ist dasselbe und ist es nicht, was die ganze jüdische prophetische Tradition verkündet hat, die damals zumindest ein halbes Jahrtausend alt war; selbst der Begriff des »Königreiches Gottes« im Sinn eines künftigen idealen Zustands der Menschheit, herbeigeführt durch übernatürliches, göttliches Eingreifen, betrifft sicherlich dasselbe, was den Hauptinhalt des Werks insbesondere Jesajas bildet. Was dann neu ist, darüber später; es ist jedoch unbestreitbar, daß schon mit diesem Zentralbegriff des eigenen Denkens Jesus tief in die jüdische prophetische Tradition eingegliedert ist. Der unvollkommene, ja schmerzliche gegenwärtige Zustand wird bald enden, eine ganz neue Ordnung, eine neue Epoche, ein neues Jerusalem wird kommen. Dabei muß man anmerken, daß es bei Jesus selbst keine grundsätzliche Trennlinie zwischen »dieser« und »jener« Welt gibt (wie das auch in der alttestamentlichen Tradition nicht der Fall ist), daß also nicht gesagt wird, ob dieser Umbruch ein Umbruch im Geschehen dieser Welt sein wird oder (solch ein »oder« gibt es bei ihm nicht) durch den Einbruch »jener« Welt in die menschlichen Angelegenheiten geschieht. Hier werden keine Mauern zwischen »natürlichen« und »übernatürlichen« Kräften errichtet. Das ex post zu konstruieren, bedeutet bereits, Jesus in die Schemata des griechischen Denkens, in die Kategorien des Monismus oder Dualismus zu zwängen. Doch gerade so war es bei ihm nicht. In der Vorstellung von der »Ankunft des Königreiches Gottes« waren sicher auch Elemente, die *wir heute* als »übernatürlich«, mythologisch, aus einer anderen Welt bezeichnen würden. Doch weil eine derartige Linie zwischen »dieser« und »jener« Welt bei Jesus selbst und seinen ersten Schülern nicht gezogen wurde, betreffen im Gegenteil hier alle Konsequenzen seiner Überlegungen vom »Königreich Gottes« auch diese Welt, diese Geschichte, diese Politik, diese soziale Situation, die realen Sehnsüchte realer Menschen für ihre irdische Zukunft.

Dabei kann man bei Jesus — gegenüber dem Großteil der prophetischen Schilderungen der Zukunft in den älteren Traditionen — einige bemerkenswerte Änderungen verfolgen, die ohne Zweifel mit jener für uns bedeutendsten Frage zusammenhängen, warum unter so vielen prophetischen Verkündern »des kommenden Zeitalters« der früheren und auch seiner eigenen Zeit *gerade er* eine neue Bewegung gründete — genauer gesagt: warum sie sich *gerade auf ihn* berief —, eine riesige Bewegung, im Umfang nicht zu vergleichen mit dem, was aus dem Judentum früher hervorgegangen war, die bald und unumkehrbar die Grenzen des bisher doch so exklusiven Israels überschritt! Äußerlich ist am auffälligsten, daß bei Jesus — gegenüber dem Großteil der älteren prophetischen und chiliastischen Persönlichkeiten und Strömungen — das erwartete »himmlische Königreich« überhaupt nicht detailliert beschrieben wird. Wir stehen vor dem interessanten Phänomen, daß das »Königreich Gottes«, das Millionen mitreißt!, als idealer Zustand (bis auf einige untypische Kleinigkeiten) überhaupt nicht beschrieben, geschweige denn breiter ausgemalt wird! Die Sache Jesu ist vom Anfang bis zum Ende im großen und ganzen *eschatologisch*, das heißt, alles ist in seinen Interpretationen und Visionen diesem künftigen Umbruch zugekehrt, alles zielt auf ihn ab, doch seine Sache ist überhaupt nicht *apokalyptisch*, sie enthält keine farbigen Schilderungen des Zustands nach diesem Umbruch. Daß sich freilich verhältnismäßig bald auch unter einem Teil seiner Anhänger apokalyptische Vorstellungen einstellten, davon zeugt die Tatsache, daß auch die sogenannte »Offenbarung des Johannes«, offenbar ziemlich spät entstanden, in die neutestamentlichen Bücher eingereiht wurde, obwohl Jesus in ihr direkt nicht auftritt. Doch gerade der Vergleich ihrer Phantasien, ihrer farbigen Visionen, etwa der »heiligen Stadt« (Offenbarung 21,27), bis ins Detail beschrieben, in der es keine Tränen, kein Jammern geben wird, die Beschreibung des schrecklichen Endes der Ungläubigen (Offenbarung 21,8 u. a.), zeigt im Vergleich mit der synoptischen Tradition der Evangelien, daß es in den älteren Schichten, die bis zu Jesus reichen, so etwas überhaupt nicht gibt.

Damit stehen wir jedoch vor dem Problem, *womit* Jesus eigentlich seine Zuhörer und Schüler mitgerissen hat — sicher nicht damit, daß ihm gegenüber der apokalyptischen Tradition etwas fehlte; es lag nicht an einem Mangel. Es konnte auch nicht das bloße Wort »Königreich Gottes« sein, ein bloßer Begriff — normale Menschen sind keine Philosophen, die sich von einem Begriff begeistern lassen, um so weniger damals! Damit das »Königreich Gottes« zum zentralen Thema werden konnte, mußte es doch etwas Anziehendes, Fesselndes, Mitreißendes haben. Wenn es nicht die Phantastik der apokalypitischen Visionen war, was dann?

Damit sind wir beim wichtigsten Teil der Botschaft Jesu,

ohne die man ihn und seine Wirkung überhaupt nicht verstehen kann. Es ist ein Irrtum — wir betonen das —, wenn sich die Ansicht verbreitet hat, Jesus habe die Menschen durch die Betonung des »Königreiches Gottes« gewonnen. Diese Ansicht verschiebt die Wirklichkeit scheinbar nur geringfügig, jedoch in einer entscheidenden Weise. Die Ursache seiner besonderen Wirkung kann nur so erklärt werden, daß Jesus *nicht* vor allem Verkünder des »Königreiches Gottes« im Sinn der Ankündigung des »künftigen Zeitalters« war; das waren vor ihm und auch neben ihm viele. Jesus jedoch war ein mitreißender Verkünder *des augenblicklichen Anspruchs an den Menschen* vom Standpunkt dieses »künftigen Zeitalters«, was etwas bedeutend anderes ist. Das Wesen und der Sinn seiner ganzen Verkündigung ist nicht: »Es kommt das himmlische Königreich«, sondern: »Ändert euch! Kehrt um! Macht Ernst damit, daß ihr vor Gott steht und Gott mit euch spricht! Er ist nahe, und ihr sollt ihm nahe sein!« (Matthäus 4,17). Oder in einer entfalteten, aber auch so sicher nur verkürzenden Form: »Die Stunde ist gekommen! Gottes Herrschaft bricht an! Ändert euch! Verlaßt euch auf mein Wort!« (Markus 1,15). Damit beginnen nicht zufällig Matthäus und auch Markus ihre Schilderung des öffentlichen Wirkens Jesu; das ist bei ihnen kein Satz wie jeder andere, sondern — und das wollten ohne Zweifel beide Evangelisten dadurch ausdrücken, daß sie diese Worte wie ein Motto voranstellten — der *Sinn* der Verkündigung Jesu, seiner *ganzen* Verkündigung, der gemeinsame Nenner jeder Begebenheit, jedes Gleichnisses, jeder Parabel. Das griechische Wort »metanoeite« wird traditionell mit »tut Buße« übersetzt, was heute freilich gewisse kultische und kirchliche Assoziationen weckt, um die es damals nicht ging; der philologische Inhalt und der ganze Zusammenhang zeigen klar, daß wir dieses Wort viel besser verstehen, wenn wir es übersetzen: »Ändert euch!«, allenfalls: »Ändert den Sinn«, »Seid anders«, »Strebt die eigene innere Wandlung an!«. Den Begriff metanoia — innere Wandlung — kennt übrigens auch Lukas (Lukas 3,3); mit einem ähnlichen Begriff (der »neuen Geburt«) beginnt auch die erste theoretische Diskussion Jesu im Johannesevangelium (Johannes 3,3). Eben darum geht es auch in der spezifischen Tradition des Paulus und überhaupt in fast allen neutestamentlichen Büchern bis zu dem berühmten Wort der Offenbarung des Johannes: »Sieh dich um! Alles mache ich neu!« (Offenbarung 21,5).

Von den angeführten Stellen zeigt die wichtigste, die Formulierung des Markus, klar, daß es sich nicht so sehr um irgendein »Zitat« handelt, etwas willkürlich Ausgewähltes — der Ausspruch von Markus ähnelt schon in seiner Formulierung eher vier Überschriften, vier Thesen, die das Wesen von allem erfassen, um was es dann gehen wird.

Und alle Einzelheiten, von den einzelnen Beispielen der »Bergpredigt« bis zu den komplizierten moralischen Ermahnungen des Paulus, haben ihre Authentizität nur, soweit wir sie gerade als Details der einen grundlegenden Botschaft von der Wandlung zum Königreich Gottes begreifen. Für das ganze »neue Testament«, ja für die ganze christliche Tradition gilt das herrliche Wort aus der Bergpredigt, das Wort, das das *Wesen* der Botschaft Jesu ausdrückt: »Setzt euch für die Herrschaft Gottes ein und die Gerechtigkeit, die er will. Das übrige wird euch zufallen« (Matthäus 6,33). Das bedeutet nicht, Einzelheiten zu bagatellisieren, sondern durch eine höhere Perspektive erst die richtige »Übersicht«, die richtige Haltung zu ihnen zu erlangen. Ähnliches drückte später Augustinus in dem berühmten Wort aus: »Liebe — und tue dann, was du willst!« Auch jener berühmte, oft überlegte Ausspruch, daß das Königreich Gottes überhaupt nicht äußerlich, beobachtbar kommt, sondern daß es »in euch« ist (Lukas 17, 20—21), zeigt doch — besonders im Vergleich mit den Apokalyptikern —, daß der Haupt-Sinn der Botschaft Jesu der Anspruch auf innere Wandlung ist, aber keineswegs als einfaches untätiges Warten auf den apokalyptischen Umbruch, obwohl dieses Wort so in der Neuzeit oft unrichtig, nämlich als Rückzug in die Innerlichkeit und als existentialistische Phrase aufgefaßt wurde. In der ursprünglichen Verkündigung Jesu gab es beide Tendenzen, die innere und die äußere, die Dimension des Anspruchs auf innere Umkehr und der Erwartung des kosmischen Umbruchs.

Was bedeutet das alles? Jesus hat, was den *Inhalt* seiner Botschaft betrifft, seine Schüler *keineswegs* durch das Predigen des »Königreichs Gottes«, *keineswegs* durch die Lehren über die Zukunft mitgerissen. Beides spielt bei ihm zwar eine wichtige Rolle, aber das *Wesen* seiner persönlichen Wirkung beruht in der *umgekehrten* Tendenz: Er führt die Menschen weg von jener volkstümlich-prophetischen Standardvorstellung, von dieser die Interessen und die Aufmerksamkeit der Unzufriedenen traditionell engagierenden, weil von phantastischen Versprechungen erfüllten apokalyptischen Zukunft hin zu der Erkenntnis, daß diese Zukunft *deine Sache* ist, hier und jetzt, Angelegenheit eines jeden solcherart »angesprochenen« menschlichen *Ich*! In diesem Sinn hat Jesus die Zukunft von den himmlischen Wolken heruntergeholt und sie zur Angelegenheit der täglichen Gegenwart gemacht. Damit erst vollendete er, worauf die ganze jüdische alttestamentliche Tradition abzielte, insbesondere die prophetische, was aber eigentlich auch der Sinn jener eigenständigen mosaischen Konzeption des Monotheismus als einer Angelegenheit der Subjektivität war: Die Zukunft ist nicht etwas, das »kommt« — irgendwoher aus der Fremde, unabhängig von uns, wie etwa atmosphärische Änderungen kommen —, sondern *die Zukunft ist unsere Sache,* und zwar in jedem Augenblick, sie ist *der Anspruch der Gegenwart,* ist Herausforderung der menschlichen Fähigkeit, jeden Augenblick möglichst voll, möglichst anspruchsvoll auszunützen! In moderner Terminologie würden wir sagen, daß aus der *entfremdeten* Zukunft, die uns wesentlich fremd ist, der erwarteten Zukunft, die vielleicht »kommt«, aus einer Zukunft, die Teil der Natur ist, Jesus eine *gelebte,* eine *menschliche* Zukunft macht. Es wäre also möglich — wenn wir jenes zeitgebundene mythische Gewand ganz ablegen —, die erwähnte grundlegende Botschaft Jesu (Matthäus 4,17) folgendermaßen zu übersetzen oder eher schon zu interpretieren (doch wenn die Übersetzung eines zwei Jahrtausende alten Textes nicht Interpretation ist, wird sie zum Unsinn): »Lebt anspruchsvoll, denn vollkommene Menschlichkeit ist möglich.« Sie ist »nahe«, das heißt, man kann sie greifen, man kann moralisch besser, reiner sein, man kann mehr Mensch sein, und zwar durch eigenes Zutun. Anders gesagt: Niemand zwingt dich schließlich, niedrig, gemein, feig, egoistisch — verdinglicht, würden wir heute sagen — zu leben. Auch wenn die »Umstände« des Lebens, auch wenn die »Verhältnisse«, die »Zeit«, die persönliche Schwäche oder schlaue Berechnung dazu verführen, hat man letztlich immer die Möglichkeit — sei es auch in Ketten —, sein Bewußtsein und seine Haltung nicht auf die eigene Not zu reduzieren, hat man die Möglichkeit, sich »emporzuheben«, »anders zu sein«, »sich innerlich zu wandeln«, sich strebend um das mögliche »Königreich Gottes« zu bemühen und damit zu ihm zu gehören.

Es ist unbestreitbar, daß Jesus hier auf eines der Schlüsselprobleme des wirklich menschlichen Charakters unseres Lebens stößt, ja sogar auf das überhaupt gewichtigste Problem der *Wahrhaftigkeit der menschlichen Existenz.* Haben die alttestamentlichen Propheten der Menschheit die Dimension der Zukunft gezeigt und damit die Dynamik zunächst der westlichen Geschichte, vielleicht sogar der künftigen Geschichte der gesamten Menschheit begründet (dringt doch heute durch den Marxismus der dynamisch gefaßte Universalismus auch in die östlichen Großreiche ein, die ihn bis vor kurzem nicht kannten), so gibt Jesus der Dimension der Zukunft den eigentlich menschlichen Charakter, indem er ihr die Fremdheit, Apokalyptik, Phantastik nimmt und sie damit aus dem Gefängnis der Metaphysik befreit. Es geht um die Überwindung der Zukunft als etwas dem Menschen die Gegenwart bloß Ersetzendes, einer verlorenen, erbärmlichen, vertanen Zukunft, einer Zukunft, die dem Menschen die herrschende Not der Realität bloß durch Träume ergänzt. Jesus zeigt den Weg nicht zur Flucht aus der Not des realen Lebens, sondern zur innerlichen Überwindung der eigentlichen moralischen Not und Niedrigkeit.

Wir müssen jedoch wiederum darauf aufmerksam machen, daß dieser Gedanke nicht deshalb die Schüler mitriß und künftige begeisterte Apostel fand, weil ihn Jesus — als reinen Gedanken, als Ideal, als »Programm« — irgendwie ausgedacht, irgendwie auf Professoren- oder Rabbinerart vorgetragen hätte, ganz zu schweigen davon, daß er ihn mit griechischer oder deutscher Gründlichkeit »bis in die letzten Konsequenzen analysiert«, »voll entwickelt« hätte — das würde jeden kalt lassen. Er wirkte, riß die Schüler mit, sie »verstanden« ihn, »glaubten an ihn«, nicht weil er spekulativ dachte, weil er Gedanken vorsetzte, sondern weil er so war, weil er *diese gelebte Zukunft* mit seinem ganzen Wesen *verkörperte*. Sie sahen in ihm einen bereits zu diesem künftigen Königreich Gottes gehörigen Menschen, sie sahen an ihm, was es bedeutete, »voll Gnade« zu sein, was es bedeutete, nicht nur ein Verkünder, sondern selbst »Sohn« dieser Verkündigung zu sein, bis ins Mark der Knochen Kind des zukünftigen Zeitalters.

Diese erstaunliche Orientierung an der Zukunft, die nicht als etwas Fremdes passiv erwartet, sondern als etwas Gelebtes, Heutiges empfunden wird, als Sinnerfüllung menschlichen Lebens, als innere Befriedigung, Kraft und — wie sie es nannten — »Glauben«, das ist die Grundlage des Urchristentums, durch diese »Umkehr« wurden aus bloßen Unzufriedenen und Träumern vom chiliastischen Ende der Geschichte die ersten »Gläubigen«Jesu. Die vier grundlegenden Thesen des Markus (Erfüllung der Zeit, Königreich Gottes, innerer Anspruch, freudiger Glaube an die Verkündigung) fassen den ganzen Gedankenkreis der ersten Anhänger Jesu zusammen: hier und jetzt die Zukunft in umfassendem Sinn als meine eigene Angelegenheit erkennen und ergreifen und sich dazu mit ganzem Gefühl und ganzem Willen bekennen, durch den »Glauben«! *Diese* ersten Anhänger haben eigentlich noch gar nicht »an Jesus« geglaubt, sondern glaubten, von ihm geführt, ja mitgerissen, »an das Evangelium«, an die Kunde von der Nähe des künftigen Zeitalters und seines Anspruchs an jeden Menschen.

Dieses unapokalyptische, nicht phantasierende, jedoch sehr radikale »Leben aus der Zukunft« können wir uns am besten vorstellen, wenn wir verstehen, wie Jesus »zu beten« lehrt, das heißt im oben erwähnten bereits mosaischen Sinn voll und ganz bei sich selbst, bei seinem eigenen Ich zu sein. Wenn wir Nachrichten davon bei Lukas und Matthäus (Lukas 11,2—4; Matthäus 6,9—15) einmal untereinander, dann mit dem gesamten Charakter der Verkündigung Jesu in der synoptischen Tradition vergleichen, entsteht etwa folgendes Bild:

»Vater unser, der du im zukünftigen Zeitalter bist« (»Himmel« bedeutet hier zweifellos weder ein räumliches

noch irgendein geistiges Reich im Sinn des griechischen Dualismus, sondern es geht gerade um jenes erwartete künftige »himmliche Königreich«, eine Angelegenheit nicht des Raumes, sondern der Zeit), *geheiligt sei dein Widerhall* (»Name« nicht im Sinn irgendeiner magischen Kraft der Silben, eine solche Interpretation widerspräche der ganzen synoptischen Tradition, von etwas Ähnlichem gibt es bei Jesus nicht einmal eine Andeutung, sondern im Sinn, daß »heilig« — wesentlich verbindlich — auch das kleinste Echo, das geringste Anzeichen des »künftigen Zeitalters« sein soll), *Dein Reich soll kommen* (hier wird am deutlichsten die Zukunft in die Gegenwart gerufen: die Zukunft soll auch unsere Sache sein!), *Dein Wille soll geschehen, in diesem künftigen Reich wie auch in unserem Leben jetzt* (derselbe Sinn, es geht nur um seine Weiterentwicklung: nicht zufällig fehlt diese Stelle bei Lukas, bzw. Matthäus fügt sie hinzu), *dieses Brot unseres Morgen gib uns schon heute* (wiederum derselbe Sinn; einige verderbte Handschriften, doch besonders die Schwierigkeit, was in den ursprünglichen Zusammenhängen das überflüssige Wort »täglich« bedeuten könnte, deuten an, daß es ursprünglich gar nicht um eine »Bitte um Brot« ging, sondern eher darum, daß das »Königreich« so selbstverständlich würde, wie es das Bedürfnis nach Brot ist), *verzeih uns unser Versagen, wie auch wir jenen verzeihen, die sich uns gegenüber schuldig gemacht haben* (ein Mittel, die Gedanken über die täglichen Schwächen zu heben, eine Form der grundlegenden Verkündigung »Ändert euch«), *und führe uns nicht in den Tag des Verderbens, sondern erlöse uns vom Bösen* (das griechische Wort *peirasmos,* das in den neutestamentlichen Texten relativ selten vorkommt, wurde jahrhundertelang traditionell mit »Versuchung« übersetzt — lateinisch »tentatio« — im Sinn der *moralischen* Fallen und Prüfungen; der führende tschechische

Orientalist Otakar Klíma machte jedoch aufgrund neuer manichäischer Handschriftenfunde klar, daß dieses Wort ursprünglich den Tag des Schreckens und des Untergangs bedeutete, der nach eschatologischen Vorstellungen dem erwarteten Anbruch des »Königreichs Gottes« vorangehen sollte; diese Interpretation entspricht nach unserer Ansicht viel besser dem gesamten ursprünglichen, ohne Zweifel eschatologischen Sinn des »Vaterunsers« wie auch weiteren Stellen der neutestamentlichen Texte, in denen das Wort *peirasmos* vorkommt, etwa 2. Petrus 2,9; Offenbarung 3,10; besonders ausdrücklich dann Markus 14,38 par.).

Das ist das einzige *Gebet*, das Jesus seine Schüler lehrte; es ist außergewöhnlich auffallend, was für eine geringe Rolle das »Beten«, andere kultische Äußerungen und überhaupt das Nachdenken »über göttliche Dinge« bei Jesus spielt. Insbesondere muß man darauf hinweisen, wie dieses »Leben aus der Zukunft« bei ihm zu keiner Form des meditativen, weltabgewandten Lebens führt. Für Jesus gab es, als er Johannes den Täufer verließ, keinen Weg zurück zu diesem und dessen Wegen, zum Jordan und zu den Felsen rund um das Tote Meer, in die Nähe der essenisch-qumranischen Einsiedler. Das hätte gerade im Widerspruch gestanden zu dieser seiner Auffassung des Königreichs Gottes als Anspruch an den Menschen in der Gegenwart. Der Mensch, »das Reich erwartend«, darf nicht im entferntesten »aus dieser Welt« fliehen, sondern muß den anspruchsvollsten Auftrag in dieser Welt akzeptieren, muß die Zukunft in die Gegenwart tragen, muß den »Glauben«, das heißt die Entscheidung, sich vom Anspruch des »Königreichs Gottes« her zu ändern, nicht nur haben, sondern ihn auch leben, deshalb ihn auch verbreiten, bekennen, verkünden, andere für ihn gewinnen. Die Sache des »Glaubens« ist also keine Angelegenheit der Vorteile, der Sicherheit, eine bequeme Anweisung für das »Heil«, sondern der solcherart gläubige Mensch muß zunächst trachten, die schwierigste Aufgabe in der Welt als die seine anzunehmen: »Geht durch die schmale Tür, denn das Tor ist weit und der Weg ist breit, die zum Verderben führen, und viele gehen hindurch« (Matthäus 7,13). Nicht das Sich-nach-innen-Kehren, nicht die Innerlichkeit, nicht der Kult werden gefordert, sondern die *Tätigkeit.* »An ihren Früchten sollt ihr sie erkennen« (Matthäus 7,16; vgl. Lukas 6,43—45). »Wozu aber nennt ihr mich Herr! Herr!, wenn ihr doch nicht tun wollt, was ich sage?« (Lukas 6,46; vgl. Matthäus 7,21). Jesus verlangt nie, irgendwelche dogmatischen Formeln zu lernen, sondern fordert, im Sinn des Königreiches Gottes zu *handeln.* »Geh und tu, was dem in deinem Leben entspricht« (Lukas 10,37), so endet zum Beispiel die Begebenheit vom barmherzigen Samariter, die als Vorbild einen Andersgläubigen hinstellt, der reale Barmherzigkeit und Hilfe für die Leidenden vollbracht hat! Der Gläubige soll das »Salz der Erde«, das »Licht der Welt« sein (Matthäus 5,13—14), aber das hat erst Sinn, wenn er es *für andere* ist, für die Menschen, für die Welt. »So soll euer Licht vor aller Augen brennen und zeigen, daß ihr in Gottes Auftrag wirkt« (Matthäus 6,16). In dieser Bemühung muß man ausharren, man darf sich auch durch viele Mißerfolge nicht abschrecken lassen. »Bittet Gott, und er wird euch geben! Sucht, so werdet ihr finden, Klopft an, er wird euch auftun« (Matthäus 7,7). So soll das gelebte Königreich Gottes, wenn auch vorläufig bei wenigen, wie die Hefe, der Samen wirken (Markus 4,30—32 par.), so wird es künftig große Wandlungen unter den Menschen vollbringen. Man muß in Erinnerung rufen, daß es hier nicht um irgendeine »vorübergehende Tätigkeit« geht, bevor das eigentliche »Königreich Gottes« anbricht, sondern daß für Jesus »in der Fülle der Zeit« beides verschmilzt: Gerade durch diese Tätigkeit bricht schon das künftige Zeitalter an.

Man kann selbstverständlich die Lehre Jesu nicht *nur* auf die menschliche Aktivität reduzieren; ohne Zweifel erwartete Jesus die Ankunft des »Königreiches« auch durch den entscheidenden aktiven Eingriff Gottes selbst oder zumindest irgendwelcher übernatürlicher Kräfte. Man kann sagen, daß der Anbruch der ersehnten Änderung von zwei Faktoren abhängig war: vom Eingriff Gottes selbst und gleichzeitig auch von der Haltung des Menschen, von seiner Aktivität oder Passivität gegenüber der erwarteten Umwälzung.

Der im letzten Jahrhundert immer wieder ausgebrochene Streit, ob das Königreich Gottes bei Jesus einen »künftigen« oder »gegenwärtigen« Charakter hatte, ist unserer Meinung nach ganz künstlich, sachlich inadäquat, auf dem Mangel an Verständnis gerade für das Wesen jedweden eschatologischen Denkens gegründet, nämlich für jene ganz eigenständige Durchdringung der Gegenwart mit der Zukunft bei konsequent eschatologischen Menschen, zu denen Jesus unbestreitbar gehörte. Es ist interessant und unserer Meinung nach keineswegs nur paradox, daß gerade dafür — und ohne das ist das Wesen der Botschaft Jesu nicht zu begreifen — in einer gewissen Beziehung mancher heutige Marxist mehr Verständnis aufbringen kann als viele Christen der Gegenwart, für die die sehnsüchtige Erwartung der Zukunft ein vielfach ganz fremdes Phänomen ist. Wie jeder eschatologisch denkende Mensch war Jesus offenbar überzeugt, daß mit seinem gegenwärtigen Handeln bereits der endgültige erlösende Prozeß beginnt; den Gipfelpunkt dieses Prozesses sah er jedoch zweifellos in der Zukunft, wenn auch offenbar in der nahen Zukunft. Deshalb finden wir ganz logisch in der synoptischen Tradition Aussprüche nebeneinander vom Typ »Glücklich sind eure Augen, daß sie sehen dürfen, was ihr seht« (Lukas 10,23 par.) und »*Dann* wird man mich sehen, wie ich in den Wolken komme . . . und werde die Meinen sammeln aus allen vier Winden« (Markus 13,26 f. par.). Für die ersten Anhänger Jesu mußte der Begriff des »Königreichs Gottes« eine tiefgreifende Bedeutung, sowohl im gegenwärtigen wie auch künftigen Sinne, haben; doch sicher war es auch im prophetisch-chiliastischen galiläischen Milieu des judäischen Landes nicht leicht, diese Dialektik des Begriffs des »Königreiches Gottes« allgemein klar und transparent zu machen. Einen großen Teil der sogenannten Gleichnisse Jesu kann man als Hilfsmittel für die Erklärung gerade dieser Seite der Verkündigung begreifen. In den klassischen Gleichnissen geht es trotz all ihrer Vielfalt fast immer so oder so um einen gewissen *Prozeß*, um eine bestimmte Reifung (Markus 4,38 par.), um ein Wachsen (Markus 4,30—32), um eine Gärung (Matthäus 13,33 par.), um Knospen (Markus 13,28—29 par.), um Suchen (Matthäus 18,12—13 par.) und ähnliches. Gemeinsamer Nenner ist, daß in der Zukunft etwas Einzigartiges aufgehen soll, daß die Keime jedoch schon gegeben sind. Und oft wird dann betont, daß es nicht wichtig ist, *wieviel* Zeit dieser Prozeß dann braucht (Matthäus 20,1—16); um so weniger kann man schlau spekulieren, daß die Quantität der Verdienste selbst genügt (Lukas 15,11—32; 18, 10.14), sondern das Königreich Gottes ist imstande, in seiner Fülle in jedem Augenblick zu erstrahlen, auch für die später Ankommenden, vielleicht wie ein Perlenfund, jederzeit möglich, alles überschattend (Matthäus 13,44—46).

Wenn wir uns mit den Gleichnissen Jesu ohne konfessionelle oder antikonfessionelle Vorurteile beschäftigen, stellen wir schließlich fest, daß es trotz aller begreiflicherweise zeitgebundenen Form um etwas tatsächlich Bemerkenswertes geht, um einen bedeutenden Beitrag zur *Dialek-*

tik der menschlichen Existenz in der Zeit, zur Fähigkeit, den menschlichen Augenblick voll zu erfassen. Das menschliche Leben verläuft in der Zeit, der Mensch ist sich dessen bewußt: Darin beruht die Grundlage seiner Fähigkeit, zu erkennen, zu werten, die Zukunft zu denken, sich um die Sinngebung des Geschehens zu bemühen. Doch in derselben Fähigkeit steckt auch Gefahr: Der Mensch kann seine Gegenwart nur als Mittel begreifen, sich deshalb mit ihrer Niedrigkeit, Durchschnittlichkeit, Leere zufriedengeben — in einer oft nur sehr dunklen Erwartung einer Änderung in der Zukunft. Der Mensch gewöhnt sich daran, sich nicht ums Leben, sondern ums Überleben zu bemühen — die Tiefe und Echtheit seines »Glücks« erscheint nur als Versprechen, doch die Gegenwart wird bestimmt von überwiegend erbärmlichen Mitteln. Das ist, sobald es Grundlage des Lebensstils wird, der größtmögliche Irrtum, dem der Mensch verfallen kann, da wird die Chance seines Lebens zum unausgenutzten »vergrabenen Pfund« (Matthäus 25,14—30 par.); denn schließlich und endlich kann man die Authentizität der menschlichen Existenz nicht anders erreichen als in tiefstmöglich gelebter Gegenwart. Menschlichkeit ist entweder der menschlich voll erlebte *Augenblick* — oder es gibt keine. Und jeder Augenblick steht in einem gewissen Sinn für sich — der Mensch kann in ihm bestehen oder versagen, auch der Erbärmlichste kann plötzlich bestehen, das »Reich Gottes« leben, und der gestern Verdienteste kann vollständig versagen. Jeder Augenblick ist für den Menschen eine neue Chance, aber auch ein neues Problem. Das ist der Sinn jener Aussprüche Jesu, die gegen alle moralistische und religiöse Tradition diejenigen abwerten, die Verdienste gehäuft haben, hingegen die Chance auch der verlorenen, deklassierten und fehlenden Menschen hervorheben — wie die Demut des öffentlichen Sünders (Lukas 18,10—14), der verlorene Sohn (Lukas 15,11—32), die

Arbeiter im Weingarten (Matthäus 20,1—16), die Liebe des Freudenmädchens (Lukas 7,36—50). Hier geht es sicher darum, hervorzuheben, wie weitreichend, alles verwandelnd der Augenblick der Erfahrung der Änderung sein kann, der im Sinne aller menschlichen Möglichkeiten voll erlebte Augenblick.

Das Königreich Gottes als Anspruch an den Menschen der Gegenwart bestimmt die jeweilige Situation und läßt einerseits den Menschen begreifen, daß die Moral letztlich immer die Angelegenheit jeder neu sich bildenden Situation ist, vermag aber andererseits dann direkt diese Situation tief zu beeinflussen — das ist die erste und wichtigste Folge der Umkehrung der bisherigen rein prophetischen Denkweise durch Jesus. Aber ist das nicht bloße Illusion? Oder sogar illusionistische Abkehr von der Realität, also eine Art der bekannten »Opium«-Rolle der Religion? Sicherlich hat man das später oft ähnlich interpretiert. Und bei Jesus und seinen Anhängern spielten gewisse Illusionen unbestreitbar eine Rolle, zum Beispiel die, daß man die reale Ankunft des »Königreichs Gottes« durch übernatürlichen Eingriff noch erleben würde. Paulus beschreibt diese Illusion des frühen Christentums folgendermaßen: »Ich sage euch ein Geheimnis: Wir werden nicht alle gestorben sein, wenn Christus kommt, aber wir werden alle verwandelt werden, und zwar mit einem Schlag, in einem Augenblick, wenn das Reich Gottes ausgerufen wird. Dann wird die Posaune erschallen, und die Toten werden auferstehen und einen neuen, unzerstörbaren Leib tragen. Wir aber, die Lebendigen, werden verwandelt. Denn das Verwesliche, das wir mit diesem unserem Leib an uns tragen, muß umgestaltet werden und Unverweslichkeit annehmen, und das Sterbliche Unsterblichkeit ... Tod, wo ist dein Sieg? Tod, wo ist dein Stachelstecken?« (1 Kor. 15,51—55.) Tod und Hölle haben später nur zu sehr ihren Stachel gezeigt —

auch in der christlichen Geschichte. Wenn sich auch schon im frühen Christentum ähnliche Illusionen geltend gemacht haben, die in der weiteren Geschichte auch typisch opiumartig benutzbar waren, wäre es doch ein unermeßlich schwerwiegender Fehler, nicht zu sehen, daß die Konzeption des Königreiches Gottes als des maximalen Anspruchs an den Menschen und als Folge davon auch der Erfülltheit des Augenblicks keineswegs illusionär ist. Ohne etwas Ähnliches bleibt das menschliche Leben erbärmlich. Diese Entdeckung ist also nicht opiumartige Entrückung des Menschen aus der Realität, sondern im Gegenteil Hinführung des Menschen zu sich selbst, zur möglichen Realität eines anspruchsvollen Lebens. Sie stellt in der Geschichte der anthropologischen Selbstreflexion wirklich die Entdekkung einer Perle dar oder zumindest einer möglichen Hefe der Menschlichkeit, wie es nicht zufällig die vorher zitierten »Gleichnisse« ausdrücken (Matthäus 13,33—45 par.).

Später, durch den Einfluß des bereits hellenistischen Milieus, siegt im Christentum sicherlich die rein geistliche Konzeption des »Seelenheils« — und die Traditionen vom »Königreich Gottes« werden bald platonisch ausgelegt, als Voraussagen teils des kirchlichen religiösen Lebens, teils der postmortalen rein geistlich gefaßten Seligkeit. Es ist möglich, daß gewisse Elemente dieser Konzeption sich vielleicht schon direkt im Kreis Jesu geltend gemacht haben, vielleicht unter Einfluß der pharisäischen Versuche und unter Ausnützung gewisser hellenistischer Vorstellungen von der Seele und der Auferstehung im Judentum. Doch die Reihung der Schichten der synoptischen Tradition zeigt klar, daß für die ältesten Schichten die sehr realistischen, ja fast naturalistisch irdischen Vorstellungen vom Königreich Gottes charakteristisch waren: »So gebe ich euch die Herrschaft weiter, die mein Vater mir übergeben hat. Ihr werdet an meinem Tisch essen und trinken, wenn mein himmlisches Reich anbrechen wird, und ihr werdet auf Thronen sitzen und über das heilige Volk Gottes herrschen« (Lukas 22,29—30). Es gab also bei Jesus selbst ohne Zweifel sowohl religiöse Vorstellungen wie auch einen sehr realistischen und manchmal schon drastisch naturalistischen Sinn für den zeitgenössischen Menschen und seine Bedürfnisse und Sehnsüchte.

Deshalb war es bei weitem keine Glorifizierung der Armut und des Leidens, so wie sie gegeben sind, noch das Opium der Versprechungen künftiger Belohnung im Sinn einer Wiedergutmachung für die Geduld im irdischen Leiden, wenn Jesus — neben den bereits »Gläubigen«, das heißt sich schon Ändernden, schon durch den Geist der hoffnungsvollen Zukunft Lebenden — vor allem die Leidenden, Erbärmlichen, Unterdrückten, Unglücklichen glücklich pries. Als Mensch großen Herzens hatte er »Erbarmen mit dem Volk« (Markus 6,34 par.; 8,2 par.) und suchte ihm zu helfen, so gut es nur möglich war — und als Verkünder der Umwandlung der Gegenwart ins Königreich Gottes eröffnete er es vor allem den Armen und Leidenden: »Selig seid ihr Armen, denn ihr habt Schutz unter der Herrschaft Gottes. Selig seid ihr, die ihr jetzt Hunger habt, denn ihr werdet satt werden. Selig seid ihr, die ihr jetzt weint, denn ihr werdet lachen« (Lukas 6,20—21). Der in den geläufigen Übersetzungen benutzte Terminus »selig« weckt gewisse kultische Vorstellungen, die es ohne Zweifel bei den Zuhörern Jesu nicht gab; der griechische Ausdruck »makarioi« drückt weit eher etwas aus, was man mit »Heil euch«, »ihr Glücklichen« übersetzen könnte (vgl. Matthäus 5,3—12). In der Verkündigung Jesu geht es nicht um die Verherrlichung der Armut und Not, wie sie sind — im Gegenteil: den Armen soll man helfen, ja in den Spitzenpassagen der synoptischen Tradition identifiziert sich Jesus für die Zukunft direkt mit jedem leidenden Wesen, dem aktiv geholfen werden wird: »Was ihr einem unter meinen geringsten Brüdern getan habt, das habt ihr mir getan« (Matthäus 25,40). Ums Handeln geht es, um die reale Hilfe! Mit diesen Momenten gewinnt die Botschaft Jesu und das Urchristentum, auch wenn das unbestreitbar nicht bewußt an die Spitze gestellt wurde, einen markant sozialen und revolutionär-aufrüttelnden Charakter. Wir dürfen diese Momente nicht unterschätzen, waren sie doch in der Geschichte des Christentums oft Triebkräfte revolutionärer Gruppen; nichtsdestoweniger ist es nicht richtig, sie zu isolieren und damit wiederum überzubewerten, wie das aus gutem Willen, oft sehr direkt in der sozialistischen Bewegung (zum Beispiel von Karl Kautsky) geschah. Diese Momente, revolutionär benützbar, waren bei Jesus selbst gerade nur organischer Bestandteil der Struktur seines eschatologischen Denkens, das auch andere Seiten hatte und auch einen anderen Umbruch forderte als bloß den sozialen oder politischen.

Wie die Armut nicht der Armut wegen glorifiziert wird, wird auch der Reichtum nicht seiner selbst wegen verdammt. Steht es doch außerhalb jeder Diskussion, daß die tiefste Grundlage aller eschatologisch-prophetischen und chiliastischen Visionen der Zukunft letztlich das einfache menschliche Mitleiden der Propheten mit den Leidenden ist, das Erlebnis ihrer Not und ihres Schmerzes, die Bemühung, sie zu lindern — also eine gewisse Identifizierung mit sozialen Interessen, die allerdings dann von den Formen ihres ideologischen Ausdrucks modifiziert werden, zum Beispiel eben vom religiös-eschatologischen Denken. Soziale Interessen und Klassengegensätze sind also einerseits in der historischen Abfolge die *Grundlage* der eschatologischen Vision und Sehnsüchte, und die haben dann einen größeren oder kleineren sozialen Impakt, können mehr oder minder starke soziale Bemühungen wecken; doch die eschatologischen Konstruktionen und das davon inaugurierte Handeln kann man nie auf die soziale bzw. auf die materielle Seite des menschlichen Leidens reduzieren. Es muß um die Wandlung des *ganzen* Menschen gehen, die menschliche Niedrigkeit soll in allen Aspekten überwunden werden, nicht nur hinsichtlich der Unterdrückung, der Not, der Knechtschaft usw. Deshalb ist auch das Ideal, wie sehr auch den Armen und Hungernden real geholfen werden soll, keineswegs nur bloßer Reichtum, Besitz; denn diese werden wieder von anderen Manifestationen menschlicher Niedrigkeit begleitet. »Wie schwer werden es die Reichen haben, ... in sein Reich Eingang zu finden« (Markus 10,23 par.). Was ist das Hindernis? Sie sind von Sorgen um Dinge, Güter, Genüsse erfüllt, können deshalb nur schwer durch innerliche Komponenten zur Wandlung bewegt werden, zu jener erforderlichen inneren Änderung, zum Leben durch das Evangelium. »... aber die tägliche Mühe, die unablässige Jagd nach Geld, die doch nichts einbringt, und das Rennen um alles übrige Vielerlei des Tages kommen hinzu und ersticken das Wort« (Markus 4,19 par.; vgl. Matthäus 6,19—24 par.). Die Kritik der Entmenschlichung des Menschen durch Dinge und Besitz ist im Urchristentum markant, auch wenn sie bei weitem nicht jene Breite und Konsequenz erreicht wie etwa im chinesischen Taoismus.

Doch wie in allen ähnlichen antiken und mittelalterlichen Bewegungen der Volksopposition (teilweise auch in jenen der Neuzeit) betrifft der Widerstand nicht nur Dinge und Besitz der reichen Gesellschaftsschichten, sondern auch (am ausdrucksvollsten wiederum im chinesischen Taoismus) die kulturellen Formen und geläufigen Bildungsgewohnheiten, in beträchtlichem Maß auch die Intellektualität und die traditionellen Formen der Rationalität überhaupt. Denn wenn nach den eschatologischen Vorstellungen die ganze »alte Welt« zum Untergang verurteilt ist und die

Morgendämmerung des »neuen Jerusalems« anbricht, einer neuen, einer ganz anderen Epoche der Menschheit, erträumt von ungebildeten, einfachen Menschen irgendwo in der jordanischen Wüste oder den galiläischen Bergen — siehe den Vorwurf an Jesus, er sei kein Schriftgelehrter (Johannes 7,15; knüpft offenbar an Markus 6,2 par. an) —, konnten diese Menschen dann die Bildung und die intellektuellen Verfahren der Schulen des obrigkeitlichen und hierarchischen Klüngels schätzen? Spannungen zwischen Gelehrten und volkstümlichen Träumern kommen in allen Religionen vor, auch wenn zwischen beiden nie eine unüberwindliche Mauer herrschte und einzelne immer mit dem Geist des einen unwillkürlich auch den anderen inspirierten. Bei Jesus selbst ist *dieser* Antagonismus nicht besonders groß, entschieden nicht so radikal wie bei Johannes dem Täufer oder in der Spannung zwischen dem oppositionellen Taoismus und dem offiziellen Konfuzianismus in China. Jesus verkehrt oft — im Gegensatz zu den meisten Propheten — ohne erkennbaren Haß auch mit den Angehörigen offizieller Gelehrtenkreise, vielleicht beteiligte er sich tatsächlich an den Streitigkeiten zwischen den Sadduzäern und den Pharisäern (Markus 12,18—27 par. u. a.). Es gibt auch Theorien, daß seine häufigen Konflikte mit den Pharisäern Produkt späterer Tradition sind und daß Jesus selbst aus den Reihen der Pharisäer kam. Das halten wir für unglaubwürdig, aber es ist sicher, daß der Widerstand gegen die geläufige Gelehrsamkeit bei Jesus wesentlich geringer ist als bei anderen Propheten von Lao-tse bis Mohammed. Wir finden ihn dennoch — *vielleicht* in der Ansicht vom Glauben als allein notwendiger Grundlage für das Geschehen des Wunders, für die Erfahrung, daß »dein Glaube dich gesund gemacht hat« (Markus 5,34 par.; vgl. Matthäus 9, 28—29), im Glauben, der Berge versetzen kann (Matthäus 17,21; vgl. Luk 17,6), entschieden aber in der Bevorzugung des *kindlichen* Charakters des Glaubens und in Zusammenhang damit in der Verstärkung (gegenüber der älteren jüdischen Tradition) der paternalistischen Vorstellungen, in der Verstärkung der Konzeption Gottes als *Vater*. Das zeigt insbesondere der Beginn des erwähnten einzigen von Jesus empfohlenen Gebets (Lukas 11,2 par.), auch die Anrede Gottes als »Väterchen« (abba) in den Todesängsten Jesu (Markus 14,36 par.). Dies hat später, insbesondere durch den Einfluß der eigenständigen Johannes-Tradition (siehe insbesondere Johannes 10,30; 14,6—13; 17,1 u. a.), die Grundlage für jene spezifisch christliche Dialektik der Vater-Sohn-Beziehung in der Konzeption Gottes geliefert, der gegenüber erst Freud mit der Lehre von dem unbewußten Streben der Menschen, in der Erwachsenenzeit gewisse kindliche Erlebnisweisen zu wiederholen, die grundlegenden entmythologisierenden Mittel geliefert hat. Doch damit ist die Angelegenheit bei weitem nicht erledigt.

Das Kind als Beispiel — das ist freilich in der Religionsgeschichte und eigentlich auch in der Kulturgeschichte etwas ganz Neues. Vor Jesus selbst kommt nirgends auf der Welt der Fall vor, daß man die Kindheit als menschlichen Wert, als Beispiel der Menschlichkeit darstellt. Wenn vor Jesus kindliche Gestalten in den literarischen Dokumenten Asiens und Europas vorkommen, dann immer als etwas menschlich Unfertiges, deshalb Zweitrangiges, hinsichtlich der menschlichen Werte Unwichtiges. Das Kind wird bestenfalls als »heiterer oder rührender Kontrast« (Karel Svoboda) begriffen, niemals als Beispiel, als Wert. Und wenn man schon lange vor Jesus erkannt hat, daß nicht nur die Dinge, sondern auch die durchschnittliche Intellektualität und Zivilisiertheit den Menschen oft eigentlich eher von seiner Menschlichkeit entfremden (am bemerkenswertesten im chinesischen Taoismus, besonders bei Tschuang-tse), hat man nichtsdestoweniger den Gegenpol und das Heilmittel entweder beim einfachen Menschen gesucht (eine gewisse Einfachheit wird vor allem in den Augenblicken der radikalen allseitigen Bedrohung zum Wert), allenfalls bei Menschen der längst vergangenen Zeiten (die »Alten« und »Seher« in den alten chinesischen, indischen und slawischen Religionen) oder beim künftigen Menschen (in der erwähnten jüdischen prophetischen Tradition), nie aber bei den Kindern. Und soweit die ältere Religiosität unbewußt reale menschliche Beziehungen des Niedrigeren zum Höheren sublimierte und religiös ausformte, so waren es — besonders in der jüdischen Tradition vor Jesus — immer Beziehungen eines einfachen Stammesangehörigen oder Stammes *gegenüber* seinem führenden Repräsentanten, doch noch nicht die engeren Familienbeziehungen.

Gewisse Momente der synoptischen Tradition beweisen, daß Jesus selbst von keinen eigenen familiären Erfahrungen ausging, weder im banalen noch im freudschen Sinn. Seine Erkenntnis, daß Kindheit und Jugend einen positiven Wert darstellen, beruhte zwar sicher auf bestimmten persönlichen Erlebnissen, auf wirklichen Kontakten mit Kindern, doch im Kern geht es um eine Art der Gesellschaftskritik, um den kritischen Vergleich der Erlebnisweisen von Kindern und Erwachsenen. Gerade die sogenannte Unreife der jungen Menschen bedeutet, daß bei ihnen noch nicht die für gereifte, aber entfremdete Menschen typischen Haltungen ausgeformt sind. Das Kind ist noch kein verdinglichter Mensch, ist auch nicht ein in der Vielfalt verlorener Mensch, das Kind ist deshalb in seiner Art — ähnlich wie die Frau in männlich bestimmten Zivilisationen — aufnahmefähiger für jenes »einzig Nötige«, jene Erhebung über »tausenderlei Dinge« (Lukas 10,41—42), über all das, was traditionell — und nicht unberechtigt — der religiösen Kritik des Zivilisationsprozesses unterliegt. Das

Kind ist imstande, von einem einzigen Phänomen so fasziniert zu werden, wie Jesus fordert, vom Königreich Gottes hingerissen zu sein. Das äußert sich zweifellos — zumindest in erster Linie — in den absolut eindeutigen Worten: »Laßt euch gesagt sein: Wenn ihr euren Gedanken nicht eine andere Ordnung gebt, wenn ihr nicht eure Maßstäbe umkehrt und wie die Kinder werdet, dann könnt ihr vor Gott nichts gelten« (Matthäus 18,3). Den Kindern gehört das Reich des künftigen Zeitalters aber auch, weil man — wie für jedes schwache Wesen — für sie sorgen muß, da sie für sich selbst nicht sorgen können; deshalb »wer eines von diesen Kindern zu sich nimmt, um es zu schützen, weil er zu mir gehören will, der nimmt mich zu sich« (Markus 9,37 par.). Dieser menschliche Zug Jesu, den bei ihm sogar ein so radikaler Kritiker des Christentums wie Karl Marx bewunderte, diese seine so gar nicht sentimentale Kinderliebe, sein wesentliches Bedürfnis nach dem Kontakt mit Kindern, die Identifizierung seiner selbst mit dem Kind (ein Zug, den trotz des zeitlichen Abgrunds von der evangelischen Tradition Menschen wie Franz von Assisi, aber auch die tschechischen Träumer des 18. und 19. Jahrhunderts herausfühlen konnten, die sich selbst »Kinder des reinen Lebendigen« nannten), dieser Zug wirkte bei Jesus so mächtig und wertbildend, weil er nicht Resultat irgendeiner theoretischen Spekulation über »Nichtentfremdung« des Kindes war, sondern weil er — wie auch die anderen Merkmale des künftigen Zeitalters — von Jesus mit dem ganzen Wesen *gelebt* wurde. Sonst wäre er nur eine Floskel, eine Kuriosität, eine Extravaganz. Nur deshalb, weil bei Jesus sein »Wort« vollständig identisch mit ihm selbst war, weil er in diesem Sinn das »Wort« war, weil er dessen menschliche »Verkörperung« war (vgl. Johannes 1,14), konnte das wirken. Deshalb spüren auch wir trotz der zeitlichen Distanz die Unmittelbarkeit und Wahrhaftigkeit der Worte: »Laßt die Kinder zu mir kommen« (Markus 10,14). Deshalb spürten auch die Gegner des Christentums, daß es hier nicht um irgendeine »Sorge um die Unreifen« geht, sondern um das Bedürfnis jedes wirklich reifen Menschen, sich gegen die den Menschen vernichtenden Tendenzen der egoistischen Klasseninteressen oder der fetischisierten Zivilisation zu empören, deshalb auch um das Bedürfnis aller wahrhaft revolutionären Bemühung, die nicht schon beim zweiten oder dritten Mißerfolg aufgibt. Gewissen indirekten Widerhall der realen Kinderliebe Jesu finden wir, wenn wir ihren Sinn verstehen, übrigens auch in einer Reihe anderer Stellen der evangelischen Tradition, so zum Beispiel in der Legende, die uns nur in einer sehr späten Umformung erhalten ist, daß der sogenannte »Liebling des Herrn« im Unterschied zu anderen Aposteln sehr jung war (die Legende knüpft an Johannes 20,2—3; 21,23 an), und sicher auch in den späteren Weihnachtslegenden, zu denen wir noch zurückkehren werden.

Die Apotheose der Kindheit hängt bei Jesus mit den Momenten seiner Botschaft zusammen, in denen die taubenhafte Arglosigkeit, die Wehrlosigkeit des Lammes unter Wölfen (Matthäus 10,16) und ähnliches hervorgehoben wird, und mit jenen Merkmalen seiner Persönlichkeit, derentwegen er wiederum selbst als »Lamm« gesehen wurde (1. Korinther 5,7; 1. Petrus 1,19; Johannes 1,29; Offenbarung 5,8—15 u. a.). Das ist bereits vieldeutig. In unserem jetzigen Zusammenhang ist jedoch auch darin ohne Zweifel jene geforderte Einfachheit und Befreiung von den Dingen, von der Vielfalt, von den »Sorgen« des weltlichen Lebens enthalten, die als Forderung in allen großen religiösen Systemen anzutreffen ist und die eine wichtige Rolle nicht nur bei den Heiligen und Mönchen vom Typus des Heiligen Benedikt oder des Franz von Assisi gespielt hat, sondern auch bei Tolstoj, Gandhi und anderen. Bei Jesus ist dieses Moment eigentlich nicht in dem Maß stark entwickelt wie bei den Erwähnten, ja es scheint sogar, als würde bei ihm das Bedürfnis nach Kommunikation mit der Einfachheit der Kinder eher an die Stelle jener Selbstentäußerung treten, der gegenüber wir — im Unterschied zu Johannes dem Täufer — bei Jesus eine gewisse Distanz, ein gewisses Mißtrauen finden. Die »selbstentäußernden« Tendenzen finden wir bei Jesus eigentlich verhältnismäßig selten, doch sicher gab es sie in einem gewissen Grad auch bei ihm. So gehört zum Beispiel ohne Zweifel in die älteste Schicht der Aussprüche, die in der Quelle Q erfaßt sind, einer der Höhepunkte der Bergpredigt, der gegen die Konzentration auf die Sorgen um das Leben und die Mittel zum Leben polemisiert: »Sehet die Vögel unter dem Himmel an« (Matthäus 6,26 par.). »Lernt bei den Lilien auf dem Feld« (Matthäus 6,28). Diese poetischen Aufforderungen enthalten ohne Zweifel die erwähnten »Selbstentäußerungs«-Tendenzen. Doch wenn wir den gesamten Kontext aufmerksamer betrachten, merken wir schließlich, daß der Kern eher in der Bemühung um die oben erwähnte »Dialektik des Augenblicks« steckt: Der Abschluß des Textes fordert, im Herzen das künftige Zeitalter zu tragen — doch gerade deshalb wird die Sorge um das Morgen abgelehnt (Matthäus 6,33—34), offenbar im Sinne der Polemik gegen den »Aufschub« der menschlichen Existenz, im Sinn der Forderung, voll für den Augenblick zu leben. Und darin beruht die eigentliche Kraft dieses Bildes — nicht in bloßer Selbstentäußerung. Denn man muß bei aller ästhetischen Schönheit solcher Aussprüche, bei aller relativen Berechtigung der Kritik am verdinglichten, nur von äußeren Dingen, Sorgen und Mitteln erfüllten Lebensstil, eines schon damals erbärmlichen Lebensstils, merken, daß eine derartige Zivilisationskritik — von den alten chinesischen Weisen bis zu Gandhi — an sich nicht aus jenen tragischen

Sackgassen des Arbeitsprozesses herausführen kann, weil sie von der Arbeit — der Notwendigkeit des Menschengeschlechts — die Aufmerksamkeit ablenkt auf die sorglose Schönheit der Natur, aber die inneren Probleme des Arbeitsprozesses nicht im Prozeß selbst löst. Wenn später das Christentum zur Religion eines Kontinents der Arbeitsdynamik werden konnte, dann sicher nicht, weil diese Selbstentäußerungstendenzen bei Jesus ebenfalls vorkommen, sondern weil sie hier schwächer ausgeprägt sind als in ähnlichen Bewegungen. Doch auch die wichtigeren »kindlichen« und »Vater-Sohn«-Beziehungen in der Botschaft Jesu müssen differenziert begriffen werden. Einerseits trugen sie zur paternalistischen Selbstreflexion des Menschen bei, steigerten das angenehme Gefühl der Geborgenheit des Menschen in der Welt als Vaterhaus, in dem letztlich die Wärme, die Güte und der Schutz vorwiegen; ja jene Elemente der synoptischen Tradition, wie zum Beispiel, daß »bei euch aber selbst die einzelnen Haare auf eurem Haupt alle gezählt sind« (Matthäus 10,30 par.), bereiteten unwillkürlich bereits den Boden für die künftige Verschmelzung der urchristlichen Tradition mit dem griechischen stoischen und neuplatonischen Providenzialismus, damit aber auch die bedenkliche Fähigkeit, zu leicht in allem einen Sinn zu finden, Erklärung und Rechtfertigung für alles. Als dann — seit der Zeit der Entdeckung der Ausdehnung des Alls — immer radikaler die neuzeitlichen Tendenzen der Kritik und Skepsis gültig zu werden begannen, genährt sowohl von der Erfahrung des wissenschaftlichen Rationalismus wie auch von Erlebnissen jener Art, wie sie in Auschwitz ihren Höhepunkt erreichten, gerät gerade das paternalistisch und providenzialistisch gefärbte Konzept des Menschen, des Guten und Bösen, des Sinns des Lebens und der ethischen Werte überhaupt in eine Krise, die in der Selbstreflexion des modernen Menschen alles zu vernichten imstande ist, weil sie das Gefühl absoluter Entwurzelung, Leere, Vergeblichkeit, Sinnlosigkeit weckt. Darin besteht die Bedenklichkeit jener herrlichen, kindlichen Erlebnisse des guten Vaters, der »weiß, wessen ihr bedürft« (Matthäus 6,8); das machte zwar für Millionen das Leben erträglicher, weniger verzweifelt, was sicher an sich nichts Schlechtes wäre, doch es unterhielt und verstärkte — gerade durch das Prinzip der vermeintlich väterlichen Grundlage des Seins und besonders der menschlichen Existenz — gewisse infantile Merkmale der menschlichen Selbstreflexion, die sicher sehr schön sind und in gewissem Maß gerade in der Kindheit notwendig, die aber, sofern sie sich bis ins Erwachsenenalter fortsetzen, unfähig machen, schweren Schicksalsschlägen auch dort entgegenzutreten, wo das Leben nicht mehr das väterliche Heim ist.

Andererseits ist die Hochschätzung der Kindheit als Wert, des Kindes als Menschen, wiederum ein bedeutender Teil der Geschichte des Humanismus, der Geschichte nicht der Entfremdung, sondern der humanistischen Selbstfindung des Menschen. Nicht nur, weil Jesu Lehre die Grundlagen jener Tradition, jeden Schwachen zu schützen, geschaffen hat, ohne die selbstverständlich Humanismus nur ein hochmütiger Weg zur allmählichen Selbstvernichtung wäre, sondern weil gewisse Phänomene der Kindheit und Jugend wirklich etwas Positives auch für Erwachsene darstellen. Nur die »Erwachsenen«, die sich aus der Kindheit eine gewisse Fähigkeit der Offenheit, Geradlinigkeit, Arglosigkeit, Konzentration, ja sogar jene »Naivität« erhalten haben, die dem Menschen eignet, der noch nicht zur vollen Eingliederung in unmenschliche gesellschaftliche Formationen und spezialisierte Leistungen »herangereift« ist, sind fähig, die »Klugheit der Schlangen« mit »taubenhafter Arglosigkeit« (Matthäus 10,16) zu verbinden, nur sie sind in einer menschlichen Art erwachsen.

Überhaupt betonen wir — und in diesem Fall ist keine Betonung übertrieben, so viele Irrtümer hat man in dieser Beziehung durch Jahrhunderte mit dem zufälligen Zitieren einzelner aus dem Zusammenhang gerissener Sätze begangen! —, daß man nur dann den Absurditäten und ewigen Streitereien widersprüchlicher Interpretationen entgeht, wenn man vor allem untersucht, welchen grundlegenden Akzenten im Ganzen des Denkens Jesu diese Einzelheiten untergeordnet waren. Besonders wichtig ist das bei einigen »geflügelten« Worten, durch Jahrtausende hindurch zitiert, aus der Bergpredigt (Matthäus 5—7; vgl. Lukas 6,20—49 u. a.), durch die nach Marx' Ausspruch jeder Augenblick des Lebens die christliche Gesellschaft der Lüge überführt. Wenn zum Beispiel in der Bergpredigt, die für viele Generationen die Quintessenz der Lehre Jesu bzw. seiner höchsten »Ideale« war (wir wissen schon, daß diese beiden Begriffe nur bis zu einem bestimmten Ausmaß adäquat sind), davon gesprochen wird, daß nicht nur der Totschlag, sondern schon ein grobes Wort dem Bruder gegenüber bestraft werden soll, wenn nicht nur Ehebruch oder Vergewaltigung, sondern schon ein begehrlicher Blick auf eine Frau verurteilt wird, wenn der Schwur verworfen und nur das einfache »Ja, ja; nein, nein« usw. (Matthäus 5,21—37) gefordert wird, so geht es hier sicher nicht um irgendeine moralisch-rechtliche Kasuistik für alltägliche Angelegenheiten. Übrigens konnte schon Jesus sehr scharfe Worte verwenden; so beschimpfte er die Pharisäer als Narren und Schlangen (Matthäus 23,17—23); es geht also in der Bergpredigt um etwas anderes als um Vorschriften für Gentlemen. Sie zeigt, wie weit im Anspruch an sich selbst derjenige gehen muß, der sich jener Umkehr zum Königreich Gottes hingibt. Erinnern wir noch einmal an jenen resümierenden Ausspruch der Bergpredigt: »Setzt euch für die Herrschaft Gottes ein und für die Gerechtigkeit, die er will«; und über alle anderen einzelnen Dinge wird dann schließlich gesagt: »Das übrige wird euch zufallen« (Matthäus 6,33).

Gerade diese Unterordnung der einzelnen moralistischen Thesen und moralisch-rechtlichen wie rituellen Forderungen des mosaischen Gesetzes unter jene alles erfassende mächtige Idee des »Königreichs Gottes« und den damit gegebenen Anspruch auf innere Änderung gibt allem die Authentizität. Nur so kann man nach der synoptischen Tradition die alten mosaischen Moralvorschriften von Routine, Gewohnheit, von mechanischem und deshalb oft nur formalem Erfüllen befreien; nur das ermöglicht wiederum, ihren ursprünglichen lebendigen Kern zu finden; zugleich können dann auch die ursprünglich einfachen Vorschriften, von allen Kompromissen befreit, bis zur letzten Konsequenz gesteigert werden. Nur dort, wo ein weitreichendes positives eschatologisches Denken entwickelt ist (das heißt nicht nur als negativistische Vision der allgemeinen Katastrophe der Menschheit, sondern als Entfaltung positiver menschlicher Werte), haben dann auch in der Moral jene maximalen Gebote und Verbote ihre Berechtigung. Deshalb begegnen wir auch in der eschatologischen Verkündigung oft dem Widerstand gegen diejenigen, die einzelne Tugenden, fromme Gewohnheiten, Rituale pflegen — offenbar ohne jenen grundlegenden »Wandel« durch den eschatologischen Glauben. An die Adresse der »Frommen« ist ohne Zweifel jenes berühmte Wort gerichtet, dessen Analyse viel zum Verständnis der Gesamtheit der Verkündigung Jesu beitragen kann: »Laß die Toten ihren Toten die Ehre erweisen« (Matthäus 8,22 par.), ein Wort, das unbezweifelbar aus der ältesten Schicht der synoptischen Tradition stammt; und mit ähnlicher Logik wendet sich die Botschaft nicht an diese »Frommen«, an die falsch Befriedigten, deshalb mit dem Gegebenen Zufriedenen, sondern an die Enterbten dieser Welt, an die Menschen am Rand der Gesellschaft, an Prostituierte, Vagabunden, Ausgestoßene, »Sündige«, denn diese sind noch für den »Glauben«, für den eschatologischen Anspruch bereit. Deshalb betont Jesus: »Ich bin nicht gekommen, die zu Gott heimzurufen, die schon zu Hause sind, sondern die andern: die Betrüger, die Ausbeuter, die Gottlosen und alle, die fern von Gott leben und ausgeschlossen sind von den Menschen« (Markus 2,17 par.).

Ähnlich muß man auch jene gewichtigen Seiten der Botschaft Jesu verstehen, die traditionell — wenn auch im wesentlichen irrtümlich — als Schlüsselpassagen seiner »Ethik« betrachtet werden, die Thesen von der Liebe zum Nächsten, von der Gewaltlosigkeit, von der radikalen Vergebung und vom Nicht-Rache-Üben. Wegen der unbezweifelbaren Bedeutung führen wir zunächst die berühmtesten, wenn auch für das Problem bei weitem nicht allein zutreffenden, Texte an: »Ihr habt gehört, daß für den, der Böses vergelten wollte, von alters her die Regel galt: Auge um Auge, Zahn um Zahn. Ich aber sage euch: Ihr sollt dem Bösen überhaupt nicht in seiner Art entgegentreten« (aus dem Zusammenhang ist offenkundig, daß die traditionelle Übersetzung »keinen Widerstand entgegensetzen« die Doppeldeutigkeit des griechischen »mé antisténai tó ponéró« nicht zum Ausdruck bringt). »Wenn dir jemand auf die rechte Backe schlägt, dann biete ihm auch die linke ... Gib dem, der dich bittet, wende dich nicht ab von dem, der von dir leihen will! Ihr habt gehört, daß die Regel gegolten hat: Du sollst deinen Freund lieben, deinen Feind sollst du hassen. Ich aber sage euch: Zeigt euren Feinden, daß ihr sie liebt, und bittet Gott um seine Liebe für die, die euch verfolgen ... Tut Gutes nicht vor den Menschen, um von ihnen gesehen zu werden, also nicht zu dem Zweck, daß sie euch dabei beobachten ... Wenn du ein Opfer gibst, dann sorge dafür, daß deine linke Hand nicht weiß, was die rechte tut ...« (Matthäus 5,39—6,8; vgl. Lukas 5,28—6,36). Es ist klar, daß es hier um etwas geht, was nicht nur in der Geschichte der jüdischen prophetischen Bewegungen, sondern auch in der Weltgeschichte in ethischer Hinsicht ganz einmalig ist: um den Versuch, die uralten Probleme der menschlichen Feindschaft, der gegenseitigen Vergewaltigung, der Verwendung von Gewalt usw. neu zu fassen. Sehr bald jedoch begann in der Christenheit der Streit darüber, was eigentlich diese Thesen in konkreten Fällen menschlichen Handelns und Entscheidens bedeuten. Ja, es ist wahrscheinlich, daß ein ähnlicher Streit schon bei der Entstehung dieser Thesen stattgefunden hat, daß es um Jesu persönliche Reaktion auf ein schon vor ihm entstandenes Problem geht.

Das Problem der Gewalt, besonders der politischen, das heißt der unterdrückenden oder im Gegenteil revolutionären Gewalt, war schon durch die römische Okkupation Israels gegeben, und noch vor Jesus begann sich jener revolutionäre Widerstand zu zeigen, der dann nach seinem Tod zu den beiden großen Aufständen und zur vollkommenen Vernichtung des jüdischen Staates führen sollte. Wenn bald nach Jesus der Versuch revolutionärer Gewalt, kompromißloser Abrechnung mit der Macht bis zum Untergang des Landes führte bzw. einer der Umstände des tragischen Endes war, wie es sich die Juden vom Typus des Flavius Josephus bewußt machten, so mußte sicher schon vorher — wenigstens im Keim — das Problem von Recht oder Unrecht der Gewaltanwendung zur Befreiung und zur Erlösung des Landes entstanden sein. Weil im Judentum eine so besondere Haltung zu diesem Problem zu reifen begann, die zwar in der Zeit der späteren jüdischen Kriege sozusagen am Rand blieb, ja außerhalb des Geschehens, sich aber schließlich als fähig erwies, diese Zeit zu überleben und sich siegreich zu verbreiten, so wäre es sicher merkwürdig, wenn es bei Jesus nicht einen ganz persönlichen Standpunkt gegenüber den Feinden und der Gewalt, dem Haß und den Waffen gäbe. Daß es zweifellos auch viel unmittelbarere Beziehungen zu der Frage der Benutzung von Gewalt und Waffen gab, als es aus der isolierten Bergpredigt folgt, das hat uns die synoptische Tradition insgesamt ziemlich deutlich in einigen weiteren Andeutungen erhalten, am deutlichsten in der Szene der Verhaftung Jesu, die ganz sicher den Widerhall irgendeines Gefechts oder eines Kampfversuchs erfaßt und in der Jesus selbst angeblich den Versuch seiner Freunde, bewaffneten Widerstand zu leisten, verhinderte, denn »wer das Schwert zur Hilfe nimmt, kommt durch das Schwert um« (Matthäus 26,52). Daß es damals auch in seiner engsten Umgebung andere Stimmungen als gewaltlose gegeben hat, ist klar; um so logischer erscheint dann, daß er selbst dieses Problem schon vorher gesehen haben mußte. Um so eher, als die gegebene Situation einen brennenden Widerspruch enthielt: die besten Komponenten der jüdischen alttestamentlichen Tradition waren nie irgendwie eng nationalistisch, schon gar nicht chauvinistisch — Jahwe war schließlich Gott aller Nationen. Doch die römische Okkupation bestärkte beim kleinen, stolzen, nun so erniedrigten Volk die Momente des Hasses und des Nationalismus, und das wurde zu einem schwer lösbaren Problem gerade deshalb, weil sich die Okkupation äußerlich nicht in primitiver Brutalität entlud wie einst die Okkupation der Assyrer oder der Babylonier; doch gerade wegen einer gewissen konzilianten und nachgiebigen Haltung einer unvergleichlich mächtigeren, mit den Methoden Davids und der Makkabäer nicht zu schlagenden Macht mußte der Haß der »Söhne des Lichts« gegen die »Söhne der Finsternis« Formen annehmen, die zwar den Feind nicht vernichten konnten, dafür aber alles, was je in der eigentlichen jüdischen Tradition wertvoll, groß, unbesiegbar war. So lag es auf der Hand, daß der größte jüdische Prophet des Jahrhunderts — wie das bei Propheten immer der Fall ist — einen wesentlich neuen Standpunkt einnahm. Damit alles, was im Judentum »göttlich« und auch menschlich war, erhalten bliebe, mußte alles neu werden.

Die These Jesu von der Liebe auch zum Feind, vom großmütigen Verzeihen, vom Verzicht auf Rache, auf Gewalt usw. wurde lange Zeit als eine Art »Ethik Jesu« bzw. als Grundlage einer »christlichen Moral« betrachtet, manchmal sogar von denen, die das eschatologische Wesen des Denkens Jesu ausgezeichnet begriffen, zumindest als eine Art »Übergangsethik« bezeichnet (»Interim-Ethik« bei Albert Schweitzer). Wir halten weder das eine noch das andere für besonders glücklich, denn es trägt unwillkürlich alte griechische oder modernistische Vorstellungen über Ethik in das eschatologische Denken. Erinnern wir daran (gegen die geläufigen Vorstellungen von »christlicher Moral«, manchmal auch bei den Christen, fast immer bei den Gegnern des Christentums, die beide, was das Nichtwissen betrifft, sicher oft miteinander konkurrieren könnten), daß die Forderungen »Gott aus ganzer Seele zu lieben« usw. (5. Mose 6,4—5) und »den Nächsten zu lieben wie sich selbst« (3. Mose 19,18) bis zum letzten Jota alttestamentlich sind, auf Mose zurückgehen und in die synoptischen Traditionen durch direktes Zitieren übernommen wurden (Markus 12,29—31). Neu, eigenständig ist in dieser Beziehung gerade nur jene Radikalisierung, die Forderung, *auch den Feind* zu lieben. Wenn man das verstehen und interpretieren soll, muß man sich sicher vor Willkür hüten; die einzig richtige Basis der Interpretation gibt ohne allen Zweifel die Frage ab, welche Stellung diese Aussagen der »Bergpredigt« in der ganzen Struktur des Denkens Jesu hatten, welche sie einzig haben *konnten*! Oder konkreter: welche Rolle sie im Rahmen jener Forderung der Umkehr hatten, mit der die eschatologische Vision des künftigen Zeitalters zum maximalen Anspruch auf die oben erwähnte »innere Änderung« des Menschen wird. Es geht um keine kasuistischen Regeln für das alltägliche Verhalten, sondern um Beispiele maximalen Anspruchs an die mögliche menschliche Aktivität. Es geht um einen Anspruch, eine Forderung an das »Ich« des »Gläubigen«, des vom »Reich« ganz erfaßten Menschen.

Deshalb war es ganz unrichtig, wenn die Forderung »dem Bösen nicht Widerstand leisten« oder »den Feinden zu verzeihen« als Passivität verstanden wurde, als Aufforderung, den Mörder morden, den Despoten unterdrücken, den Betrüger daraus Nutzen ziehen zu lassen, daß man seine Mittel nicht verwendet, also wortwörtlich »dem Bösen nicht Widerstand leistet« im Sinn der Unterwerfung unter die Macht des Bösen. Das steht im absoluten Gegensatz zur ganzen evangelischen Tradition, Jesus selbst leistete dem Bösen immer und überall Widerstand, kompromißlos, so oft er es antraf. Der Streit zwischen ihm und den zelotischen Widerstandskämpfern, doch offenbar auch zwischen ihm und der Mehrheit des Judentums seiner Zeit ging nicht darum, ob man dem Bösen Widerstand leisten soll — das anerkannte man ohne Diskussion —; der Streit ging darum, auf welche *Art* man das Böse bekämpfen soll, welche Mittel wirksamer sind — so könnte man sagen, was freilich eine etwas modernere Formulierung ist. Der eigentlichen Struktur und dem Sinn der Botschaft Jesu entspricht es besser, wenn wir sagen, daß der Streit darum ging, welche Aktivität — soweit es um die gegenseitigen Beziehungen der Menschen überhaupt geht und speziell im Bereich der menschlichen Konflikte — dem Menschen entspricht, der vom Ideal des künftigen Zeitalters erfaßt ist und sich um die erwähnte Wandlung der eigenen Existenz bemüht. Wir sollen uns um eine *gewaltlose* Aktivität bemühen. Gewaltlosigkeit bedeutet nicht Passivität. Sie bedeutet nicht Desinteresse, Gleichgültigkeit, keine Kapitulation vor dem Bösen und seinen Mächten — das alles widerspricht wesentlichen Komponenten der synoptischen Tradition. Ähnlich folgt Verzeihen nicht aus Schwäche, Verachtung, Stolz usw. Den Feind lieben bedeutet nicht, sich mit seiner Feindschaft versöhnen, mit dem Prinzip seines Handelns, bedeutet nicht, zu seinen Positionen überzulaufen, nicht einmal Flucht vor dem Konflikt. Das alles wären eigenwillige Interpretationen von Worten, die aus dem Kontext der synoptischen Tradition gerissen sind; durch solch ein Verfahren müssen die größten Unsinnigkeiten entstehen. Aus dem Ganzen der synoptischen Tradition wird klar, daß es um Aktivität, ums Handeln geht, das unabweisbar ist, um missionarische Bemühung, also auch um Interesse am anderen Menschen, an seiner Zukunft, an seiner »Bekehrung« und »Gläubigkeit«. Es geht darum, auch den anderen — den Nächsten, ja auch den Gegner, Fremden, Enterbten der menschlichen Gesellschaft, den Andersgläubigen, den Schuldigen — nicht nur so zu sehen, wie er jetzt ist, sondern *ihn schon durch das »Prisma des Reichs« zu sehen,* durch das Prisma jener radikalen, alles betreffenden Änderung, also nicht nur, wie er ist, sondern wie er sein könnte, wie er sein wird. Deshalb ist es sicherlich nötig, soweit er den Mächten der Finsternis dient, ihn zu bekämpfen, besser gesagt, sie zu bekämpfen, aber ihn selbst nicht nur als Diener der Finsternis, sondern in seiner möglichen künftigen Umkehr zu sehen. Deshalb kann man ihm, soweit er die Mittel des Bösen, der Despotie, des Schwertes, der Macht, der Finsternis benützt, *nicht mit diesen Mitteln* antworten. Wenn man mit seinen Mitteln, mit Lüge, Betrug, Gewalt, Macht, antwortete, nähme man sich und ihm die Zukunft und die Möglichkeit der Änderung, man verewigte das Reich des Bösen. Das Prinzip der Gewaltlosigkeit und der Vergebung für die Feinde kann man sicher nicht auf alle möglichen Situationen des Lebens anwenden; was jedoch allgemein als Aufgabe des Menschen bleibt, der das Ideal der erneuerten Zukunft immer und überall mit sich trägt, ist die Aufgabe, immer und unter allen Umständen moralisch bessere Mittel zu suchen, als sie der andere benutzt — einschließlich des Feindes. Darin mündet auch Jesu Erläuterung dieser Thesen, nämlich mit dem Hinweis darauf, daß man Feinden und Heiden nicht in ihrer Art antworten darf (Matthäus 5,43—48). Daher auch die Forderung nach einer »höheren Gerechtigkeit« (Matthäus 5,20) als die der allgemeinen gesetzlichen Norm.

Wie Gandhi später erkannte, daß wirkliche *Gewaltlosigkeit* (ahimsá) nicht Passivität, Kapitulation vor den Mächten des Bösen und der Unterdrückung sein darf, sondern daß sie nur als organischer Bestandteil der *Wahrheitssuche* (satjágráha) Sinn hat, so verhält es sich mit demselben Problem auch in der synoptischen Tradition: Auch hier geht es nicht in erster Linie um negativ-passive »Gewaltlosigkeit« (mé antisténai), sondern um einen organischen Teil der positiven Aktivität im Geist des samaritanischen Prinzips (Lukas 10,37). Dann ist Gewaltlosigkeit weder Kapitulation noch Flucht, sondern eine Form der maximalen Verantwortlichkeit für den anderen, auch für den Gegner. Es geht nicht ums »Nichthandeln« im Sinn des Buddhismus, sondern im Gegenteil um die Herbeiführung eines moralisch besseren Handelns, das auch andere mitreißen kann!

Wenn die Lehre von der gewaltlosen Aktivität unbestreitbar auch gewichtige Folgen für die Geschichte des Humanismus und der anthropologischen Selbstreflexion des Menschen hat, muß man doch darauf aufmerksam machen, daß sie bei Jesus nicht wie etwa bei Seneca aus irgendeiner Erkenntnis der Verwandtschaft und der damit gegebenen Sympathie des Menschengeschlechts folgt, schon gar nicht aus der sentimentalen Empfindsamkeit vieler Menschen, die »humanistisch« etwa deshalb sind, weil sie »kein Blut sehen« können. Jesus und seine Zeit sahen zuviel Blut! »Liebe den Nächsten« hat nichts mit Sentimentalität zu tun, mit einem »weichen Herzen«, mit der epikuräischen oder kleinbürgerlichen Bemühung, sich passiv außerhalb des Geschehens zu halten. Das »Liebe den Nächsten« bei Jesus ist Frucht der Zeit und eines sehr harten Lebens, ist nicht sosehr »Mitgefühl« in der Art Schopenhauers, nicht sosehr Gefühl für die Schwäche des anderen, sondern *harter und kompromißloser Anspruch an sich selbst* — die Aufgabe, sich maximal für andere zu engagieren, doch im Rahmen dessen lieber Unrecht und Gewalt zu erleiden als selbst zu verursachen. Das ist jedoch nicht Selbstzweck, wie irgendein stoisches Training der Persönlichkeit, auch kein faustisches Ideal, dynamisch in einer dynamischen Welt zu sein und als Faust schließlich mit einer untergehenden Welt selbst unterzugehen. Es ist Vorgriff auf das »Königreich Gottes« durch Anspruch, Änderung, Sinneswandlung.

Wenn wir uns an die vorerwähnten Seligpreisungen des Lukas erinnern, in denen Arme, Leidende, Hungernde, Verfolgte glücklich gepriesen werden (Lukas 6,20—23), und sie mit dem erweiterten Text bei Matthäus vergleichen, dann entsprechen auch dessen Formulierungen sachlich der Gesamtheit der synoptischen Tradition und ihrer ältesten Schichten. Von der Grundlage der eschatologischen Vision und des Anspruchs Jesu her sind die Worte »Selig, die geduldig sind und hoffen, denn sie werden die Erde besitzen ... Selig die Barmherzigen, denn sie werden Barmherzigkeit empfangen ... Selig die Friedensstifter, denn sie wirken in Gottes Auftrag« (Matthäus 5,5—9) nicht weniger organischer Bestandteil der eschatologischen Vision des künftigen Zeitalters, zeigen nicht weniger, wie die menschliche Gesellschaft sein muß, für die zu leben allein sich lohnt: es wird eine Gesellschaft nicht gewalttätiger Menschen, sondern der Stillen sein, nicht kriegerischer Menschen, sondern friedliebender.

Nur mit diesem Prinzip des eschatologischen *Anspruchs an sich selbst* erklären wir auch jenes Paradox, daß Jesus einerseits *extrem radikale Forderungen* hinterlassen hat, andererseits jedoch gleich daneben Nachrichten über sein *extrem »liberales«, nachgiebiges Handeln* stehen, und das gerade Menschen gegenüber, die von seinen Visionen der Erlösung Israels und der ganzen Menschheit und des absoluten Anspruchs an sich selbst weit entfernt waren! Fürchten wir uns nicht, offen zu sagen, was die kirchliche Tradition aus Schamhaftigkeit unübersetzt oder »halbübersetzt« gelassen hat, daß sich hinter Jesu Kontakten mit »Zöllnern und Sündern« eigentlich die Tatsache versteckt, daß er — zur schockartigen Erschütterung der Frommen — nicht zögerte, mit Freudenmädchen und Kollaboranten zu tafeln, daß er mit Beamten der römischen Verwaltung verkehrte (vgl. Markus 2,15 par.; Matthäus 8,10 par.), daß er sich zu Magdalena herabließ, die ohne Zweifel ursprünglich dem ältesten Gewerbe der Welt nachging und darüber hinaus wahrscheinlich hysterisch war, trieb er ihr doch sieben böse Geister aus (Lukas 8,2), ja daß er sogar über eine »öffentliche Sünderin« ruhig sagte: »Ihr sind viele Sünden vergeben, denn sie hat viel Liebe« (Lukas 7,47) — obwohl aus dem Zusammenhang ohne Zweifel hervorgeht, welcher Art ihre Liebe war. Nur scheinbar ist dies alles ein Widerspruch, in Wirklichkeit sind es zwei Pole desselben eschatologischen Anspruchs; wer selbst bereits den »Glauben« erlebt, das heißt jene Änderung (metanoia) angesichts des künftigen Zeitalters, der stellt *an sich selbst* die größtmöglichen Ansprüche, gibt aber gerade deshalb *anderen* nicht nur »umsonst« (Matthäus 10,8), und zwar »ein gutes, gedrücktes, gerütteltes und überfließendes Maß« (Lukas 6,38), sondern der verdammt *andere* auch nicht, ist geduldig und nachgiebig ihnen gegenüber, verurteilt *andere* nicht wegen ihrer Schwäche. »Richtet nicht andere, so werdet auch ihr nicht gerichtet« (Lukas 6,37). Man muß sich maximal für die Gewinnung anderer engagieren, darf sie jedoch nicht verurteilen, wenn das nicht gelingt.

Die Botschaft Jesu ist nicht widersprüchlich, sondern absolut eindeutig: maximaler, nicht zur Schau gestellter, sondern nur aus dem eigenen Inneren hervorgegangener Anspruch an sich selbst, *deshalb* gleichzeitig maximale Nachsicht und Geduld für andere! »Was hat es aber für einen Sinn, einen Splitter im Auge des Bruders zu gewahren und den Balken im eigenen Auge zu übersehen?« (Matthäus 7,3).

Auch wenn dann in der Praxis von zwei Jahrtausenden Christentum oft eher das Gegenteil der Fall war, wenn Menschen mit Jesu Worten auf den Lippen harte Ansprüche an andere stellten und stellen, bei sich selbst jedoch alles entschuldigten, wenn das Prinzip des »Splitters im Auge des Bruders« sicher eines von jenen ist, derentwegen Marx die Anhänger Jesu der Heuchelei, Doppelzüngigkeit und des Pharisäertums zieh und überführte, muß man dennoch anerkennen, daß mit der Botschaft Jesu — aus den Tiefen der alten jüdischen Tradition, durch den größten Umbruch ihrer Geschichte — etwas unermeßlich Wichtiges und Großes beginnt. Im Unterschied zu den großen Systemen der Inder und Chinesen, besonders aber im Gegensatz zur persischen Zarathustrareligion und zum Manichäismus (deren Schüler zeitweise mit dem Christentum um die führende Rolle in der europäischen Geschichte konkurrierten), freilich auch im Unterschied zu den qumranisch-essenischen und einer Reihe späterer Sekten ist der Kern des Christentums infolge dieser Verbindung von Radikalismus und Nachsicht bei Jesus zwar *anspruchsvoll*, aber *nicht esoterisch*, das heißt nicht nur für »Auserwählte«, »Eingeweihte«, für irgendeine »Elite« usw. Der Anspruch Jesu auf Wandlung, seine Auffassung des eschatologischen Rufs »Ändert euch!«, konnte darum für Jahrhunderte sowohl Grundlage der Geistesgeschichte des Westens von Augustin bis Leibniz und Hegel werden als auch Basis für künftige demokratische, humanistische und sozial-revolutionäre Bemühungen — von den Donatisten, den Waldensern über Jan Hus, die amerikanische Menschenrechts-Deklaration bis zum Sozialismus und Marxismus, mit welchen freilich in der Geschichte der westlichen Welt offenbar ein neues Kapitel beginnt, das ähnlich neue Horizonte eröffnet wie in jener Zeit, als Paulus, von Jesus begeistert, sich auf seine Wanderungen durch das Römische Reich begab.

Und wie es heute einerseits um einen grundlegenden Umbruch geht, um die revolutionäre Umwandlung der menschlichen Beziehungen und Herzen, andererseits um die Erhaltung der ursprünglichen Grundlagen der Kultur, der in tausendjähriger Bemühung geschaffenen Säulen der Menschlichkeit, ja wo beide Aspekte verschmelzen, wo die Revolutionierung die einzige mögliche Basis der Erhaltung der Kultur und des menschlichen Geschlechts selbst ist, so mußte eine ähnliche Polarität sich damals im Urchristentum im Verhältnis zu den jüdischen alttestamentlichen Traditionen und Werten ausgeformt haben. Und das soll jetzt der letzte Problemkomplex unserer Analyse der Botschaft Jesu sein: sein Verhältnis zur jüdischen Tradition und ihren Trägern. Machte Jesus das mosaische Gesetz strenger oder hat er es gelockert? Darüber entstanden jahrhundertelang nicht zufällig immer wieder Streitigkeiten, und für beide Positionen brachte man gute Argumente.

Gerade die revolutionären Gegensätze unserer Zeit, die in mancher Beziehung der damaligen analog ist, können das abwegige »Entweder-Oder« dieser Frage überwinden helfen. Die bekannte Stelle des Matthäusevangeliums, Jesus sei nicht gekommen, das Gesetz aufzuheben, sondern es zu erfüllen, und die ganze damit zusammenhängende Erläuterung (Matthäus 5,17—20) wird kaum authentisch sein, denn sie steht nur bei Matthäus und entspricht allzusehr gerade seiner eigenständigen Tendenz, Jesus als »Erfüller« des jüdischen Gesetzes, als Achse des »nach der Schrift« zu erwartenden Geschehens zu zeigen. Doch auch ohne Rücksicht auf diese Stelle finden wir wirklich in der synoptischen Tradition Elemente, die das mosaische Gesetz strenger auslegen — erinnern wir uns an das vielfache »Aber ich sage euch ...« der Bergpredigt (Matthäus 5,22. 28. 32. 34. 39. 44 u. ä.). Freilich steht daneben auch deutlich eine Abwertung der einzelnen Vorschriften, was ganz ohne Zweifel bei Jesus bereits jene Tendenz eröffnet, die Paulus mit dem strikten Wort »Der Buchstabe ist tot . . . der Geist Gottes aber schafft und schenkt lebendiges Leben« (2. Korinther 3,6) ausdrückte, die dann schließlich mit der faktischen Zerstörung der Verbindlichkeit des mosaischen Gesetzes für die Christen endet. Die Erklärung dieses scheinbaren Gegensatzes liegt sicher nicht in der einfachen Aufzählung von Aussprüchen für und wider das Gesetz, sondern nur — wie in allem — in der Einsicht in die Besonderheit der eschatologischen Orientierung bei Jesus: Wer durch den Geist des »Königreiches Gottes« lebt, stellt notwendig anspruchsvollere Forderungen an sich als jedwede Gesetzes- und Rechtstradition überhaupt; und umgekehrt: wer nicht durch den »Geist der Erneuerung« lebt, dem nutzt auch die strengste Erfüllung der Vorschriften nicht viel, die formalistische Erfüllung des Gesetzes kehrt sich notwendig gegen das Wesen der Sache selbst.

In dieser Hinsicht ist es psychologisch sehr interessant, wie Jesus, der sich fast provokativ großmütig den Freudenmädchen, den Zöllnern und anderen traditionell verachteten Menschen zuwandte, gerade jene programmatisch und bewußt »Frommen« seiner Zeit, die in Gesetz und Ordnung fest beheimateten Pharisäer, scharf und stellenweise vielleicht schon einseitig angriff. Sich selbst und die eigenen Ziele *polemisch*, das heißt in systematischer Distanzierung zu einer wesentlich anders ausgerichteten markanten Person, klarzumachen, pflegt Bedürfnis auch der größten Persönlichkeiten zu sein. Jesus ist sich zuerst in seiner Jugend in Distanz zu der Bewegung Johannes des Täufers seiner eigenen Person sicher geworden. Warum uns darüber die synoptische Tradition zwar einige indirekte, doch keine direkten Nachrichten überliefert hat, kann aus dem bereits erwähnten historischen Desinteresse der ersten Christen erklärt werden; doch es hat diese Auseinandersetzung mit ziemlicher Wahrscheinlichkeit in der Zeit der *öffentlichen* Tätigkeit Jesu wirklich nicht gegeben: vielleicht aus persönlicher Achtung, vielleicht weil schon nach der Hinrichtung des Täufers ein Teil seiner Schüler zu Jesus überging. In der Zeit der öffentlichen Tätigkeit Jesu sind die Hauptpartner seiner polemischen Ausfälle die Pharisäer; ob jedoch das, was er an ihnen so scharf kritisierte, tatsächlich der wirklichen historischen Bewegung der Pharisäer entsprach, das ist eine Frage, die uns in unserem Zusammenhang nicht besonders zu interessieren braucht. Sicher und für uns wichtig ist, daß Jesus immer wieder über ein gewisses Charaktermerkmal der Menschen in Zorn geriet — offenbar von Menschen, die äußerlich nicht die schlimmsten waren—, das dann durch seinen Einfluß als Phänomen des sogenannten »Pharisäertums« in die christliche Überlieferung Eingang fand.

Wenn eine bedeutende und in ihrem Wesen zutiefst positiv denkende Persönlichkeit zu so markanten, häufigen und heftigen Polemiken hingerissen wird wie Jesus durch das Phänomen des Pharisäertums, hat das immer ausnahmslos *innere* Ursachen, das heißt, es hängt eng mit dem zusammen, worum es der betreffenden Persönlichkeit im Entscheidenden geht. Das Pharisäertum stellte für Jesus im *negativen* Sinn dar, was den Kern seiner eigenen Botschaft ausmachte. Wenn Jesus die Aufmerksamkeit Tausender von Menschen, die schon vorher an den künftigen radikalen Umbruch glaubten, auf den radikalen Anspruch an sich selbst, auf die innere Änderung lenkte, dann griff er das »Pharisäertum« sicher nur deshalb so heftig an, weil es in *dieser* Hinsicht nicht nur das offenkundige Gegenteil, sondern sogar eine Art Persiflage, Karikatur war. Der Umstand, daß bei Jesus bei weitem nicht die offenbar konservativen Sadduzäer, auch nicht die Heiden heftig angegriffen werden, sondern die liberalen und reformgeneigten Pharisäer, ist ein Sonderfall des in der Geschichte der Religion und Politik stets vorhandenen, paradoxen und doch in seiner Art psychologisch verständlichen Phänomens, wonach der Andersgläubige heftiger angegriffen wird als der Ungläubige.

Auch die Pharisäer bemühten sich ja um moralische Erneuerung; sie neigten dazu, ohne Antipathien alles Zeitgenössische zu übernehmen (einschließlich Jesus) und es auszunützen. Doch — so befindet Jesus — im Grund seines Wesens ist der Pharisäer, auch wenn er Reformen anstrebt, mit sich selbst zufrieden. »Ich danke dir, Gott, daß ich nicht bin wie die anderen Leute ...« (Lukas 18,11), parodiert Jesus witzig die Grundlage jedes pharisäischen Gebetes, jeder pharisäischen Bemühung um Reformen. »Ihr spielt vor den Menschen den braven Mann« (Lukas 16,15) wirft Jesus ähnlichen Menschen vor, die sowohl von der großen prophetischen Sehnsucht wie auch von dem radikalen Anspruch auf eigene Änderung, auf Selbstüberwindung ihres heutigen »Ich« entfernt sind. Darin liegt der Kern des Pharisäertums, alles andere — einschließlich jener »pharisäischen Verstellung«, Äußerlichkeit, des Formalismus, der Zurschaustellung der eigenen Tugenden, des Bedürfnisses nach Lob, der Titelbegehrlichkeit, der Erfolgsgier usw. (Matthäus 23,5-28 par.) — sind bereits die Folgen. Eine Folge, freilich eine ganz bedeutende, ist es auch, daß der vom Pharisäertum erfaßte Mensch zwar imstande ist, alle richtigen Lehren zu akzeptieren, doch unfähig, in ihrem Sinn zu handeln (Mattthäus 23,1-4). Daß das Prinzip des Pharisäertums allzu oft bei den eigentlichen Anhängern des Christentums im Laufe der Jahrhunderte zur Geltung kam, daß es aber auch — besonders in der Form der typisch intellektualistischen und pseudorevolutionären »Selbstzufriedenheit« — bei Menschen unserer Zeit verbreitet ist, das muß man sicher nicht gesondert hervorheben. Die Polemik der synoptischen Tradition gegen das Pharisäertum (und offenbar schon die tatsächliche Polemik Jesu) treffen nicht so sehr die reale historische Gruppe der Pharisäer, sondern eher ein bestimmtes allgemein menschliches Phänomen des »Pharisäertums«. Das kann man auch daraus entnehmen, daß die Kritik in der synoptischen Tradition einen relativ großen Kreis von Dingen erfaßt, die zusammen kaum alle bei ein und derselben Menschengruppe vorhanden sein könnten. Der Akzent auf strikter Gesetzeserfüllung, auf der formalistischen Befolgung von Vorschriften, auf der blinden Heiligung des Sabbats, auf der Vergangenheit und dem Kult mit den Verdiensten der Vorfahren (Matthäus 23,29—39 par.; Lukas 6,6—11 par.) — das hat die synoptische außerpalästinensische Tradition, den direkten Überblick verlierend, von den Sadduzäern fälschlich auf die Pharisäer übertragen. Die Sadduzäer stellten in der Zeit Jesu den Typ der »religiösen Bürokraten« dar, wie sie jede Zeit und jede Richtung bei Menschen hervorbringt, die sich ausschließlich mit bereits ausgefahrenen Strukturen befassen und, indem sie ihre ursprüngliche *Form* bewahren, das Verständnis für ihren ursprünglichen *Sinn* verlieren. Jeder, der wahren Sinn für alte Werte hat, muß für diese Leute als revolutionärer Aufrührer erscheinen. In den Polemiken Jesu taucht dieses Moment am deutlichsten dort auf, wo es um den Sinn der Heilighaltung des Feiertags geht. Für Jesus und seine Anhänger ist der Sabbat eigentlich, was er ursprünglich war, Tag der Ruhe, der Erholung und Erhebung des Menschen dienend. Jene verschiedenen rituellen Teilvorschriften, die eine tausendjährige Tradition vor Jesus allmählich auf diesen Tag konzentriert hat, erscheinen unsinnig, sobald der Sinn für das Wesen der Sabbatruhe verlorengeht. Jesus betont, daß — sobald es möglich ist, am Sabbat irgend etwas zu tun, was dem Menschen hilft, ihn aus einem unnatürlichen und schädlichen Zustand herausführt — dies ohne Rücksicht auf formale Vorschriften getan werden muß. Die Form hat nur Sinn, soweit sie hilft, den Lebenden den Inhalt zu erhalten. An die Adresse aller religiös-kultischen Vorschriften kann man schließlich Jesu Worte gerichtet verstehen: »Der Sabbat ist (wie alle religiösen Ordnungen) gemacht, damit der Mensch leben kann, und nicht der Mensch, weil der Sabbat sein Opfer haben muß. So ist des Menschen Sohn ein Herr auch über den Sabbat« (Markus 2,27-28). In solchen Passagen — man muß nicht gesondert daran erinnern — leuchtet wieder die eschatologische Vision Jesu auf: Denn wenn das erwartete Gericht nur und allein nach der Wahrhaftigkeit des menschlichen Anspruchs an sich selbst urteilen wird, dann wird die ursprüngliche Beziehung zwischen Form und Inhalt, dem Kult und seiner Bedeutung für den Menschen wiederhergestellt. Auch diese Seiten der aufrüttelnden Botschaft Jesu sind schmerzlich aktuell geblieben, nicht nur in den Reihen derer, gegen die er direkt polemisierte, das heißt der jüdischen Formalisten, Ritualisten, Bürokraten und jener Menschen, die der Talmud mit Recht »verrückt gewordene Gerechte« nennt, sondern auch in den Reihen der sich zu ihm Bekennenden. Auch dort begannen genau dieselben Typen aufzutreten, ja zu überwiegen. Ebenso wie zur Zeit des Lebens Jesu wurde auch bei seinen Anhängern der Gegensatz zwischen den dogmatisch-kirchlichen und sucherisch-ketzerischen, weltlichen Seelen immer ausgeprägter.

Am Beispiel meines eigenen Landes kann ich zeigen, daß die ganze tschechische jahrhundertelange Tradition — als Tradition eines Landes, das im Mittelpunkt Europas in einer ähnlichen Brennpunktlage wie Israel Einflüssen aus allen Richtungen der Welt ausgesetzt ist — gerade diesen Gegensatz besonders scharf ausgeprägt hat, schärfer als bei den meisten europäischen Völkern, das heißt den Gegensatz zwischen der legalistisch-formalistischen und der sucherischen Konzeption der Tradition und zwischen dem prophetisch-eschatologischen und dem pharisäischen Konzept des Anspruchs.

Bereits das Werk der führenden Vorbereiter der hussitischen Erneuerungsbewegung, besonders das von Matěj von Janov und Jan Hus, kann man eigentlich in einem gewissen Sinn auf die Kritik am »Pharisäertum« ihrer Zeit, ihrer kirchlichen Obrigkeit reduzieren. Schon bei Matěj von Janov lesen wir in hundert verschiedenen Variationen wieder und wieder Anklagen vom Typus »sie haben Gewissensbisse, wenn sie eine Leberwurst am Freitag essen, doch die Armen zu unterdrücken beunruhigt sie nicht« usw. — alles Anwendungen der Kritik Jesu am Pharisäertum und an der formalistischen Gesetzestreue. Wenn wir außerdem aus dem 14. und 15. Jahrhundert aus unzähligen deutlichen Dokumenten wissen, welchen aufrührerisch-revolutionären Sinn das damals hatte, öffnet uns das in beträchtlichem Maß auch den Weg zum Verständnis der Dialektik der Haltung Jesu und des Sinns seines Auftretens in seiner Zeit.

Wir haben erst einen der beiden großen Teile der ursprünglichen evangelischen Verkündung untersucht, *die Botschaft Jesu,* während ihr zweiter und für die Geschichte des Christentums nicht weniger wichtige Teil, *die Verkündung über Jesus*, Thema des folgenden Kapitels sein wird. Und auch wenn nun die Resultate dieses nächsten Kapitels in manchem Sinn die gerade gewonnenen Ergebnisse ändern, können wir dennoch schon jetzt sagen, daß mit Jesu Botschaft etwas unermeßlich Wichtiges in die Geschichte eingetreten ist. Denn ob wir nun die Einzelheiten positiv oder negativ werten, — man kann nicht leugnen, daß das Problem selbst, ob man also aus dem Anspruch der Zukunft leben kann oder nicht, ob der Mensch durch eigene Bemühung sich selbst formen, sein gesamtes Handeln ändern kann oder nicht, etwas ganz Entscheidendes darstellt.

Dazu gehören auch die Fragen, ob die kindliche Einfachheit für den reifen Menschen beispielhaft sein kann oder nicht, ob eine moralisch höhere Form der Aktivität als die gewalttätige existiert, ob man moralischen Einfluß auf den Willen des Gegners haben kann oder nicht. Kaum jemand könnte kategorisch behaupten— besonders seit der Zeit, wo die Wissenschaft und insbesondere die Gesellschaftswissenschaft eine qualitativ wichtigere Rolle zu spielen begannen als zur Zeit Jesu —, daß diese Probleme in den synoptischen Texten gelöst sind. Doch selbst das Stellen dieser Fragen, und zwar nicht akademisch, sondern existentiell, für die Jesus und in seinen Spuren Tausende andere, von ihm beeinflußte Menschen mit ihrem eigenen Blut, mit ihrem eigenen Leben zu bezahlen bereit waren, ist eine unermeßlich wichtige Tatsache. Nicht einfach jeder

— gibt es doch Millionen Menschen, denen es eigentlich persönlich um nichts menschlich Großes geht —, doch sicher jeder, dem es selbst um etwas menschlich Großes und Wahrhaftiges geht, kann aus der verwirrenden Fülle der so spät aufgezeichneten Nachrichten der synoptischen Tradition herausspüren, daß zwar eine ganze Reihe angeblicher Aussprüche Jesu Frucht späterer Legendenbildung ist, doch daß eine ganz große Zahl anderer Worte Jesu dies nicht sein kann, weil sie das markante Siegel der lebendigen Persönlichkeit des Jesus von Nazareth tragen, der gegenüber auch die Bedeutendsten des frühen Christentums — Petrus und Paulus nicht ausgenommen — sich nur als Schüler fühlten. Und es sind vor allem nicht jene von theologischer Problematik geprägten oder klassischen »geflügelten Worte«, sondern jene weniger auffälligen, weniger in der christlichen Tradition verkündeten, doch unmittelbar menschlich bewegenden Worte, die etwas in Legenden nicht Ausdrückbares verraten. Wir könnten eine Reihe davon anführen — nur ein einziges sei hier genannt, in dem wir einen Geist fühlen, der gleichzeitig von der tiefen Überzeugung, ja Sicherheit erzittert, etwas ungeheuer Wichtiges zu verkünden, zugleich aber auch von einer gewissen Sehnsucht nach etwas Großem, Künftigem erfüllt ist, was auch das Moment menschlicher Ungewißheit über das Schicksal dieser gestern unbekannten, deshalb vielleicht schon morgen zerstörbaren Verkündigung impliziert: »Wem viel gegeben ist, bei dem wird man viel suchen, und wem viel anvertraut ist, von dem wird man viel fordern. Ich bin gekommen, ein Feuer auf die Erde zu werfen, und nichts wünschte ich sehnlicher, als daß es brenne ...« (Lukas 12,48—49).

Ähnliche Worte könnten gestern, heute, morgen gesprochen worden sein — von jedem, dem es je um etwas menschlich Großes geht. Doch Jesus war ein Mensch seiner

Zeit und seiner Umgebung, deshalb bewegte er sich gedanklich auf dem Boden uralter jüdischer Traditionen, die nun von einer neuen gesellschaftlichen Krise bewegt wurden. Hier lebte nicht nur eine nach tausend Jahren immer noch wirksame Idee der Zukunft, gültig für die gesamte weitere menschliche Geschichte, sondern sie trug auch die Merkmale ihrer Zeit, war zum Beispiel oft mit dem Glauben an eine außergewöhnliche, Kraft und Macht besitzende Persönlichkeit verbunden. Es gab Dutzende von Propheten, doch deshalb entstand auch die Vorstellung von dem, der mächtiger ist, als es bloße Propheten sind. Wenn auch eher in volkstümlichen als in den offiziellen Schichten des Judentums, so lebte doch die Erinnerung an den vergangenen und der Glaube an den künftigen David, an den kommenden »gesalbten« Helden fort, es lebte auch die Idee des geheimnisvollen »Menschensohnes«. Und diese wurde zum Schicksal für Jesus.

Christus

»Und ich sah: In der Mitte vor dem Thron, vor den vier mächtigen Wesen, inmitten der Ältesten, stand ein Lamm, wie ein Opfer, das schuldlos litt . . . Danach hörte ich das Singen vieler Engel, die standen rings um den Thron, um die vier Wesen und die Ältesten her, und ihre Menge war unübersehbar, tausendmal Tausende sangen, zu einer großen Stimme vereint: Würdig ist das Lamm, Christus, der gelitten hat! Würdig ist er, Macht zu empfangen, Fülle, Weisheit und Kraft, Ehre, Lichtglanz und Lobpreis.«
(Offenbarung 5,6a. 11—12)

Alles, was wir von Jesu Denken in dem vorangegangenen Kapitel geschildert haben, zeigt nicht nur eine große Seele, sondern letztlich auch ganz reale Probleme realer Menschen, sofern sie versuchen, ihre eigene Existenz in der Welt tiefer zu reflektieren. Besonders der erwähnte Brennpunkt von allem, jene Betonung der Zukunft als etwas, was an den Menschen einen verbindlichen Anspruch in seiner jeweiligen Gegenwart stellt, jenes Wort Jesu »Ändert euch! Kehrt um! . . . Er ist nahe . . .« (Matthäus 4,17 par.) ist nicht im entferntesten phantastisch oder mythologisch, sondern stellt eine tiefe Erfahrung jeder ehrlichen »Philosophie des Menschen« dar. Das bedeutet: Jeder Mensch kann nur durch die eigene, persönliche, durch nichts und niemand ersetzbare anspruchsvolle Bemühung um die Fülle der Gegenwart wahrhaft menschlich, mit entfalteten Wesenskräften leben, doch die Fülle dieser Erfahrung ist nur unter der Voraussetzung möglich, daß die Gegenwart eine weitreichende positive Zukunftsperspektive hat, daß sie nicht als Selbstzweck begriffen wird. Oberflächlichen gesellschaftlichen und persönlichen Erfolg kann sicher jederzeit haben, wer irgendeinen aktuellen Unsinn, eine opportunistische Lüge vertritt; doch wirklichen Erfolg kann nur haben, wer in seiner Gegenwart sich etwas menschlich Positivem und Bedeutendem verpflichtet.

Doch Jesus war gleichzeitig — und gerade bei einem tief denkenden Menschen kann es nie anders sein — eng den Vorstellungen seiner Zeit und seiner Umgebung verhaftet, und zwar nicht nur ihrer momentanen gesellschaftlichen krisenhaften Aktualität; er war auch tief verwurzelt in den hundertjährigen Traditionen seines Landes und seines Volkes. Das jüdische Volk und die alttestamentlichen Traditionen schufen während einer mehr als tausendjährigen Entwicklung, die sich von der Entwicklung anderer Kulturen der gleichen Zeit wesentlich unterscheidet, Werte, die für die ganze Menschheit von Bedeutung sind; auch heute noch sind die damit verbundenen Fragen nicht antiquiert. Doch haben auch — obwohl zum Beispiel das Maß der erfaßten Realität, die in jedem Mythos enthalten ist, im Judentum immer unvergleichlich größer war als in anderen Traditionen — die grundlegenden Traditionen der jüdischen Geschichte nicht das ausdrucksvolle Siegel des Mythischen abgelegt. Es war auch in der zentralen Vorstellung enthalten, daß das Reich der Erlösung »nahe«, in »Reichweite« der individuellen Aktivität ist, ein Gedanke, der an sich eine der bedeutendsten Entdeckungen auf dem Weg des wirklichen Selbstverständnisses und der Selbstfindung des Menschen ist. Von dieser so wichtigen Erkenntnis, daß die Erfüllung des menschlichen Daseins »nahe« ist, daß also der »wahre Mensch«, das wahrhaft menschliche Leben »in Reichweite« der persönlichen Aktivität ist, daß es eine reale Möglichkeit für jeden Menschen gibt, ein erfülltes Dasein zu leben, war es nur ein Schritt zu jener schon mythologischen Vorstellung, daß der »Mensch«, der neue, der künftige Mensch, der »Menschensohn« wirklich »kommt«, und zwar nicht in einem übertragenen Sinn, als Gegenstand menschlicher Bemühung, sondern in voller konkreter Realität, daß er in Herrlichkeit, mit großer Macht und Erhabenheit erscheinen wird. Hiermit gelangen wir zum größten Problem der neutestamentlichen Forschung und zum größten Problem der Gestalt Jesu überhaupt, nämlich zu dem Problem, in welcher Beziehung in der synoptischen Tradition der historische Jesus zu diesem erwarteten, geheimnisvollen Wesen des »Menschensohnes« steht und gestanden haben konnte. Fast seit hundert Jahren weiß die neutestamentliche Wissenschaft, daß es um das schwierigste, dabei jedoch offenbar wichtigste Problem der Persönlichkeit und der unermeßlichen Wirkung des galiläischen Meisters geht. Es hängt offenbar mit der Grundlage der »Verkündigung vom Königreich Gottes« zusammen — das zeigen zum Beispiel die emphatischen Worte: »Man wird dann den Menschensohn sehen, wenn er kommt, wie man einen Blitz sieht, der am Himmel aufleuchtet und über die ganze Erde hin zuckt« (Lukas 17,24). Das ist eindeutig. Doch bald werden sich uns größere Schwierigkeiten stellen.

Fassen wir deshalb zunächst jene Tatsachen zusammen, die unbestreitbar sind: Der Begriff des »Menschensohnes« ist zwar alttestamentlichen Ursprungs, spielt jedoch im Ganzen der alttestamentlichen Tradition eine geringe Rolle. Das Wort »Menschensohn« selbst kommt mehrmals vor, doch bis auf eine Ausnahme als bloßes Synonym des Begriffs »Mensch«, ohne besondere Betonung (vgl. Psalm 8,5; 80,18) — in den semitischen Sprachen ist der euphemistische Gebrauch des Terminus »Sohn« traditionell (wie wir etwa sagen »menschliche Wesen«, »menschliche Geschöpfe«, »die Menschenkinder« u. ä.). Auch in dem einzigen alttestamentlichen Text, in dem der Terminus »Sohn des Menschen« — und zwar noch ziemlich dunkel — im Zusammenhang mit dem erwarteten apokalyptischen Umbruch vorkommt, also in ähnlichem Zusammenhang wie in der synoptischen Tradition und vor allem den Vorstellungen der neutestamentlichen Offenbarung, beim Propheten Daniel, hat dieser Terminus ursprünglich den geläufigen, keineswegs prophetischen Sinn. Es wird hier von einem Wesen »ähnlich dem Sohn des Menschen« (Daniel 7,13) gesprochen, das heißt von einem Wesen, das nicht menschlich war, doch dem Menschen ähnlich — und dieses soll auf irgendeine geheimnisvolle Art und Weise zu Macht und Ehre, zur ewigen Herrschaft über alle Völker gelangen. Durch die literarische Fixierung an dieser Stelle, und gerade wegen des ziemlich verworrenen Kontextes, erhielt diese Bezeichnung in der weiteren Entwicklung eine gewisse Selbständigkeit, das heißt, sie wurde aus einem euphemistischen Synonym für »Mensch« zu einem selbständigen Begriff, wurde ein bestimmter *Name* jener ursprünglich unbenannten geheimnisvollen Wesenheit. Ob es dazu erst bei Jesus kam oder ob zwischen Daniel und Jesus vielleicht eine bestimmte Gruppe oder Sekte gestanden war, die den Ausdruck bereits in dieser Weise verwendete, aber keine literarischen Dokumente hinterließ, das wissen wir nicht. Es ist nicht wichtig.

Sofern es um die neutestamentlichen Texte geht, besonders um die synoptische Tradition, ist hingegen dieser Terminus einer der häufigsten und inhaltlich einer der zentralen. Dabei zeigt jedoch das genaue Studium der synoptischen Tradition unwiderlegbar, daß ein gewisser Kampf um diesen Begriff stattfand; es zeigt sich ein gewisses Schwanken in seiner Verwendung oder Nichtverwendung; für beides gibt es gewisse allgemein erfaßbare Gesetzmäßigkeiten, die den Verfassern und Redaktoren der synoptischen Tradition nicht bewußt waren, die jedoch gerade deshalb — aufgedeckt — einiges über ihre tieferen Absichten erkennen lassen. Es geht um die folgenden Tatsachen:

1. Es gibt in der Gesamtheit aller synoptischen Aussprüche, in denen der Terminus »Menschensohn« vorkommt, eine bestimmte Gruppe von Worten, die unbezweifelbar Aussprüche sind, mit denen Markus, Matthäus und Lukas arbeiteten, die jedoch nicht das Ergebnis ihrer Arbeit, ihrer eigentlichen geistigen Leistung sind. Auch der gegenseitige Vergleich zeigt, daß es sich um Aussprüche aus den ältesten Schichten handelt, die bis zur verlorenen, zeitlich vor Markus stehenden Quelle Q reichen — zu den wirklichen Worten Jesu, die dann die gemeinsame Grundlage für Matthäus und Lukas bilden und nicht von Markus stammen. In dieser Quelle spricht man durchweg vom Kommen des »Menschensohns« in der Zukunft und immer in der dritten Person. Diese Aussprüche mußten in den christlichen Sammlungen ziemlich fixiert gewesen sein, denn wir bemerken bei den Redaktoren keine Tendenz zum Umformen. Auch das zeugt von ihrem Alter und ihrer weitreichenden Bedeutung in den ersten drei oder vier Generationen der urchristlichen Geschichte.

2. Sonst zeigen sich große Schwankungen, doch auch diese haben gewisse erfaßbare Merkmale. So kann man insbesondere die Bemühung der Redaktoren verfolgen, den Begriff »Menschensohn« auch in Aussprüche einzufügen, in

denen er ursprünglich nicht vorkam, besonders die Identifikation dieses Begriffs mit der ersten Person in den Aussprüchen Jesu zu verstärken, vergleiche zum Beispiel Markus: »Was sagen die Leute, wer ich sei?« (Markus 8,27 par.), in derselben Szene auch von Lukas überliefert (Lukas 9,18), mit Matthäus, wo es — wörtlich übersetzt — heißt: »Wofür halten die Leute den *Menschensohn?*« (Matthäus 16,13). Vergleichen wir weiter, wie in jene sehr klare und einfache Überlegung des Markus, in der er über »Menschensöhne« in jenem alten Sinn als von den Menschen überhaupt spricht (Markus 3,28—30), Matthäus und Lukas »Menschensohn« eingefügt haben, obwohl der Zusammenhang dann viel weniger klar wird (Matthäus 12,31—32; Lukas 12,10). Bemerken wir, wie am Anfang der Schilderung des letzten Gerichts bei Matthäus von der Ankunft des Menschensohnes gesprochen wird, doch in der eigentlichen Erzählung ohne jede Begründung und im Widerspruch zur gesamten übrigen synoptischen Tradition der Begriff »König« verwendet wird (Matthäus 25,31. 34—40). Offenbar ging es ursprünglich um ein Gleichnis, in dem der König belohnte und strafte, das später nur oberflächlich mit den Vorstellungen von der Ankunft des Menschensohnes in Zusammenhang gebracht wird. Wir erkennen dann, daß in einigen Aussprüchen, seien sie auch von den Synoptikern einheitlich mit »Menschensohn« überliefert, eigentlich der Ausdruck »Mensch« dem Sinn viel besser entspricht, so zum Beispiel Matthäus 8,20 par. und ohne Zweifel auch in dem Ausspruch »So ist der Menschensohn ein Herr auch über den Sabbat« (Markus 2,28 par.).

3. Wenn wir dieses Schwanken zwischen erster und dritter Person verfolgen, ist es um so auffallender, daß die ganze synoptische, ja überhaupt neutestamentliche Tradition keine einzige Stelle aufweist, in der der Begriff »Menschensohn« in zweiter Person verwendet wird, anders ge-

sagt, daß die alte Tradition nicht überliefert hat, daß Jesus irgendwann durch jemanden aus seiner Umgebung als »der Menschensohn« angesprochen worden wäre und daß die Redaktoren, die sonst mit der Beziehung der ersten und dritten Person feinfühlig arbeiteten, nicht auf die Idee kamen, das irgendwie zu ergänzen!

Was folgt daraus? Vor allem muß man sich vor der sich anbietenden, aber voreiligen Folgerung hüten, der historische Jesus von Nazareth habe sich überhaupt nicht mit dem »Menschensohn« identifiziert, diese Identifikation sei vielleicht zur Gänze das Werk der späteren theologischen Tradition, die dann also etwas »verfälscht« hätte. Aus den angeführten drei Feststellungen folgen ohne Zweifel bescheidenere Schlüsse:

1. daß in der Identifikation Jesu mit dem »Menschensohn« eine gewisse Schwierigkeit, ein gewisses Problem steckt,

2. daß man über dieses Problem angestrengt schon vor der Redaktion der synoptischen Texte nachgedacht, ja an ihm die Überlieferung in ihrer Art schon vor Markus und Matthäus »gearbeitet hatte«, vielleicht schon vor der Zusammenstellung der verlorenen Quelle Q,

3. daß wir auf unserem Weg durch die synoptischen Traditionen zurück zum historischen Jesus deshalb — sofern es um den ganzen Bereich dieser Problematik geht — äußerst vorsichtig und aufmerksam sein müssen (viel mehr als in den vorher angestellten Überlegungen um die eigentliche Botschaft Jesu vom »Reich« und der »Umkehr«, deren Authentizität evident ist),

4. daß wir uns in dieser Frage auf relativ sicherem Boden nur bei der Gruppe von Aussprüchen bewegen, in denen vom *künftigen* Kommen des Menschensohnes gesprochen wird, weil nur ihr Alter gesichert ist.

Gehen wir also von diesen nachweisbar alten Texten der

synoptischen Tradition aus! Dieser von Jesus verkündete Menschensohn »kommt in Herrlichkeit« (Markus 8,38 par.), »mit großer Macht und im Lichtglanz Gottes« (Markus 13,26 par.), das ist in der synoptischen Tradition eine unzerstörbare, fest fixierte Redewendung, die dann die Redaktoren unwillkürlich gern auch auf weitere Stellen der übernommenen und verbreiterten Tradition übertragen. Offenbar war sie im Bewußtsein der christlichen Gemeinden des ersten Jahrhunderts ungewöhnlich tief verankert und hatte für sie unermeßliche Bedeutung, vielleicht eine geradezu zentrale. Mit seiner Ankunft beendet der Menschensohn jenen eschatologischen Umbruch ins »Königreich Gottes«, dessen Verkünder Jesus ist. Gewisse kosmische Katastrophen werden vorangehen — dies ist die einzige karge Andeutung der Apokalypse in der synoptischen Tradition —, dann kommt das Zeitalter der Gerechtigkeit (Markus 13,1—32 par.; Lukas 22,37 par.); später wurden diese Passagen als Bestandteil des sogenannten »Jüngsten Gerichts« aufgefaßt, doch das ist in Wirklichkeit sekundär, die Vorstellung vom »Gericht« überliefert bloß Matthäus, indem er etwas umformt, was ursprünglich eher ein Gleichnis war (Matthäus 25,31—46). Aus dem Ganzen der synoptischen Tradition wird klar, daß es ursprünglich nicht um ein Gericht ging, höchstens als Bestandteil des gesamten Umbruchs, insbesondere aber, daß es nicht um etwas »letztes« ging, sondern im Gegenteil um den ersehnten Beginn des Reiches des künftigen Zeitalters. »Ihr werdet den Menschensohn sehen zur Rechten Gottes, der die Macht hat, und wiederkommen auf den Wolken des Himmels« (Matthäus 26,64 par.) — das klingt überhaupt nicht wie die Ankündigung des Endes, sondern wie die jubelnde Fanfare der Vorahnung des künftigen Glücks.

Vergleichen wir auch die Worte des ersten Märtyrers Stephanus kurz vor der Hinrichtung: »Ich sehe das Himmelreich offen und den Menschensohn zur Rechten Gottes stehen« (Apostelgeschichte 7,55). Ganz gleich, wo wir die Kategorie des »Menschensohnes« in der neutestamentlichen Tradition antreffen, es bietet sich uns immer dieselbe paradoxe Erscheinung: Der Kreis der Vorstellungen, die sich in diesem Zusammenhang das frühe Christentum macht, ist ungeheuer karg, immer wird dasselbe wiederholt, als wären diese Leute durch irgendeine dogmatische Schulung gegangen; dabei ist jedoch die emotionelle Komponente in allen diesen Stellen ohne Ausnahme immer besonders stark, sei sie auch unbeholfen ausgedrückt! Dieser Widerspruch zwischen der Kargheit der Vorstellungen und dem Reichtum der Gefühle ist nur so erklärbar, daß es ursprünglich um etwas Zentrales ging, was in einem bestimmten Augenblick ungeheure Emotionen weckte, die in den Texten zumindest noch teilweise erfaßt sind, doch was aus irgendwelchen Gründen verhältnismäßig bald an Bedeutung verlor. Es blieben einige wenige stereotype Vorstellungen, der schöpferische Geist aber suchte sich neue Bereiche.

Ursprünglich war wahrscheinlich die Kategorie des »Menschensohnes« eine der wirkungsvollsten Komponenten der verschiedenen prophetischen Reden Jesu; daher kommt es auch, daß jene auf die Zukunft bezogenen Aussprüche über den Menschensohn in der dritten Person durch die Kraft des Gefühls bei den ersten Tradenten so fixiert worden waren, daß die späteren Redaktoren sich wahrscheinlich zunächst gar nicht die Aufgabe stellen konnten, sie umzuformen. Als dann Jesus mit diesem erwarteten Helden der Zukunft direkt identifiziert wurde, teilweise vielleicht schon während seines Lebens (darauf werden wir noch zurückkommen müssen), bestimmt aber durch den Einfluß des Osterglaubens nach Golgatha, mußte man wenigstens für einige Zeit mit dieser Kategorie arbeiten und die verschiedenen Traditionen in zumindest relative Harmonie miteinander bringen. Hier kam es dann zur Umformung einiger Aussprüche, die wir bereits beschrieben haben, also zu jener redaktionellen Arbeit an der Kategorie des »Menschensohnes«, deren Abschluß dann die Endgestalt der synoptischen Evangelien bildet. Damit ist aber auch — und das ist eines der bemerkenswertesten Phänomene in der zweitausendjährigen Geschichte der Christenheit überhaupt, damit offenbar auch einer der Schlüssel zu gewissen Rätseln — die Geschichte der Kategorie des »Menschensohnes« rasch zu Ende! Die Kirche vermochte zwar die wenigen Aussprüche über den »Menschensohn« zu bewahren, zu wiederholen, hat aber in dieser Richtung nicht mehr weitergearbeitet, hat Jesus als »Menschensohn« — obwohl sie sonst direkt verschwenderisch mit seinen Titeln umging! — nie gefeiert oder proklamiert. Das kann man sicher nur damit erklären, daß im ersten Jahrhundert gerade diese Kategorie fest mit der Vorstellung der Parusie verknüpft war, das heißt mit dem Glauben an einen baldigen realen wunderbaren Umbruch, und als dieser sich nicht einstellte, starb diese Kategorie gemeinsam mit der Parusieerwartung.

Damit kommen wir auch zu einer der wichtigsten und in der neutestamentlichen Forschung schwierigsten Fragen, für wen eigentlich die Menschen Jesus hielten und für wen er sich selbst hielt. Viele seiner Zuhörer — das ist insgesamt unbezweifelbar, unbestreitbar, gut belegbar und übrigens auch ziemlich selbstverständlich — hielten ihn, wenn sie ihn sprechen hörten und ihn einigermaßen begriffen, für einen der Propheten, oft zum Beispiel aus der Reihe der populären volkstümlichen Propheten vom Typus des Elia und des Täufers Johannes. »Was sagen die Leute, wer ich sei? Manche meinen, war die Antwort, du seiest Johannes der Täufer, andere, in dir sei Elia wiedergekommen, wieder andere, irgendeiner der Propheten« (Markus 8,27—28 par.). Noch lange nach seinem Tod und nach der Entstehung und der Verbreitung des Osterglaubens lebte in den Kreisen jener, die ihn gekannt hatten und ihn nun bereits verehrten, eine ähnliche Meinung. Das sieht man insbesondere daran, daß die synoptische Tradition, besonders Markus, Jesus immer die Verbreitung der Nachricht von seiner messianischen Sendung und seinen Wundern verbieten läßt (Markus — das Evangelium der »geheimen Epiphanien« lautet die paradoxe, doch treffende Charakteristik von M. Dibelius), und zwar geradezu stereotyp (Markus 1,34 par.; 1,44 par.; 3,12 par.; 7,36), obwohl dieses Verbot manchmal mit Rücksicht auf die gegebene Szene — die mehr oder minder öffentlich ist — überhaupt keinen Sinn hat (vgl. insbesondere Markus 5,38—43).

Dieses Merkmal der Markus-Tradition — offenbar älter als die Markus-Redaktion selbst — kann man nur damit erklären, daß der sich ausbreitende und von den Redaktoren unterstützte Glauben an die Messianität Jesu schwer mit Traditionen, ja sogar auch mit Zeitgenossen kämpfen mußte, die Jesus zwar gekannt, doch von seiner Messianität vorher nichts gehört hatten. Man mußte erklären, warum sie vorher davon nichts gehört haben konnten. Dabei gehen die Redaktoren so weit, daß sie sogar jene bekannten Gleichnisse (vom Sämann, vom verlorenen Sohn, von den klugen Jungfrauen, vom reichen Mann und armen Lazarus usw.), die doch bei Jesus ganz ohne Zweifel den Begriff des Königreichs Gottes *erklären* sollten, als eine Form darstellten, die eine nur esoterische Offenbarung *verheimlichen* sollte, »damit sie trotz allen Schauens doch nichts erblicken und trotz allen Hörens doch nichts vernehmen« (Markus 4,12), was dem ganzen Geist der neutestamentlichen Verkündigung widerspricht. Es ist also unbezweifelbar, daß die oben angeführte Antwort auf die Frage, für wen die Leute Jesus hielten, voll der Wirklichkeit entsprach: Für die breiteren Massen war er zeit seines Lebens eine typisch prophetische Gestalt, und er blieb es noch lang in der Erinnerung.

Wichtiger ist jedoch, was über ihn die ihm Nächsten dachten und was er von sich selbst hielt. Wenn er ganz ohne Zweifel Verkünder eines bestimmten eschatologischen Prozesses war, stellt sich außerdem noch die Frage, welche Stellung er sich selbst in diesem eschatologischen Prozeß zuschrieb. In gewissem Sinn war das sicherlich eine prophetische Stellung — hat doch auch die synoptische Tradition Aussprüche überliefert, in denen Jesus nicht zögert, sich solcherart zu bezeichnen (vgl. Markus 6,4 par.). Doch das kann eine nur sehr unpräzise Beschreibung sein oder Anpassung an die Vorstellungen eines weiteren Kreises von Zuhörern. Es geht darum, ob er sich noch eine andere Stellung als die prophetische, verkünderische zuschrieb. Damit gelangen wir zu dem schwierigen Problem des Selbstverständnisses Jesu und seines engsten Kreises.

Bald, wahrscheinlich schon zu Jesu Lebzeiten, begann sich im engeren Kreis seiner Umgebung die Ansicht zu bilden und durchzusetzen, daß Jesus mehr sei als eine nur prophetische Gestalt, mehr als ein bloßer Verkünder, daß er in dem verkündeten eschatologischen Geschehen eine bestimmte geheimnisvolle Mission habe, daß er also eine messianische Gestalt sei. Dieser Kreis begann dann gegenüber den ferner Stehenden die Auffassung zu vertreten, daß nur ihm — im Unterschied zu den »nichts Erblickenden und nichts Vernehmenden« — gegeben sei, das »Geheimnis« des Königreichs Gottes zu verstehen (Markus 4,11 par.). Es ist evident, daß diese Ansicht zunächst nur die einer Minderheit war; sonst wäre das Kreuzesgeschehen und alles danach absolut unerklärlich. Eine Reihe von Forschern hält es überdies heute für mehr als wahrscheinlich, daß die

Durchsetzung dieser Ansicht vor allem das Werk des markantesten Schülers Jesu war, das Werk des Petrus. Die berühmte Szene in Cäsarea Philippi, die in dem Petrusbekenntnis »Du bist der Messias«, griechisch »christos« (Markus 8,29), gipfelt, ist freilich ohne Zweifel — ähnlich wie die früher erwähnten Szenen der Taufe durch Johannes den Täufer und der Versuchung in der Wüste — nur dramatische Komprimierung eines längeren Vorgangs zu einer prägnanten Begebenheit. Die Redaktoren der synoptischen Tradition haben nicht Geschichte geschrieben, sondern Glaubenslehren für die christliche Gemeinde. Aber so wie es Rätsel in der vorher angeführten Kategorie des »Menschensohnes« gibt, gibt es auch nicht geringe Schwierigkeiten und Unklarheiten in der Verwendung des Begriffs »Messias« — und noch dazu fast genau entgegengesetzte Schwierigkeiten als mit dem Begriff »Menschensohn«. Diesen haben wir nie in zweiter Person gefunden — der Ausspruch »Du bist des Menschen Sohn« klingt geradezu absurd —, hier verhält es sich gerade entgegengesetzt. Vor allem fällt es auf, daß Jesus, der so mitreißend vom Menschensohn spricht, den Begriff »Messias« selbst nicht verwendet, daß der Jesus der synoptischen Tradition nicht Petrus, sondern umgekehrt Petrus Jesus dessen messianische Sendung verkündet! Die synoptische Tradition läßt zwar dann Jesus einige Male ein ähnliches Bekenntnis aus seiner Umgebung nicht ablehnen, ja sogar loben, doch legt sie ihm nie einen ähnlichen Ausspruch in den Mund! Jene einzige Stelle des Neuen Testaments, wo Jesus auf eine entsprechende Frage »ego eimi = ich bin es« (Markus 14,62 par.) antwortet, steht ganz vereinzelt und ist hinsichtlich der gesamten synoptischen Tradition untypisch, und darüber hinaus steht an den parallelen Stellen wörtlich »du hast es gesagt« (Matthäus 26,64) bzw. sogar »ihr sagt, daß ich es bin« (Lukas 22,70), was freilich etwas ganz anderes ist und auch einer Reihe anderer Passagen der synoptischen Tradition entspricht, wo ausschließlich die Umgebung diesen Begriff verwendet, ähnlich auch in der Johannes-Tradition. Es hat also fast den Anschein, daß ein Teil der Umgebung Jesu, vor allem der aktive und eigenständige Petrus, mit ihm jedoch vielleicht auch »die Seinen« (Markus 1,36; Lukas 8,45; 9,32), womit die synoptische Tradition manchmal aus den Aposteln eine kleinere Gruppe herausgreift, zur Ansicht gelangt war, Jesus sei der Messias, so daß eigentlich Petrus und »die Seinen« im Dialog mit Jesus sein messianisches Bewußtsein weckten!

So wie alle wahrhaft menschlich reife Existenz dialogisch ist, hingegen die monologische Abgeschlossenheit immer Anzeichen des Versagens, so war auch das sogenannte »messianische Bewußtsein« Jesu eine dialogische Angelegenheit. Es entsteht, klärt und festigt sich im Dialog mit der Umgebung, mit einer zunächst »ungläubigen« Umgebung, die sich nicht mit dem Wesen der prophetisch-eschatologischen Verkündigung identifiziert, dann jedoch »glaubt« — nämlich der verkündeten Botschaft — und begeistert ist, doch deshalb auch den Verkünder in die Rolle des Verkündigten zu drängen beginnt. Wie könnte es auch überhaupt anders sein? Jede »Offenbarung« ist immer eine »Offenbarung« *für jemanden,* sie dringt nicht einfach in die Köpfe der Menschen wie etwa der Komet in die Planetensphäre, sondern bemächtigt sich allmählich des Verstandes und des Gefühls, der Moral und des Willens. Sobald jedoch der Glaube den Bereich des Willens erfaßt hat, beginnt derjenige, von dem man ursprünglich Glauben verlangt hat, selbst Glauben zu fordern, wird derjenige, dem etwas geoffenbart wurde, selbst zum Offenbarenden. So war es auch im Fall Jesu. Die berühmte Szene in Cäsarea Philippi spiegelt in komprimierter Form die Entstehung des messianischen Bewußtseins Jesu im Dialog mit

Petrus wider. Petrus steht hier zwar stellvertretend für die nähere Umgebung Jesu überhaupt, doch aus der ganzen synoptischen Tradition geht deutlich hervor, daß die Rolle des Petrus in bestimmter Hinsicht außergewöhnlich, einzigartig, nicht mit der der anderen Apostel und Schüler vergleichbar war. Wir erlauben uns sogar die Hypothese, daß man neben den zwei bereits erwähnten schwersten Problemen der synoptischen Forschung — dem »Geheimnis des Menschensohnes« und der »geheimen Epiphanie« — noch ein drittes ähnliches »Geheimnis« voraussetzen muß, das bisher dunkel geblieben ist. Es ist das »Geheimnis des Petrus«, das heißt seine durch die synoptische Tradition relativ wenig erfaßte, ja eher verhüllte als enthüllte Rolle eines »dialogischen Partners«, in einem gewissen Sinn sogar Mitbegründers oder sogar »Mitverkünders des Christentums«. Zwar hatte Petrus sicher Grund, über sich selbst ähnlich zu urteilen, wie es schon von Johannes dem Täufer überliefert wurde: »Er muß wachsen, ich aber muß abnehmen« (Johannes 3,30). Der cholerische, impulsive, widerspruchsvolle, hoch aktive Mensch, der Petrus ohne Zweifel war, gehörte bestimmt nicht zum Typus des »Lammes«, neigte vielmehr dazu, »für die Schafe zu sorgen« (Johannes 21, 15. 17), wie es einmütig die ganze synoptische und auch die Johannes-Tradition zu berichten weiß. Doch auch wenn vielleicht etwas Reales an der späten (offenbar nur legendären) Nachricht ist, daß Jesus vielleicht Johannes mehr geliebt hat (Johannes 13,23 u. a.); ist es dennoch viel besser belegt, daß umgekehrt wieder Petrus »den Herrn geliebt hat« (Johannes 21,15 par.); und es ist bekannt, daß nicht das Objekt der Liebe, das in Passivität verharren kann, sondern das Subjekt Wunder an Aktivität entfaltet, daß nicht notwendig der geliebte, sondern notwendig der liebende Mensch jene Kraft besitzt, die imstande ist, den menschlichen Willen zu formen.

Zwischen der Auffassung von Jesus als »bloßem Propheten«, wie ihn das Judentum und der Islam verehren, und zwischen der Überzeugung von seinem »messianischen Wesen« gibt es zur Zeit Jesu keine klare, unüberschreitbare Grenze. Wenn wir eingehender den Bedeutungswandel des Ausdrucks »maschiah = Messias« (hebräisch: »der Gesalbte«) im Alten Testament verfolgen, stellen wir fest, daß im Unterschied zum vorher analysierten »Menschensohn«, ein Terminus, der nur bei Daniel vorkommt und apokalyptisch verstanden wird, die Kategorie des »Gesalbten« in der alttestamentlichen Tradition sehr verschieden verstanden wurde und auch mehreren und sehr verschiedenen Menschen zugeschrieben werden konnte, die allerdings immer aus Fleisch und Blut waren, welche besondere Mission sie auch hatten. Als »gesalbt« konnte nicht nur König David (2. Samuel 5,3) verstanden und verehrt werden — obwohl dieser Terminus offenbar lang mit dem Brauch des zum König »Salbens« zusammenhing und erst später den Sinn des »Retters«, »Befreiers«, »Erlösers« erhielt —, sondern auch der persische König Kyros, Befreier der Juden aus der babylonischen Gefangenschaft (Jesaja 45,1), konnte so angesprochen und geehrt werden, deshalb wurde später auch der römische Kaiser Vespasian als Messias proklamiert und sogar der revolutionäre Führer Bar Kochba.

Auch Propheten konnten so angesprochen werden (1. Könige 19,16; Jesaja 61,1), doch kannte die jüdische Tradition überhaupt noch nicht den »Messias« im Sinn irgendeiner metaphysisch-gnostischen, göttlichen, überirdischen Gestalt. Die »Gesalbten« waren sehr reale Stammeshelden, Könige oder Propheten, vergangene oder künftige, als solche sicher irgendwie gottbegnadet, aber in den Grenzen der menschlichen Möglichkeiten, nicht »übernatürlich«. Und im vorhellenistischen und außerhellenistischen Milieu wäre überhaupt niemandem eingefallen, daß Jahwe, der »Gott Israels«, irgendeinen »ewigen Sohn« haben könnte. Die Kategorie des »Sohnes Gottes« kommt in den alttestamentlichen Texten nicht vor; sie ist hellenistisch. Und weil es in der Vergangenheit mehrere messianische Gestalten gegeben hatte (Joseph von Ägypten, Mose, David ...), konnte es auch in der Zukunft mehrere von sehr verschiedenem Typus geben, stand doch neben dem politischen Führer Mose sein Bruder, der Priester Aaron. Und jedes Volk ehrt nicht nur die, die es zum Siege geführt haben, sondern auch alle, die dabei tapfer ihr Blut vergossen haben. Von Jesus zu seinen Lebzeiten zu sagen, daß er »maschiah« = Gesalbter sei, war also in der palästinensischen Umgebung fast gleichbedeutend damit, daß er ein »großer Prophet« sei bzw. »zu etwas Großem berufen«.

Zu Jesu Zeiten konnte also — neben der allgemeinen Ahnung breiter Kreise, daß es um eine *prophetische* Gestalt ging — ganz gut und ohne großen Gegensatz dazu die Überzeugung zur Geltung gelangen, daß Jesus eine *messianische* Gestalt sei. Das mußte — es sei betont — damals noch überhaupt nicht bedeuten (ja konnte es gar nicht), daß er identisch sei mit dem geheimnisvollen »Menschensohn«. Ob diese Ansicht von der Messianität Jesu erst nach Golgatha oder noch während seines Lebens aufkam, ist nicht sehr wichtig; doch wir meinen, daß zumindest gewisse Grundlagen dafür — sei es auch nur in der kleineren Gruppe um Petrus — schon zu Jesu Lebzeiten entstanden sein mußten, weil sonst einige weitere Tatsachen kaum zu erklären wären.

Unserer Meinung nach ist die Frage, ob man Jesus (und er sich selbst) für einen Propheten *oder* für den Messias hielt, insgesamt abwegig, weil sie der damaligen Situation nicht angemessen ist. Angemessen und real ist eher die Frage, für *welchen* Typus einer revolutionären, Hoffnung weckenden, schon deshalb messianischen Gestalt er gehalten wurde oder gehalten werden konnte und sich selbst gehalten hat. Wir sagten bereits, daß sich diese Vorstellungen jahrhundertelang entwickelt hatten, von den ständigen Katastrophen der jüdischen Geschichte genährt, von der Sehnsucht des Volkes nach einem Ausweg aus der Unterdrückung. »Das messianische Problem« war jahrhundertelang eigentlich identisch mit der ganz gewöhnlichen Sehnsucht eines jeden unterdrückten Volkes nach Rettung. Deshalb wurde es auch jedesmal stärker, sooft die gesellschaftliche Krise sich verstärkte; und wenn wir verfolgen, wie sich durch Jahrhunderte hindurch in den volkstümlichen Schichten des Judentums eine ganze Skala messianischer Figuren ausbildet, so verstehen wir, daß der Streit um die Art der Befreiung geht, darum, welcher Menschentypus das israelische Volk retten und befreien kann.

Es ist im Ganzen verständlich, daß in der Zeit der Anfänge der Bewegung Jesu besonders jene älteste, ursprüngliche, königliche Vorstellung des »Gesalbten« in den breitesten Volksschichten Vertrauen und Hoffnung weckte, der David-Typus des Messias, Verkörperung und führender Repräsentant einer vorwiegend politisch verstandenen Befreiung. Die davidisch-messianischen Vorstellungen, die sich sicher auch um den galiläischen Verkünder der radikalen Erneuerung rankten, waren teilweise von historischen Erinnerungen an diesen berühmtesten Herrscher der jüdischen Geschichte gesättigt, wie sie in den entsprechenden biblischen Büchern (die Bücher Samuel, die Königs-Bücher usw.) erfaßt werden, freilich noch mehr von jenen sublimierteren religiösen und kultischen Momenten, die den Abgrund zwischen Geschichte und Hoffnungen überbrücken sollen, die das Vergangene und das Künftige in Beziehung setzen, damit die geschichtliche Erinnerung gegenwärtiges Handeln initiiere. So ist es vor allem in einigen Psalmen, die durch Jahrhunderte hindurch die davidisch-messianische Hoffnung nährten (insbesondere die Psalmen 2, 24, 45, 72, 89, 110 und 132. »Er wird Recht schaffen den Elenden des Volkes, wird den Armen helfen und den Bedrücker zermalmen. Er wird leben, solange die Sonne scheint und der Mond, Geschlecht um Geschlecht. Er ist wie Regen, der herabströmt auf die Au, wie die Tropfen, die die Erde netzen. In seinen Tagen blüht das Recht und reiches Glück, bis der Mond nicht mehr ist. Er wird herrschen von Meer zu Meer, vom Euphrat bis an die Enden der Erde. Vor ihm müssen sich beugen die Widersacher und seine Feinde den Staub lecken. Die Könige von Tharsis und den Inseln müssen Geschenke geben, die Könige von Saba und Seba müssen Gaben darbringen« (Psalm 72,4—10). Wie leicht und unauffällig ist hier der Übergang von den sozial-revolutionären Sehnsüchten zu den imperialistischen! Doch wenn in der Zeit Jesu ohne Zweifel schon mit Rücksicht auf die römische Okkupation der erste Aspekt überwogen hat, konnten sich die gründlicher denkenden Kenner der jüdischen Geschichte nicht schon die Frage gestellt haben, in welchem Ausmaß sich hinter dem ersten Aspekt der zweite verbirgt? Wir lesen in einem typisch davidisch-messianischen Psalm die Worte »Heische von mir, so gebe ich dir Völker zum Erbe, die Enden der Erde zum Eigentum« (Psalm 2,8); erinnern wir uns aber, daß so in der synoptischen Tradition zu Jesus nicht Gott, sondern der »Versucher in der Wüste« spricht (Matthäus 4,9).

Aus der synoptischen Tradition geht nicht hervor, wie das Verhältnis zu dieser davidischen Konzeption des Messianischen im engeren Kreis der Jünger Jesu war, doch es geht eindeutig hervor, daß Jesus so von vielen seiner Anhänger verstanden wurde. Sofern sie Jesus mit der messianischen Idee in Verbindung brachten, wollten sie also offenkundig in ihm den künftigen politischen Führer, den

Befreier von der Herrschaft Roms, den Erneuerer des jüdischen Reiches, den künftigen »jüdischen König« sehen. Deutlichster Beleg dieser Bestrebungen ist in der synoptischen Tradition die ältere Markus-Version vom Einzug nach Jerusalem, als die Menschen, die Jesus begrüßten, angeblich riefen: »Gepriesen sei der König! Gepriesen sei der Christus, der von Gott kommt! Gepriesen sei das Reich, das anbricht, das Reich unseres Vaters David. Heil und Segen von den Höhen des Himmels!« (Markus 11,10). Übrigens wird Jesus als »Davids Sohn«, besonders bei Matthäus, immer nur von fremden Menschen angesprochen, üblicherweise bei der Huldigung (Matthäus 9,27; 12,23; 15,22; 20,30—31 par.; 21,9; 21,15; 22,42 par.), keineswegs von den Menschen aus seinem engeren Kreis; vollends als Selbstcharakteristik würde dieser Ausdruck ganz absurd klingen. Jesus und die ihm Nächsten hatten also diese Vorstellung vom davidischen Messias entweder gar nicht, oder sie existierte nur bei einigen, nicht gerade den einflußreichsten Jüngern. Entschieden aber war sie nicht Gegenstand der Sehnsüchte Jesu, die gingen — wie wir es im vorigen Kapitel gesehen haben — viel weiter und tiefer! Später wurde er zwar vom römischen Prokurator vielleicht wirklich als »Judenkönig« (Markus 15,26), also als Revolutionär und Hochverräter, verurteilt, und ein römischer Beamter, der gewiß nicht viel von den jüdischen religiösen und eschatologischen Problemen verstand, konnte sich das tatsächlich einbilden, auch wenn die Version erhalten blieb, wonach die Urteilsbegründung eher eine kleine impertinente Vergeltung des römischen Prokurators der jüdischen Obrigkeit gegenüber war, weil diese ihn zu einer ungewollten Hinrichtung gezwungen hatte (vgl. Markus 15,16—19). Doch im Kern ging es dabei nicht um einen realen politischen Ausspruch Jesu (wie in letzter Zeit besonders Carmichael meint), sondern eher um eine raffinierte Unterstellung bzw. um die Überführung der »Schuld« Jesu auf eine dem römischen Beamten verständliche Ebene. Anklage und Urteil stellten freilich in gewissem Maß auch wieder eine Präventivmaßnahme dar, damit Jesus vielleicht nicht doch zu dem wurde, als den ihn die breiten Schichten des Volkes gern gesehen hätten. Politische Repressalien betreffen eben oft eher die möglichen als die tatsächlichen Tendenzen (schon Tacitus beschrieb die Angst der Despoten und ihre Übergriffe gegen jene, denen es auch nur einfallen konnte, ein eigenes Spiel anzufangen); in diesem Sinn ist die Grenze zwischen einem »Akt der Gerechtigkeit« und einem Justizmord immer verschwommen, schwer faßbar. Andererseits hat sicher die Botschaft Jesu vom »Königreich Gottes« zumindest einen gewissen — besonders den freiheitsbezogenen — Teil der davidischen Messias-Vorstellung impliziert. Wenn wir das Ganze der synoptischen Traditionen aufmerksam verfolgen, widerspricht Jesus nicht der davidisch verstandenen messianischen Idee, sondern wendet sich gegen die Reduktion seines Auftrags und seiner Botschaft auf diesen rein politischen Aspekt.

Doch schon lang vor Jesus formten sich im Judentum andere messianische Vorstellungen als die davidischen. In der Geschichte aller Länder und Völker gibt es einerseits Erfolge, Siege, Ruhm und Glück, andererseits Mißerfolge, Niederlagen, Katastrophen und Leiden. Und am Anfang des Lebens eines Helden ist es immer unklar, ob seine Bahn auf dem Thron oder auf der Richtstätte endet, ob sein Andenken geachtet oder mißachtet wird — und von wem! So liegt es nahe, daß sich aus der realen jüdischen Geschichte nicht nur der Messiastypus »David« zu entwickeln begann, sondern durch die reale Erfahrung des Leidens die Vorstellung vom leidenden Messias, der sein Volk damit erlöst, daß er als geduldiger »Gottesknecht« (hebräisch:

ebed Jahwe) freiwillig das Leid auf sich nimmt und damit der Erlösung den Weg bereitet. Die Idee des leidenden und sterbenden Messias knüpft bis zu einem gewissen Grad an die alten Vorstellungen an, die in allen Religionen den positiven Sinn des Leidens betonen, also an eine Frage, die nicht nur die Religion betrifft, sondern eines der schwersten Probleme der menschlichen Existenz überhaupt. In den uralten, der Entwicklung nach frühesten Formen der Religion kommen immer Vorstellungen eines versöhnenden Opfers vor, und zwar oft in sehr primitiver Art, entsprechend dem anthropomorphen Bild von der Gottheit, die menschliche Leidenschaften und Schwächen hat. Deshalb glaubt man sich zum Beispiel vor der Stammes- oder Familienkatastrophe damit bewahren zu können, daß man der Gottheit präventiv und gleichsam »stellvertretend« etwas opfert, Wein bei den alten Griechen, Tiere in den älteren Schichten der jüdischen Religion, Hinrichtung der Feinde bei den Primitiven, Tötung einer erwählten Jungfrau usw. Auch die eigene Schuld und Sünde kann man, so glaubte man, solcherart indirekt und bequem büßen. Das ist ein uralter religiöser Archetypus, der sich in einer bestimmten Art und Weise auch in der Bewegung Jesu und in seinem Selbstverständnis zeigt, der jedoch nicht nur bei ihm, sondern schon vor ihm komplexere und sublimere Formen annahm. Abgesehen von dem blutigen Unsinn, ein schönes Mädchen dem Sonnengott zu opfern wie die alten Inkas, erlebten sicherlich alle Völker in verschiedenen Kämpfen und Leiden, daß das Lebensopfer eines Menschen wirklich das Leben von anderen retten kann bzw. daß das heldenhafte Erdulden der Qualen vor dem Tod die moralischen Kräfte anderer zu mobilisieren vermag. Aber in der Geschichte jedes Volkes gibt es auch sinnloses Leid, absurde Kämpfe, überflüssige Opfer, irrtümlich vergossenes Blut. Doch man kann fragen, ob noch um den Sinn des Lebens, um eine wirklich menschliche Geschichte zu ringen überhaupt möglich ist, gäbe es kein sinnloses Leid; ob also die irrtümlichen, sinnlosen, ja absurden Opfer nicht doch einen gewissen Sinn haben . . .

Die Natur war schon vor dem Menschen und ohne ihn voll von Blutvergießen und Gewalt. Und obwohl auch die menschliche Geschichte davon voll ist, kann sich doch einzig der Mensch als vernünftiges und des Mitleids fähiges Wesen das Ziel setzen, Blutvergießen und Gewaltanwendung zu verhindern. Die Geschichte zeigt jedoch auch, daß es leichter ist, solch ein Ideal aufzustellen, als es in die Wirklichkeit umzusetzen. Wo und wann immer solche Vorstellungen vom Opfer, vom Sinn des Leidens sich mit bestimmten metaphysischen Ansprüchen, gewissen religiösen Vorstellungen und politischen Zielen verbinden, können zwar einerseits ursprüngliche primitive Anschauungen überwunden oder auf eine Ebene gebracht werden, die dem Menschen als kulturellem und verantwortlichem Wesen angemessen ist; doch andererseits können dadurch auch uralte sadistische und masochistische Archetypen aktualisiert werden, die dann zum Mord nicht nur an einer Jungfrau, sondern an Tausenden und Millionen von Menschen führen. Die alttestamentliche Tradition mit dem radikalen Zerschlagen des Anthropomorphismus bei Mose und der prophetischen Entdeckung der Zukunftsdimension machte einerseits den primitiven magischen Begriff des Opfers unmöglich; andererseits jedoch konnten der uralte animalische Trieb des Mordens und das primitive Gefühl des »Opfers« auch in die Durchsetzung der menschlichsten Ziele eindringen. Daß das Problem der Gewalt bis heute bei weitem nicht gelöst ist, muß man nach den Erfahrungen unseres Jahrhunderts nicht besonders betonen. Gerade die Angehörigen des Volkes, auf dem Jesus kam, sind im 20. Jahrhundert in einer Art und Weise vernichtet worden, gegen die die ägyptische oder babylonische Gefangenschaft eine Idylle war.

Es ist aber auch kein Wunder, daß das Volk, das schon tausend Jahre vor Christus eine Religion geschaffen hatte, so grundlegend verschieden von den Religionen anderer Länder und Völker, auch zu tieferen Antworten auf die Frage nach dem Sinn des Leidens und des Opfers im menschlichen Leben und zu speziellen Lösungen der Probleme von Gut und Böse, der Erlösung, des Heils gelangen konnte und mußte. Mehr als anderswo geriet hier die Gottesidee in Konflikt mit der realen Situation der Welt. Mehr als anderswo wurde hier das Leid zum schreienden Problem. »Und wiederum sah ich all die Bedrückungen, die unter der Sonne geschehen, sah die Tränen der Unterdrückten fließen, und niemand tröstete sie; von der Hand ihrer Bedrücker erlitten sie Gewalt, und niemand tröstete sie. Da pries ich die Toten, die längst Gestorbenen: glücklicher sind sie als die Lebenden, die jetzt noch leben, und glücklicher als beide der Ungeborene, der noch nicht geschaut hat das böse Tun, das unter der Sonne geschieht« (Prediger 4,1 bis 3). Besonders das Buch Hiob wurde Grundlage für die Überlegungen vieler Generationen über den möglichen Sinn des Leidens des gerechten Menschen, ja jenes »Hadern mit Gott« (Hiob 9,3) kreist um die Frage, wie der Glaube an ihn mit der Suche nach einem sinnvollen Leben bei so schrecklichen und absurden Fällen von Leid zu vereinen ist, eines Leidens, das absolut unreduzierbar auf irgendwelche sinngebenden Konzepte der »Prüfung« oder der »Strafe« ist. Man hat jedoch auch erkannt, daß die positiven menschlichen Werte, Heil, Zufriedenheit, Glück, nicht einfach nur Freiheit von Leid und Schmerz bedeuten, sondern daß ein gewisses Maß an Schmerz und Leid einen positiven Sinn haben kann, nicht seiner selbst wegen, sondern wenn es um dieser Werte willen ertragen wird. Damit entstand eo ipso die Frage — als würden die alten primitiven heidnischen Vorstellungen vom Opfer auf einer höheren Ebene zurückkehren —, ob vielleicht das Leid nicht dem künftigen Heil vorangehen muß (erinnern wir uns, daß im chiliastisch-eschatologischen Denken vor dem künftigen Reich der Freiheit immer eine schreckliche Katastrophe und unermeßliches Leid kommen) und ob man mit der freiwilligen Annahme des Leids nicht zum Kommen des Heils beiträgt.

Damit stehen wir schon am Anfang der Vorstellung vom »leidenden Messias«, die sich wesentlich von den davidischen Vorstellungen unterscheidet, sich jedoch häufig in den Psalmen und in den prophetischen Büchern findet (siehe insbesondere Psalm 22, 31, 38, 69, 142; Jesaja 53). Doch während es in den Psalmen und auch in einigen anderen alttestamentlichen Texten eher um die allgemeine Schilderung des leidenden und Schmerz überwindenden Menschen geht, was zunächst nicht messianisch gelesen wurde, steht bei Jesaja bzw. beim Autor des zweiten Teils des Buches Jesaja (des sogenannten Deuterojesaja) dieser »Mann der Schmerzen« (Jesaja 53,3) ganz klar in einer bestimmten Brennpunktstellung, sein Leiden hat einen gewissen allgemeinen und stellvertretenden Charakter: »unsere Schmerzen hat er auf sich geladen« (Jesaja 53,4). Sein schrecklicher Tod hat eine gewisse Freiwilligkeit, Notwendigkeit: »und beugte sich . . . wie ein Lamm, das zur Schlachtbank geführt wird« (Jesaja 53,7). Das ist etwas wesentlich Neues. Man spricht hier von ihm zwar nicht als von einem Messias, jedoch objektiv, wenn wir »durch seine Wunden genesen« sind (Jesaja 53,5), beginnt das einen erlösenden, messianischen Sinn zu bekommen. Es könnte mit der Tradition der davidischen Messianität als ihre Variante verbunden sein. Denn sein Schmerz ist nicht mehr Selbstzweck, auch nicht einfach tapferes Erdulden, sondern beginnt schon eine gewisse Bedeutung im eschatologischen Prozeß des Heils zu erlangen. Und so befinden wir uns bei jenem für das Begreifen Jesu und seiner Umgebung unermeßlich wichtigen Phänomen, wo jene ganz richtige Erkenntnis, daß man nichts Großes ohne Anstrengung, Schmerz, Aufopferung erreichen kann, sich mit gewissen uralten religiösen Archetypen über den erlösenden und stellvertretenden Sinn des menschlichen Opfers vermischt. In Verbindung mit der eschatologischen Verkündigung des kommenden Reiches und in einer extrem kritischen politischen Situation, in der alles zur Explosion tendierte, mußte dies alles bemerkenswerte ideelle und moralische Früchte tragen.

Der Glaube an das Kommen des Messias war im ersten Jahrhundert bereits tief mit jener Vorstellung verwurzelt, nach der es zum messianischen Umbruch auf dem Höhepunkt des Leidens kommen soll. Man achte in dieser Hinsicht auf zwei ähnliche Erscheinungen außerhalb des Christentums. So spricht der Talmud zum Beispiel davon, daß der Messias kommt, wenn das Antlitz der Zeit das Antlitz des Hundes sein wird, wenn die Menschen für den Kranken vergeblich auch nur einen Fisch suchen werden, wenn es zum allgemeinen Verfall kommt. Im Augenblick, wo scheinbar bereits alles verloren ist, beginnt die übernatürliche Rettung, dann kommt der Messias. (Auch im Hinduismus existiert eine ähnliche Vorstellung, daß Vischnu immer in Augenblicken weitgehenden Verfalls kommt, um die Welt zu retten.) Der Bewegung Jesu ist jedoch folgendes Phänomen zeitlich und sachlich am nächsten — aus der Zeit des ersten jüdisch-römischen Krieges, von Josephus Flavius beschrieben —: in den Schlußphasen des Kampfes, in denen nach menschlichen Maßstäben alles verloren war, kämpften die jüdischen Kämpfer bis zum letzten Tropfen Blut und erwarteten offenbar, daß man im Leid bis auf den

Grund steigen muß, damit die messianische Umkehr kommt. Nach Josephus sah es so aus, als würden sie Gott vorwerfen, daß er noch zögert, die Feinde zu bestrafen. Es ist schwer für uns, sich heute in diesen Heroismus hineinzudenken, doch indirekt kann uns auch das beim Verstehen der Dialektik von Leiden und Sieg, von Tod und Erlösung in der frühchristlichen Bewegung helfen.

Hatte Jesus in der Zeit seiner öffentlichen Tätigkeit eine ausgeprägte Vorstellung von seinem künftigen Leid? Ging er vielleicht bewußt in den Tod? Oder wenn wir dasselbe prägnanter sagen: Kam es bei ihm zum vollen Bewußtsein, er sei ein Messias, wie Jesaja ihn schildert? Wenn die ältere theologische Tradition — bis zum 19. Jahrhundert — einfach alle Voraussagen Jesu vom künftigen Leiden und sogar von der künftigen Auferstehung (Markus 8,31 par; 9,31 par.; 10,33 par. u. a.) ohne kritische Skepsis übernahm und sich über die verschiedenen daraus entstehenden Schwierigkeiten nicht den Kopf zerbrach, so hält die moderne kritische Forschung alle diesbezüglichen Voraussagen Jesu für bloß retrospektive Aussagen, das heißt für Sätze, die ex post, nach Golgatha und nach dem Ostererlebnis Jesus in den Mund gelegt worden sind. Wir meinen, daß auch dieses zweite Extrem unrichtig ist und zu ähnlichen unlogischen Schlüssen führt, weil es die Psychologie prophetischer Gestalten nicht berücksichtigt. Ist auch die überlieferte Formulierung der erhaltenen Leidensweissagungen offenbar ausnahmslos nachösterlich, so bedeutet das doch nicht, daß nicht Gedanken dieser Art schon bei Jesus selbst eine Rolle spielten. Es wäre ein Wunder, wenn es nicht so wäre, waren doch Hinrichtungen volkstümlicher Helden und Führer aller möglichen oppositionellen Strömungen ganz geläufig. Bis heute riskieren eigentlich alle Menschen, die eine öffentliche Tätigkeit beginnen, ihr Leben, indem sie sich der Aufmerksamkeit der herrschenden Macht und aller möglichen

Attentäter und Psychopathen aussetzen — wie sollten die damaligen führenden prophetischen Persönlichkeiten diese Möglichkeit nicht ständig vor Augen gehabt haben? In Hunderten von Fällen aus Geschichte und Gegenwart bestätigte sich das Wort von »Jerusalem, das die Propheten steinigt« (Matthäus 23,37); aber auch am Schicksal Johannes des Täufers war Jesus diese Möglichkeit ständig gegenwärtig, und es ist eigentlich selbstverständlich, daß er darüber Überlegungen anstellte und zumindest mit einigen der ihm Nächsten auch darüber sprach. Übrigens tauchen alle Voraussagen Jesu über das eigene Leiden in der synoptischen Tradition einheitlich erst nach dem Bericht über die Hinrichtung von Johannes dem Täufer auf! Auch ist es natürlich, daß die, die ihn liebten, vor dieser Möglichkeit erschraken und daß Petrus »ihn von diesem Gedanken abzubringen« suchte (Markus 8,32 par.). Es hat also auch der Dialog Jesu mit Petrus (Matthäus 16,13—23) darüber psychologisch und sachlich absolut seine Berechtigung und Glaubwürdigkeit, und es ist überhaupt nicht unlogisch, daß Jesus hier Petrus einerseits seine Herde anvertraut und ihm Vollmacht gibt, ihn andererseits sofort danach aber mit »Satan« beschimpft. Wer das nicht begreift, versteht nicht die menschliche Natur, die Logik der Liebe, die daraus folgenden Befürchtungen und Zweifel.

Die Idee, das eigene Leben zu opfern, kommt übrigens zu allen Zeiten vor, selbstverständlich nicht in den etablierten Kreisen, denen es im Leben um nichts Großes geht und die sich deshalb nicht einmal die Frage nach dem Sinn des Todes stellen können, sondern in allen oppositionell-volkstümlichen und sucherischen Bewegungen, seien sie nun revolutionär oder religiös (zwischen ihnen gibt es übrigens immer einen gewissen Übergang). Sicher führt dazu vor allem schon die Überzeugung von der Größe, Reichweite, Gewichtigkeit der Sache, um die es geht und die so oder so das individuelle menschliche Leben in den Schatten stellt. Doch noch etwas anderes kommt hinzu: In allen oppositionellen, sektiererischen, unterdrückten menschlichen Gruppen führt die dringlich und drohend empfundene *Gefahr von außen* zu menschlich viel festeren, geschlosseneren *Beziehungen im Innern* der eigentlichen Bewegung, es entsteht eine tiefere gegenseitige Liebe und Verbundenheit als bei allen Reichen und »denen da oben«. Jeder unterdrückten Bewegung gelten die Worte Jesu: »Wo zwei oder drei verbunden sind und mich anrufen, da bin ich mitten unter ihnen« (Matthäus 18,20); und sicher treffen, wenn schon nicht in der Formulierung, so doch dem Sinne nach die spät aufgezeichneten und schon etwas stilisierten Worte zu: »Meine Weisung an euch besteht aber immer nur darin, daß ihr die Liebe einander weitergebt, die ihr von mir empfangen habt. Niemand erfüllt das innere Gesetz dieser Liebe vollkommener als der, der für seine Freunde sein Leben hingibt« (Johannes 15,12—13). Denn es liegt in der Logik der menschlichen Natur, daß man, je tiefer und wahrhafter man das Leben, seine »Sache« und seine Brüder liebt, um so mehr entschlossen ist, auch sein Leben aufs Spiel zu setzen.

Es lag aber auch in der Logik der eschatologischen Verkündigung, daß Jesus seine Mission und seine Botschaft mit dem eigenen Leid und Leben erhärtete — wie das übrigens bei großen Geistern immer der Fall ist, vor allem bei den prophetischen Geistern (erinnern wir uns besonders an Jan Hus!). Wenn Jesus seine Schüler als »Schafe unter die Wölfe« (Matthäus 10,16 par.) schickte, wenn er von ihnen maximalen Anspruch, Ausdauer, Furchtlosigkeit, Mut, sich zu ihm öffentlich vor den Menschen zu bekennen (Matthäus 10,32 par.), Mut, für ihn und seine Verkündigung Spott und Verfolgung zu ertragen (Matthäus 5,11 par; 10,22; 10,38—39 par.), verlangte, konnte er das kaum nur mit Worten und Aufforderungen erreichen, sondern einzig allein durch seine Bereitschaft, mit dem eigenen Beispiel voranzugehen. Im Leben Jesu selbst mußte deshalb die Idee des möglichen eigenen Leidens und des Todes ohne allen Zweifel eine wichtige Rolle gespielt haben. Die von der Johannes-Tradition Jesus in den Mund gelegten Worte »Ich bin der zuverlässige Hirte. Der rechte Hirte läßt sein Leben für die Schafe« (Johannes 10,11) hat Jesus in dieser Form sicher nie ausgesprochen (denn die Form des Ausspruchs widerspricht zu stark der Form der synoptischen Tradition), doch sie mußten von Jesus dem Sinne nach oft innigst empfunden worden sein, sonst wäre ihr Vorkommen in den Evangelien völlig unerklärlich.

Die Frage ist also nicht, ob Jesus Vorstellungen von seinem künftigen Leiden hatte oder nicht — das erscheint uns unbestritten —, sondern eher, ob er seinem künftigen Leiden nur einen rein moralischen Sinn zuschrieb, wie jede große und liebende Seele, die für ihre Brüder zu Opfern bereit ist, oder auch eine gewisse eschatologische Bedeutung; schließlich, in welchem Maß sein Tod in seinem Denken einen bestimmten eschatologischen »Stellenwert« hatte, zum Beispiel ob er — von Jesaja und der gesamten gesellschaftlichen Situation inspiriert — seinen qualvollen Tod für einen möglichen oder sogar notwendigen Übergang zum »Königreich Gottes« hielt, der zentralen Vorstellung seiner Verkündigung. Ohne daß wir voraussetzen wollen, daß es um irgendeinen vollkommen rational durchdachten Plan ging (so rational rechnet man nicht mit dem eigenen Tod — der Begriff des »Plans« entspricht auch dem eschatologischen Denken nur annähernd), setzen wir doch voraus, daß es dem gesamten Geist der »Verkündigung« Jesu widerspräche, hätte er seinen Tod nur rein »moralisch« aufgefaßt, das heißt ohne Beziehung zu den erwarteten eschatologischen Umbrüchen, denen er doch ohne Zweifel mit ganzer Seele, mit seinem ganzen Denken, mit Herz und Willen ergeben war, also auch mit jenem Teil seines Geistes, der sich mit der Vorstellung des eigenen Todes zu befassen begann.

Wir stehen damit offenbar — nach der früher geprüften Vorstellung des künftigen realen Kommens des »Menschensohnes in all seiner Herrlichkeit« — vor der zweiten markant mythologischen Vorstellung im Denken Jesu: der Vorstellung vom metaphysischen Wert des eigenen Leidens und des eigenen Todes als notwendiger Voraussetzung für die volle physische Realisierung des »Königreiches Gottes«, für den Übergang von seiner »Nähe« zu seiner vollen Präsenz, damit für die »Erlösung der Menschen«. Es geht hier um eine gewisse Steigerung jenes eschatologischen Archetypus, den wir schon vorher bei den jüdischen Revolutionären, wie sie von Flavius Josephus beschrieben worden sind, beobachten konnten und den wir eigentlich bei allen Revolutionären, sofern sie das Leben in der Überzeugung einsetzen, daß das eine Rolle für die Vorbereitung einer besseren Zukunft spiele, antreffen. Sicher aber muß man nicht gesondert analysieren, daß es sich dabei nur um gewisse oberflächliche Analogien handelt. Fest steht, daß die eschatologische Konzeption des Leidens an die erwähnte ganz reale und richtige allgemeine Bedeutung von Tapferkeit, Leiden und Opfer anknüpft, die für die Brüder, für die Wahrheit, für das bessere Leben, für die Freiheit gebracht werden, und daß sie diese realen Momente nicht negiert. Doch auf der anderen Seite kann man ebenfalls nicht bestreiten, daß diese natürliche, ergreifende und hinreißende Bereitwilligkeit, das Leben für eine Überzeugung oder für einen Freund zu opfern, für die eigene Sache, für die Wahrheit zu leiden (wie wir sie bei einigen Märtyrern des wissenschaftlichen Fortschritts, am häufigsten jedoch bei den Helden des revolutionären und nationalen Befreiungskampfes antreffen), hier nicht nur eine gewisse mythologische Einfärbung erfährt (so war es häufig auch anderswo, auch bei den politischen Märtyrern), sondern daß die Mythologie hier den Kern des Problems selbst ausmacht. Es geht nicht nur um irgendeine Erfassung des möglichen Sinns von Schmerz, Opfer, Tod, sondern um die sehr konkrete Vorstellung, daß ein bestimmter, sehr konkreter Tod, daß Jesu Leiden und Tod einen bestimmten kosmischen Umbruch einleiten. Man kann heute darüber streiten, ob Jesus damit recht hatte oder ob er bloß einer tragischen Illusion erlag; doch man kann, wenn man wirklich mit den mythologischen Strukturen der menschlichen Geschichte vertraut ist, kaum bezweifeln, daß ähnliche Vorstellungen typische Bestandteile allen mythologischen Denkens sind. Aber auch umgekehrt: Gerade weil wir die Mythen anderer Völker kennen — von den indischen bis zu den germanischen und slawischen —, wird uns bewußt, wie vergänglich die Spuren des Realen sind, die zum Beispiel in der griechischen Mythologie sich erhalten haben, im Vergleich mit jenem Maß an menschlich gewichtiger Problematik, die sich mit dem Mythos des Jesus von Nazareth verbunden hat. Die Vorstellung von der Prinzessin Andromeda, mit den Händen an den Felsen gekettet und einem schrecklichen Tod preisgegeben, ebenfalls für die Schuld anderer, vermochte den Geist Dutzender Maler zu inspirieren — die Geschichte wurde jedoch nur von der Vorstellung des mit den durchbohrten Händen am Kreuz befestigten Menschen Jesus geformt, weil seine Sache, für die er litt, um so vieles menschlicher war und ihn kein Perseus rettete, sondern weil er qualvoll *wirklich* starb.

Man muß zwei Ebenen des Problems unterscheiden: einerseits, wie die Idee des »leidenden Messias« entstand und sich verbreitete (das ist insgesamt einfach und offenkundig, darüber haben wir schon geschrieben); andererseits, wie es zur Identifizierung dieser Vorstellung mit Jesus von Nazareth kam (das ist ein Problem, das die Forscher entsprechend ihren Konfessionen trennte und noch immer trennt — und heute bereits auch innerhalb der einzelnen Konfessionen). Es ist begreiflich, daß die ganze weitere Entwicklung des Christentums — schon seit der Redaktion der synoptischen Texte — bemüht war, die Identifizierung Jesu mit dem leidenden Messias als absolut selbstverständlich eigentlich schon von Anfang an hinzustellen, klar freilich nur für Jesus selbst und anfangs nicht einmal für die ihm Nächsten. Weil jedoch in der Tradition Worte fest verankert waren, mit denen er sein Leiden und den messianischen Sinn seines Todes klar vorausgesagt hatte (Markus 8,31 par.; 9,31 par.; 10,33 par.; 14,21 par.; 14,41 par. u. a.), entstand ein ziemliches Rätsel: weil er diese Worte jemandem gesagt haben mußte, mußte sie auch jemand vom Weg nach Jerusalem bis zu Pfingsten bewahrt haben. Warum aber dann diese Verwirrung der Jünger in Jerusalem, die Flucht nach Galiläa, warum jene Pause zwischen Golgatha und Pfingsten? Warum flohen sie vom Ort des Schreckens — und bewahrten sorgfältig die Worte vom messianischen Sinn dieses Schreckens? Die Redaktoren der Tradition hatten für diesen Widerspruch bereits beträchtliches Verständnis und halfen sich damit, daß sie sagten, die Jünger hätten diese Voraussagen angeblich nicht verstanden. »Sie aber begriffen nichts von alledem, der Sinn dieser Rede blieb ihnen verborgen, und sie verstanden nicht, was er meinte« (Lukas 18,34). »Sie aber verstanden es immer wieder nicht und fürchteten sich, ihn danach zu fragen« (Markus 9,32). Es ist sicher merkwürdig, daß jemand sorgfältig überliefern würde, was er im Kern nicht verstanden hat, noch merkwürdiger, weil es sich doch um jene handelt, denen Jesus — im Unterschied von der breiteren Umgebung — eröffnete, »wie es sich mit dem Geheimnis der

Herrrschaft Gottes verhält« (Markus 4,11 par.), doch am merkwürdigsten, daß dieselbe Tradition gleichzeitig Nachrichten überliefert, wonach zumindest Petrus über diese Dinge diskutiert hatte (Matthäus 16,22 par.; Lukas 22,33 par.). Und dies direkt in den zentralen Augenblicken, wo es einerseits um die Messianität Jesu ging und andererseits um die eigene persönliche Mission des Petrus? Wie hätte er *nicht* verstehen sollen, daß Jesus entschlossen war zu leiden? Übrigens waren auch die anderen Jünger nicht so vernagelt, wie sie die synoptische Tradition manchmal schildert. Sicher, sie brauchten nicht sofort alles verstanden zu haben, es gibt keinen Grund, an der Glaubwürdigkeit auch jener Nachrichten zu zweifeln, daß zwischen einigen von ihnen naive Streitereien entstanden, in denen sie untereinander bereits die Ressorts im erwarteten Königreich Gottes aufteilten (Lukas 22,33—30; Matthäus 20,25—28). Doch wer lange mit Jesus auf Erden wandelte, konnte nicht seine Gedanken ganz anderswohin richten, mußte zumindest etwas von seiner Verkündigung und Persönlichkeit verstanden haben, mußte von etwas angezogen und mitgerissen worden sein. Wenn wir uns klargemacht haben, wie unvorstellbar es ist, daß Jesus selbst nicht schon lange vor Golgatha über den Sinn seines Leidens nachgedacht und mit seiner nächsten Umgebung gesprochen hat, ist es ebenso unvorstellbar, daß dies Petrus und die anderen Jünger nicht verstanden haben sollten. Wenn sie etwas nicht verstanden hatten und ihr Unverständnis bei ihnen nach Golgatha eine so große Verwirrung hervorrief, dann war es etwas anderes als die Tatsache des Leidens. Wenn auch Petrus selbst, offenbar der Entdecker des Messianischen an Jesus, dem dann — wie die synoptische Tradition einheitlich zum Ausdruck bringt (Matthäus 16,13—23 par.) — umgekehrt Jesus mit seiner Antwort (in einem ohne Zweifel lange Monate dauernden Dialog) die messianische Konzeption erklärt — wenn also Petrus selbst etwas »nicht verstanden« hatte und deshalb nach Golgatha »umkehren« mußte (Lukas 22,32), dann konnte das nicht im entferntesten die Leidenserwartung Jesu gewesen sein. Wer dies annimmt, müßte die ganze synoptische Tradition zur Seite schieben. Wir kommen also zu folgendem Schluß: Wenn die Jünger Hals über Kopf nach Galiläa flohen (Markus 14,28 par.; 16,7 par.; Matthäus 28,10—16), also in ihre Heimat, was übrigens die meisten Menschen im Fall einer Katastrophe oder emotionaler Enttäuschung tun, dann nicht deshalb, weil Jesus mit ihnen von seinem zu erwartenden Leiden vielleicht nicht gesprochen hätte oder weil für sie Verhaftung, Folter und Tötung Jesu eine Überraschung gewesen wäre. Überraschend und Grund zur Panik mußte für sie etwas anderes gewesen sein. Es gibt nur eine einzige Erklärung, die nicht zu wesentlichen Streichungen in der synoptischen Tradition zwingt, besonders was die häufigen »Leidensweissagungen« betrifft: Sie erwarteten noch etwas anderes, und dies traf dann nicht ein, zumindest nicht gleich und nicht so, wie sie es erwartet hatten — deshalb die Panik, deshalb die spätere »Erklärung«, sie hätten im Gespräch mit Jesus etwas Wesentliches nicht verstanden. Bevor wir jedoch zu Golgatha selbst kommen, muß man noch einige weitere Schwierigkeiten klären.

Das Leiden — bzw. die Erfüllung der Mission des jesajanischen leidenden Messias, des »leidenden Gottesknechts« — konnte selbstverständlich nicht schon alles bedeuten, sondern nur die erste Etappe des messianischen Prozesses. Für alle eschatologischen Menschen vor Jesus und nach ihm ist es selbstverständlich, daß nach dem Leid der Ruhm, der Sieg, der Anfang eines neuen Zeitalters kommt. Das mußte auch für Jesus und seine gesamte nächste Umgebung gelten. Streitigkeiten, Unklarheiten, Erwartungen, Enttäuschungen, neue Hoffnungen usw. — das alles konnte nicht das

Wesen dieses eschatologischen Archetypus betreffen (der übrigens auch in den mittelalterlichen und neuzeitlichen Bewegungen weiterdauert), sondern nur die Art und Weise, wie dieser zweiphasige messianische Prozeß verlaufen und welchen Platz wer in diesem Prozeß haben sollte. Nur darüber konnte Jesus mit Petrus diskutieren — über das Prinzip des Leidens und des folgenden Sieges gab es keinen Streit. Wenn Jesus von Petrus und seinen Genossen als messianische Gestalt begrüßt wurde oder wenn er selbst die Notwendigkeit des Leidens betonte, heißt das aber noch nicht, daß Jesus notwendig mit jenem geheimnisvollen, von ihm verkündeten »Menschensohn«, dem Träger des künftigen Sieges, indentifiziert werden mußte. Doch war es auch nicht ausgeschlossen — so wie David in Armut begonnen hatte, bevor er »gesalbt« wurde, konnte auch ein künftiger David nach dem Leiden den Sieg erringen. Betrachten wir also jetzt noch das Problem der Identifizierung des leidenden mit dem siegreichen eschatologischen Helden!

Die Tatsache, daß es mehrere messianische Typen in den Vorstellungen der jüdischen volkstümlichen Bewegung gegeben hat, freilich im Grund nur zwei — der leidende und der siegreiche —, und besonders die Tatsache, daß der eschatologische Prozeß zwei Phasen haben sollte — Leiden und Sieg —, könnte entweder im Sinne einer doppelten Aufgabe des Messias oder als Konzeption zweier aufeinanderfolgender messianischer Gestalten aufgefaßt werden. Zu Jesu Zeiten kamen beide Varianten bzw. ihre Mischung vor. Häufiger war freilich die bekannte Vorstellung von *einem* Messias — doch finden wir auch verschiedene Belege für die Vorstellung von zwei Messiassen.

In den qumranischen Dokumenten kommt die Vorstellung von zwei messianischen Gestalten als Unterscheidung des sogenannten Messias Israels und des Messias Aarons vor. Neben dem politischen nationalen Helden Israels konnte hier der Messias vom priesterlichen Typus (nach Moses Bruder, dem Großpriester Aaron) den Weg Jesu von der davidisch-politischen zur geistig-erneuernden Auffassung des messianischen Prozesses vorzeichnen. Markante Züge des »priesterlichen« Konzepts der Messianität kommen im Neuen Testament vor allem im Hebräerbrief vor — teilweise auch in den Paulus-Briefen, in der synoptischen Tradition vor allem da, wo Jesus Sünden vergibt, ein typisch priesterlicher Akt. Doch selbst das hat — wie es scheint — auf die eigentlichen eschatologischen Vorstellungen der neutestamentlichen und besonders synoptischen Tradition keinen nachdrücklicheren Einfluß gehabt.

Wichtiger ist für uns eine andere Unterscheidung, wenn sie auch erst sehr viel später, und zwar in den jüdischen Texten seit dem 2. Jahrhundert, begegnet, die Unterscheidung des erwarteten »Messias — des Sohnes Josephs« und des »Messias — des Sohnes Davids«. Während der erste im messianischen Kampf stirbt, erfüllt der zweite den Sieg. Ob hier der Name Josephs, auch aus der Geschichte Jesu bekannt, zufällig auftaucht oder ob es hier einen Zusammenhang mit der synoptischen Tradition gibt, wissen wir nicht; wir wissen ja auch nicht, ob diese oder die synoptischen Vorstellungen älter sind. Es gibt auch markante Unterschiede — so hat zum Beispiel hier der Sohn Josephs eher die Züge eines politischen Kämpfers, der Sohn Davids eher übernatürliche, doch das ist für uns nicht wichtig. Für unsere Untersuchung ist es nur wichtig, daß die Vorstellung vom Messias-Paar in der jüdischen Geschichte sowohl vor Jesus wie nach ihm vorgekommen ist und also auch eine bestimmte Rolle in der Genese der Persönlichkeit und des Denkens Jesu und seiner Schüler gespielt haben könnte.

Kommt vielleicht die Vorstellung von einem Messiaspaar, wenn auch versteckt, sogar in den neutestamentlichen Texten vor? Wir haben früher festgestellt, daß in Jesu Botschaft ohne jeden Zweifel die geheimnisvolle Gestalt des erwarteten »Menschensohnes« eine Zeitlang eine große, geradezu schlüsselhafte Rolle gespielt hat, jedenfalls nach den sie immer begleitenden emphatischen Gefühlen zu urteilen. Dabei identifizieren die überlieferten Evangelien diese Gestalt zwar bereits mit Jesus, doch sie verraten zugleich, daß mit dieser Identifikation gewisse Schwierigkeiten und Unklarheiten verbunden waren, die wir vorher behandelt haben. Wenn wir weiter beachten, daß auch das Bekenntnis des Petrus nicht die Identifikation mit der eschatologischen Gestalt des »Menschensohnes« bedeutet haben mußte, ist es naheliegend, zumindest als Hypothese zuzulassen, daß vielleicht auch in Jesu Denken der erwähnte Archetyp zweier Messiasse vorkam, daß er sich selbst subjektiv vielleicht nur für den leidenden Messias gehalten haben könnte, der sich vom künftigen »Menschensohn«, dem siegenden Messias, unterschied. Ihm gegenüber hätte Jesus sich dann in der Rolle sowohl des Verkünders als auch des Erfüllers der ersten Phase des eschatologischen Prozesses befunden. Damit könnte man sowohl jene Aussprüche vom Menschensohn in der dritten Person erklären wie auch die erwähnten Schwierigkeiten der synoptischen Tradition, beide Gestalten zu identifizieren. Dann würde auch die spezifische Johannes-Tradition, in der es einige nicht gerade klare Hinweise darauf gibt, daß nach dem Tode Jesu eine andere Gestalt kommt (Johannes 14,16; 14,26; 15,26; 16,7), nicht nur ein rein geistiges Kommen meinen, sondern die unklare Bezeichnung »Parakletos« (Tröster) hätte ursprünglich eine andere messianische Gestalt bedeutet.

Noch eine weitere Hypothese ist möglich, die unserer Meinung nach die Interpretation der ganzen neutestamentlichen Tradition einschließlich aller erwähnten Schwierigkeiten und »Geheimnisse« erst möglich macht und auch die Grundlage bietet für das beste und klarste Verständnis dessen, was eigentlich auf Golgatha und nachher geschah: das ist die Hypothese, daß Jesus *ursprünglich* als hinreißender Verkünder des »Königreiches Gottes«, der Forderung nach »Umkehr« und der Ankunft des »Menschensohnes« aufgetreten ist, aber *erst später* selbst die Vorstellung von seiner *künftigen* Identifizierung mit dem »Menschensohn« in seiner Herrlichkeit übernimmt, zu der das Leiden Durchgangsstation und Voraussetzung ist. Wenn wir auch Jesu Selbstreflexion wirklich konsequent eschatologisch begreifen, beseitigt das für uns auch die erwähnten Schwierigkeiten der Identifizierung mit dem »Menschensohn«. Geht es hier um eine rein eschatologische künftige Identifikation, dann kann man verstehen, daß kein Ausspruch vom »Menschensohn« in der zweiten Person existiert und daß die Aussprüche in erster Person in unseren Texten ziemlich verdächtig aussehen. Denn Jesus hat sich im rein präsentischen Sinn offenbar wirklich nicht mit dem »Menschensohn« identifiziert, auch nicht, wenn er am Ende seiner Tätigkeit die künftige Identifikation zuließ. Als dann zusammen mit der Entfaltung des Osterglaubens alles umgewertet wurde, was die Erinnerung an das Leben Jesu bewahrt hatte, gab es keinen Grund mehr, jene Verdoppelung aufrechtzuerhalten, deshalb kam es zu der vollständigen Identifizierung Jesu mit dem Menschensohn — doch die zentralen Aussprüche bleiben in der dritten Person, weil sie so schon fixiert waren.

Damit läßt sich noch eine zweite Gruppe von literarisch fest fixierten Aussprüchen erklären, und zwar die über das künftige Leiden und den Tod des Menschensohnes, die inhaltlich klar und deutlich Jesus selbst meinen. So wie kein Synoptiker einen Ausspruch des Typs »bis ich komme ...« überliefert, sondern immer nur »bis der Menschensohn kommt«, so heißt es auch nie »bis ich leiden werde ...«, sondern immer nur »der Menschensohn wird leiden« (vgl. Markus 8,31 par.; 9,31 par.; 10,33 par.; 14,21 par.; 14,41 par.); obwohl im zweiten Fall die synoptische Tradition unstreitig Jesus selbst meint, übersetzt sie diese Worte nie in die erste Person! Und umgekehrt, so oft dieselben Synoptiker über Taten und Wunder Jesu sprechen, so oft sie seine Ansprachen und Reden schildern, kommt der Terminus »Menschensohn« doch nur ausnahmsweise vor, aber überhaupt nicht in der Bergpredigt und nicht in den Gleichnissen! Auch diese Momente zeigen uns klar und insgesamt unwiderlegbar das Geheimnis der erwähnten Identifizierung. Sie war deutlich nur zukunftsbezogen; Jesus schließt also seine künftige Verwandlung in den »Menschensohn« nicht aus, doch das betraf nicht direkt das Heute. Deshalb wäre die Anrede »du Menschensohn« so absurd gewesen, wie wenn man jemanden heute mit der Wendung »du künftiger Mensch« anspräche. Die erwähnten Aussprüche über Leiden und Tod betreffen dagegen hundertprozentig immer den »Menschensohn« und stammen — zumindest in gewissen Grundzügen — von Jesus selbst. Die Formel »des Menschen Sohn muß leiden ...« hatte im ursprünglichen rein eschatologischen Denken vor Golgatha vielleicht annähernd den Sinn: »zum Menschensohn wird man durch Leiden« oder »der Menschensohn erscheint erst nach dem notwendigen Leid«, wobei es wiederum einige Zeit dauern konnte, bevor man das als »erst nach *meinem* notwendigen Leiden« zu begreifen anfing.

Ganz ähnlich verhält es sich nach unserer Überzeugung mit der zweiten Hauptschwierigkeit der synoptischen Forschung, die im letzten Jahrhundert zu unzähligen Konflikten unter den Forschern geführt hat, mit der Frage: Hielt sich Jesus von Nazareth für den Messias oder nicht? Gehört das Messiasbewußtsein ursprünglich zu Jesus — oder war es bei Jesus selbst im Kern gar nicht vorhanden, außer in gewissen Andeutungen, Konzessionen, zugestandenen Möglichkeiten (»du hast gesagt«, Markus 15,2 par.), und der eigentliche Entdecker der Messianität Jesu wäre erst Petrus? Diese Frage ist unserer Meinung nach schon falsch, uneschatologisch, deshalb Jesu nicht angemessen gestellt. Diese Fragestellung entspricht der späteren Theologie, die durch den Einfluß vor allem der Griechen fast ganz den Sinn für die Zeitbedingtheit, für die eschatologische Dynamik verlor und im Gegenteil nach platonischer und aristotelischer Art die Messianität als irgendeine Qualität bestimmen wollte, die der Geist »hat« oder »nicht hat«, doch in jedem Fall als etwas a priori Gegebenes. Eine solche Denkweise entspricht jedoch überhaupt nicht der jüdischen Tradition und der Umgebung, in der sich Jesus und Petrus bewegten. Erst im hellenistischen und römischen Milieu konnte die Vorstellung entstehen, daß jemand als Erlöser der Welt schon geboren wird, daß er schon als Kind Messias »war«. Für die Menschen, die ausschließlich durch die Messiasvorstellungen Davids, Daniels, Jesajas geprägt worden sind, für die galiläischen Revolutionäre und Träumer, die jordanischen Propheten, ja auch für die gelehrten Kreise der offiziellen Orthodoxie in Jerusalem hatte die Konzeption eines Messias von Geburt an, eines in diesem Sinn bereits fertigen Messias, überhaupt gar keinen Sinn. Nach der eindeutigen jüdischen Tradition kann der Messias nur *kommen,* inmitten des Geschehens erscheinen, nicht irgendwie von den Windeln an und durch mütterliche Zärtlichkeit großgezogen *dasein.*

Maßstab der Messianität sind nach aller jüdischen und auch frühchristlichen Tradition (vor ihrer Hellenisierung) überhaupt nicht irgendwelche menschlichen Qualitäten, zum Beispiel psychologische oder moralische, oder im christologischen Sinn ontologische. Das entscheidende Kriterium ist nur und ausschließlich das messianische Geschehen, die heilbringende Tätigkeit, die Einleitung des realen politischen oder eschatologischen Umbruchs. Deshalb konnte es für Jesus und Petrus und für die Jünger keinen Sinn haben, Messias zu sein, sondern es war nur sinnvoll, Messias zu werden, das heißt das messianische Geschehen herbeizuführen, sei es auch durch Leiden. Wenn Petrus zu Jesus wirklich mehrmals oder nur einmal kategorisch sagte: »Du bist der Messias!« (Markus 8,29 par.), konnte das absolut nicht die Messianität als gegenwärtige Qualität bedeuten. Das hätte in absolutem Widerspruch zur ganzen jüdischen prophetischen Tradition und besonders zu Jesu Verkündigung des künftigen Zeitalters gestanden. Es konnte nur bedeuten: »Du bist berufen, den messianischen Auftrag auszuführen!« Freilich, wer zu etwas Großem in der Zukunft berufen ist, *ist* in einem gewissen Sinn bereits schon der, der er sein wird. Aber der Indikativ »du bist« war ursprünglich unstreitig eher eine Art Imperativ »sei der Messias!«, »erfülle die messianischen Hoffnungen!«, »führe jenen Umbruch herbei!« usw.; nur so hat das einen Sinn, anders nicht. Jesus wird, jedenfalls vom engen Kreis seiner Jünger, als zur messianischen Sendung, zur Einleitung des eschatologischen Geschehens berufene Person begrüßt. Offenbar selbst schon von seiner Berufung für das beginnende messianische Geschehen überzeugt, geht er schließlich nach Jerusalem, in den Brennpunkt der jüdischen konservativen Orthodoxie und der römischen Okkupationsverwaltung. Das war sicher nicht nur irgendeine übliche missionarische Reise, wie früher die Reisen in Galiläa und Judäa, das war auch keine bei den Juden übliche Pilgerreise. »Seht, wir gehen nach Jerusalem hinauf (Jerusalem liegt auf einem steinigen Hügel, und Jesus mit den Seinen kam außerdem vom Osten her, von Jericho, von der tiefen Senke, daher dieses »Hinauf«), und es wird sich alles erfüllen ...« (Lukas 18,31 par.). Was hat damals irgendwo am

Jordan in Jesu Denken dieses *»alles«* bedeutet? Was haben angeblich die Jünger *nicht verstanden* (Lukas 18,34), das heißt, inwiefern hatten sie andere Vorstellungen vom Weg nach Jerusalem, inwiefern waren sie von dem, was sich dann dort wirklich begab, aufs tiefste enttäuscht, verwirrt und erschüttert?

Jesus ging nach Jerusalem kurz vor dem Beginn des Passahfestes, an dem aus allen Richtungen die Gläubigen zusammenkamen, um das größte jüdische Fest zu begehen, die Erinnerung an den Exodus aus Ägypten, an jenes erste erlösende Geschehen, das für alle prophetisch-eschatologischen Hoffnungen der Zeit Jesu ohne Zweifel das größte »Vor-Bild« des erwarteten erlösenden Geschehens in der nahen Zukunft war. Und gegen alle seine bisherigen Gewohnheiten weicht er diesmal nicht mehr den Ovationen aus, auch nicht den scharfen Polemiken mit den Hütern der jüdischen Orthodoxie im Tempel (Markus 11,11—12,37 par.), schließlich auch nicht den Ansprachen »ans Volk« (Matthäus 23,1 par.) die überhaupt das Schärfste und Polemischste darstellen, was er je über diejenigen, die »auf Moses Stuhl sitzen« (Matthäus 23,2) sagte, über diejenigen, die »gewaltige Lasten . . . auf die Schultern der Menschen . . . packen« (Matthäus 23,4 par.). Wenn er wirklich seine Ansprachen an die bunten Pilgermassen mit der Schilderung abschloß, die religiösen Führer seien »wie Gräber mit sorgfältig getünchter Fassade« (Matthäus 23,27) und eigentlich notorische Mörder der gerechten Menschen (Matthäus 23,32—36 par.) — das kann man freilich nicht als gesichert, wenn auch als gut möglich ansehen —, so hätten solche Invektiven jederzeit zur Verhaftung genügt, vor allem in der damaligen extremen Situation des okkupierten und revolutionär gärenden Jerusalems. Doch kam er nur deshalb, nur um dies zu sagen, diese scharfe Kritik auszusprechen? Das stünde doch im Widerspruch zu allem, was wir bisher bei ihm erkannt hatten. Es steht außerhalb jeder Diskussion, daß der Weg nach Jerusalem ein höheres als bloß das polemisch-kritische Ziel haben mußte.

Der berühmte Einzug in Jerusalem (Markus 11,1—10 par.) ist eigentlich Äußerung eines Mißverständnisses, Ausdruck der politisch-revolutionären Sehnsüchte des Volkes gegenüber dem galiläischen Propheten, dessen Kunde sicher bereits zu einigen Einwohnern von Jerusalem gedrungen war, von dem sie insgesamt aber nur eine sehr unklare Vorstellung hatten. Schon wegen dieses Mißverständnisses (wie könnten Legenden so etwas erfinden?) ist an der Glaubwürdigkeit dieser Szene nicht zu zweifeln. Sofern das Volk von Jerusalem eine baldige und wirksame Aktion von Jesus als einem neuen David erwartete und dann enttäuscht wurde, wäre freilich auch erklärlich, warum es bald danach dem römischen Prokurator zurief »Kreuzige ihn!« (Markus 15,13 par.). Auch könnte die spätere Legendenbildung kaum die Szene vom »letzten Abendmahl des Herrn« (Markus 14,22—25 par.) erfunden haben, auch wenn sie — wie schon in einer Reihe anderer ähnlicher Fälle — eine komprimierende zusammenfassende Erinnerung an mehrere ähnliche Mahlzeiten im Geist des Verständnisses, der Liebe und der Bruderschaft ist. Sie liefert uns jedoch auch den sehr bemerkenswerten Ausspruch: »Ich selbst werde von der Frucht des Weinstocks nicht mehr trinken, ehe das Reich Gottes da ist« (Lukas 22,18). Das entspräche sehr optimistischen Vorstellungen, der Hoffnung auf den baldigen Sieg der eigenen Sache.

Nach einigen Tagen des Aufenthalts in Jerusalem kam es auch zu einer Art offenen Konflikts im Tempel, den uns die synoptische Tradition als Versuch Jesu überliefert hat, die Tätigkeit der Händler im Tempel zu stören (Markus 11,15—17 par.), was einige Forscher für eine Andeutung über den Versuch der Anhänger Jesu halten, den Tempel von Jerusalem zu erobern (Kautsky, Carmichael u. a.), ein Versuch, der angeblich der eigentliche Anlaß für die Verhaftung und Verurteilung Jesu war. Das kann man zwar nicht ausschließen, denn die Opposition sowohl der sektiererischen qumranisch-essenischen Kreise wie auch der zelotischen revolutionären Radikalen gegen die um den Tempel von Jerusalem konzentrierte priesterliche Hierarchie war ziemlich stark und konnte Einfluß auch in der unmittelbaren Umgebung Jesu haben, wo — wie bekannt — sich auch Menschen aus den Kreisen solcher Radikaler befanden. Diese Hypothese würde auch die Tatsache stützen, daß in den Zeugenaussagen gegen Jesus gerade auch der Tempel von Jerusalem eine wenn auch unklare Rolle spielte (Markus 14,58 par.). Doch diese rein politische Interpretation des Endes Jesu ist einerseits auf zu schmalen und vagen Grundlagen errichtet, widerspricht andererseits auch dem gesamten Wesen der Botschaft Jesu, die die Grundlage aller synoptischen Tradition bildet. Sie kann auch nicht erklären, wieso Jesus in den Tagen vor Ostern mit seinem Kreis in Bethanien wohnte (ungefähr eine Wegstunde östlich von Jerusalem), von wo sie täglich nach Jerusalem gingen (Markus 11,11—12 par. u. a.), durch das tiefe Tal des Baches Kedron und entlang des Gartens Gethsemane, ohne verhaftet zu werden. Das alles sieht eher nach polemischen Diskussionen im Tempel aus als nach politischen Aktionen.

Die Nachrichten über die letzten Tage Jesu sind ziemlich unsicher, sicher ist nur, daß er gefangen, rasch verurteilt, rasch und unauffällig hingerichtet wurde. Die Jünger zerstreuten sich und flohen in ihrer Verwirrung heim — in den Norden nach Galiläa. Bei den angeblichen Gerichtsverhandlungen — soweit die Nachrichten darüber glaubwürdig sind — war von den eigentlichen Schülern keiner anwesend, was freilich wiederum die Glaubwürdigkeit der Nachrichten beträchtlich mindert. Bei der Hinrichtung

»waren auch Frauen dabei, die von ferne alles mitansahen« (Markus 15,40); wenn Matthäus schon »viele Frauen« (Matthäus 27,55) anführt, Lukas »alle seine Bekannten« (Lukas 23,49), und wenn schließlich Johannes von »vielen Juden« spricht (Johannes 19,20), so zeigt allein schon diese Steigerung, daß nur Markus in diesem Fall glaubwürdig ist.

Obwohl also alles, was seit der Verhaftung Jesu geschehen ist, bereits relativ unsicher bleibt (hier haben wir im Grund nur *eine* Quelle, Markus, die von den anderen benutzt wird) und obwohl sich hier später stärker als anderswo die legendenbildende Tradition auswirkte und der kritische Forscher deshalb alles, was über Markus hinausgeht, als hypothetisch betrachten muß, finden wir doch auch Nachrichten, die man mit hoher Wahrscheinlichkeit für glaubwürdig halten kann. Das sind solche, die nicht mit den Wünschen und Einfällen des Forschers, sondern mit den grundlegenden Tendenzen übereinstimmen, die wir als gut belegt bei Jesus schon bisher verfolgt haben. Schon der Verrat und Selbstmord des Judas, »eines von den Zwölfen« (Markus 14,10 par.), kann schwerlich von Grund aus legendär sein. Freilich handelt es sich um einen merkwürdigen Verrat, der gleichsam mit stiller Zustimmung, ja nach den Intentionen Jesu erfolgt. Entschieden müssen wir als Motiv des Verrats die angebliche Gewinnsucht (Matthäus 26,14—16) ausschließen, wie das die unbezweifelbar erst spät einsetzende Tradition schildert, sonst wäre der Selbstmord ziemlich unsinnig. Als Motiv kommt einerseits die Enttäuschung des Judas in Frage — vielleicht aus unerfüllten religiös-politischen Hoffnungen (aber auch dann wäre der Selbstmord ziemlich merkwürdig). Andererseits spricht einiges für die Hypothese, daß Judas eigentlich aus gutem Willen gehandelt hat, wie es übrigens — obwohl er sich mit dem Material nicht systematisch beschäftigt hatte — schon

Goethe genial erahnte; daß es also entschieden nicht um den Verrat des Ortes oder die Denunziation Jesu durch den Kuß ging (Markus 14,43—45 par.), sondern um das Verraten der messianischen Hoffnungen von Jesus und Petrus zum Zwecke der Beschleunigung des eschatologischen Prozesses, zur Herbeiführung einer neuen Situation, in der es nicht mehr möglich sein würde, die Sache zu umgehen oder zu tolerieren, sondern in der Jesus oder die jüdische Obrigkeit würden handeln müssen. Der Selbstmord des Judas hätte dann genau dieselben Ursachen wie die panische Flucht der anderen nach Galiläa: »Die Schafe der Herde werden sich in alle Winde zerstreuen, wenn der Hirte erschlagen wird« (Markus 14,27). Was auf Golgatha geschah, führte bei Judas nicht nur zur Desillusionierung, sondern in seinen Augen zum totalen Bankrott all dessen, wofür er gelebt hatte, einschließlich dessen, womit er sein sinnloses Leben zum Abschluß krönen wollte, indem er die Erlösung durch seinen »Verrat« herbeizuzwingen versuchte. Auf diesen Zusammenbruch aller seiner Hoffnungen mußte Judas mit Selbstmord reagieren. Das Bild des »Verräters Judas« ist also vollkommen sinnlos. Wenn es etwas wie ein Wiedersehen nach dem Tode gäbe, würde der galiläische Prophet sicher — und als ersten unter allen! — seinen Freund Judas so willkommen heißen, wie sie sich zuletzt voneinander im Garten Gethsemane verabschiedet hatten, mit einer Umarmung . . . (Markus 14,45 par.).

In gewisser Weise ähnlich verhält es sich mit der angeblich darauffolgenden Verhandlung im jüdischen Hohen Rat, dem höchsten Organ der jüdischen Orthodoxie, damals mit dem Hohenpriester Kaiphas an der Spitze. Mit voller historischer Sicherheit ist zwar nichts belegt, ja nicht einmal die Abhaltung der Sitzung; doch insgesamt widersprechen die Nachrichten nicht dem, was wir als die Hauptsache Jesu bezeichnet haben, was sicher von dem abwich, was damals der Rat als jüdische Rechtgläubigkeit angesehen haben konnte und was die Ursache der Reise nach Jerusalem selbst gewesen war. Die Priesterhierarchie konnte im wesentlichen gegen Jesus nur zwei grundlegende Einwände haben: zunächst, daß er mit seiner Tätigkeit gewisse Unruhen hervorrief, vielleicht auch politischen Charakters, entschieden jedoch, daß er das Volk gegen sie selbst aufstachelte, daß er also den Frieden im Land, damit auch die Interessen des Judentums überhaupt, in der gespannten Situation unter römischer Besetzung störte. Einzelnen konnte er freilich als sympathischer, wenn auch übertriebener »Patriot« erscheinen. Doch für den Großteil der nüchtern und konservativ denkenden Mitglieder des jüdischen Hohen Rates war Jesus im besten Fall nur ein Träumer oder Phantast, jedoch durch seine Wirkung auf die Öffentlichkeit eine gefährliche Person, ein Aufrührer, der mit dem Feuer spielt und damit das ganze Land in Gefahr bringt. Zu einem Todesurteil würde das auch in ruhigeren Zeiten reichen. Von ihrer Warte aus mußten sie ihn verurteilen, um nicht ärgere Konsequenzen zu riskieren. Daß dieser Aspekt eine Rolle spielte, steht insgesamt außerhalb jeder Diskussion, auch wenn er von der synoptischen Tradition nur wenig erfaßt wird, zum Beispiel im Argument des Hohen Rates gerade dem römischen Statthalter Pilatus gegenüber, daß Jesus ein »Verführer des Volkes« sei, der die Bürger zum Ungehorsam anstifte (Lukas 23,2). Für Pilatus stellte sich der Fall dann in eher politischen Kategorien dar, besonders durch die angeblichen Prätentionen Jesu auf den Titel »König der Juden« (Markus 15,2 par.).

Strittiger bleibt — obwohl von der synoptischen Tradition viel besser belegt —, ob im Hohen Rat auch offen über den zweiten Aspekt der Tätigkeit Jesu verhandelt wurde, der die Mitglieder des Rats als Hüter der religiösen Orthodoxie interessieren mußte, nämlich über die messianische

Sendung Jesu, über seine Überzeugung von der Nähe des messianischen Geschehens. »Wenn du ... der von Gott beauftragte Messias bist«, das heißt nach unserer vorherigen Analyse: wenn du der Messias werden sollst, »dann sage es uns« (Lukas 22,67 par.). Ob nun diese Frage so ausgesprochen wurde oder nicht, es ist nicht zu bestreiten, daß die höchste religiöse Instanz der Juden ein gewisses Recht, ja die Pflicht hatte, so zu fragen, ging es doch um das Schlüsselproblem der jüdischen prophetischen Tradition zumindest eines halben Jahrtausends! Und wenn dasselbe Problem zum Mittelpunkt des Wirkens Jesu wurde, sei es auch nur in der letzten Phase, besonders auf dem Weg nach Jerusalem, wo er dann schon eine ganze Reihe von Tagen öffentlich auftrat, ist es wahrscheinlich, daß das vielen der Obersten der Hierarchie zugetragen worden war, auch ohne den »Verrat« des Judas. Man muß auch aussprechen, daß die Mitglieder des Hohen Rates von ihrer Warte aus Jesus keine Sympathien entgegenbringen konnten — vielleicht mit einzelnen Ausnahmen (Lukas 23,50 bis 51 par.) —, weil die dogmatisch gewordenen Repräsentanten jeder Orthodoxie gegenüber sucherischen und »ketzerischen« Geistern, die in alte Strukturen neues Leben und glühende gesellschaftliche Aktualität bringen, negativ eingestellt sind. Doch wenn wir die Pflicht der Hüter der jüdischen Orthodoxie in Betracht ziehen, die Reinheit des Jahweglaubens und des mosaischen Gesetzes zu wahren, handelten sie eigentlich ganz korrekt und nach dem Buchstaben des Gesetzes, das das Judentum sicher auch vor verschiedenen Lügenpropheten, falschen Prätendenten der göttlichen Sendung behütet hat. Im Alten Testament gib es darüber klare Worte: »Doch der Prophet, der sich vermißt, in meinem Namen zu reden, was ich ihm nicht geboten habe zu reden, oder der im Namen anderer Götter redet, ein solcher Prophet soll sterben« (5. Mose

18,20). Die jüdischen Hohenpriester durften sicher ernsthaft erwägen, ob Jesus ein wahrer oder ein falscher Prophet sei, den man mit dem Tod bestrafen müsse. Aber das Judentum als Ganzes der Ermordung Jesu zu beschuldigen, ist sicher absoluter Unsinn, doch er galt Jahrhunderte hindurch. Die unglücklichen Worte aus dem Matthäusevangelium »Sein Blut komme über uns und unsere Kinder« (Matthäus 27,25), fast sicher unecht, weil sie nur bei Matthäus vorkommen und seiner persönlichen theologischen Konzeption entsprechen, wurden für lange Jahrhunderte die ideelle Grundlage für eine der größten Verirrungen nicht nur der christlichen, sondern der Weltgeschichte überhaupt, die in Auschwitz ihren Gipfelpunkt erreichte. Nicht nur die edlen Ideale der Bergpredigt, sondern auch Worte, die die alten dunklen Leidenschaften aus der Zeit der Blutrache beleben, gehören dann zur Geschichte der Bekenner Jesu — darunter auch die schreckliche Überzeugung, daß ein Volk, das »Gott ermordet hat«, dann bis zum Ende der Welt immer wieder für diese Erzschuld bestraft werden müsse. Erst in der neuesten Theologie und seit Papst Johannes XXIII. kommen auch in der kirchlichen Praxis und Liturgie Bemühungen zur Geltung, mit dieser Tradition radikal zu brechen.

Besonders bedenklich ist die synoptische Überlieferung von der Schuld bzw. Mitschuld der römischen Okkupationsverwaltung an der Hinrichtung Jesu. Zwar schildern alle erhaltenen Texte diese Schuld im Vergleich zu der angeblich schrecklichen Sünde der jüdischen Hierarchie als minimal, ja rein formal und stellen den römischen Prokurator Pontius Pilatus (aus anderen Quellen als sehr grausamer Herrscher bekannt) als nachdenklichen Epikuräer hin, der zwar kein Verständnis für das Denken Jesu bekundet, das ihm in jedem Fall fremd bleiben mußte, doch ein gewisses menschliches Mitgefühl für den Gefolterten zeigt und

Jesus zu retten versucht — »Was hat er denn Böses getan?« (Markus 15,14 par.). Selbstverständlich kann man das nicht ganz ausschließen, doch es ist wahrscheinlicher, daß diesen »Edelmut« des Statthalters erst die fortgeschrittene Differenzierung zwischen dem Judentum und dem Urchristentum in der Zeit der Redaktion der Texte geschaffen hat, die wachsende Abneigung gegen das Judentum, dessen insgesamt negative Haltung zu Jesus den christlichen Gemeinden gerade seit der Zerstörung Jerusalems als Ursache der Tragödie der Leiden des Volkes erschien. Es ist unwahrscheinlich, daß zur Zeit Jesu die römische Okkupationsverwaltung eine volkstümliche Oppositionsbewegung — in der die Eigenständigkeit Jesu zu erkennen sie kaum fähig gewesen wäre — für irgendeine rein religiöse, innerjüdische Angelegenheit gehalten hätte. Es ist möglich, daß der Anteil der römischen politischen Macht an der Hinrichtung Jesu nicht weniger groß war, ja vielleicht größer als der Anteil der jüdischen konservativen Hierarchie. Doch dies definitiv zu bestimmen ist offenbar nicht mehr möglich; so oder so, formal trägt die volle Verantwortung für die Hinrichtung Jesu der römische Prokurator, damit indirekt die römische Weltmacht. Es war in diesem Sinn ein gewisser Akt historischer Gerechtigkeit (die in der Flut der Absurditäten der Geschichte hier und da auftritt), daß schließlich nicht das Judentum, sondern das heidnische Rom das Opfer des siegreichen Christentums wurde.

Von dieser römischen Verantwortung zeugt auch die Art der Hinrichtung, die Kreuzigung: Der Verurteilte, von den Soldaten vor die Stadtmauern geführt, wurde ausgezogen, seine Hände wurden an einen Querbalken angebunden oder angenagelt, der auf einem nicht sehr hohen Pfeiler saß, die Füße band oder nagelte man auf den Pfeiler. Die Todesqualen bei einer solchen Hinrichtungsart, von den

Römern ursprünglich nur für geflohene oder schuldig gewordene Sklaven erfunden, aber in den Kolonien später gegen Aufständische überhaupt angewendet, waren unermeßlich; der Tod kam üblicherweise erst nach einigen Stunden als Folge von Krämpfen, die allmählich die einzelnen Organe befielen, insbesondere die Atmungsorgane. Doch je nach der Art der Aufhängung lebten einige Verurteilte noch tagelang, sicher halb wahnsinnig, und starben dann an Durst, Kreislaufversagen, von Ungeziefer halb aufgefressen, sofern nicht die Henker selbst den Bemitleidenswerten die Qual abkürzten, zum Beispiel durch Brechen der Gliedmaßen, was das Aufbäumen verhinderte und damit die Lähmung der Atmungsorgane beschleunigte. Es bestand sicher Interesse, den Tod Jesu möglichst zu beschleunigen. Man darf vielleicht hoffen, daß die unermeßlichen Qualen desjenigen, der in die menschliche Geschichte die Idee der Liebe zum Menschen wie kein anderer vor ihm einbrachte — sicher deshalb, weil er selbst so liebte —, nicht lange gedauert haben.

Über die Einzelheiten des »Kreuzweges«, der letzten Augenblicke wie auch der Bestattung Jesu, wissen wir gar nichts, wenn wir den Quellen gegenüber kritisch sein wollen und können. An all dem, was die Menschen des 20. Jahrhunderts darüber noch zu wissen vermeinen und ohne das man sich überhaupt nicht die Reflexion auf Schmerz, Qual und Tod bei den großen und reinen Seelen des europäischen Kontinents vorstellen kann (erinnern wir uns nicht nur an solche Werke wie Michelangelos »Pietà« oder Dvoráks »Stabat mater«, nicht nur an große Genies wie Dostojewskij, sondern auch an die unzähligen einfachen Leute, die in irgendeiner Dorfkirche ihre Augen zum Gekreuzigten erheben — ob bloß vergeblich?) — an all dem hatte schon die Legendenbildung großen Anteil, schon bevor die Evangelien aufgezeichnet wurden, samt den berühmten

»sieben Worten am Kreuz«. Sofern es um historisch glaubwürdige Dokumente geht, ist hier Leere. Dadurch wird jedoch die menschliche Wirklichkeit jener Erfahrungen nicht entwertet, die angesichts dieses Todes alle machten, die gläubig, aber nicht streng historisch vorgingen — vom Autor der Legende, der sich in das hineindachte, was damals vielleicht die sicher noch lebende Mutter Jesu gefühlt haben konnte, als sie die Nachricht vom Tod dieses ihres so besonderen Kindes erhielt und sich nun unter seinem Kreuz sah (Johannes 19,25—27), bis zu jenen modernen Menschen, oft schon Atheisten oder Freidenker, die sich von Leid und Tod Jesu erschüttern lassen. Menschlichkeit braucht keine überprüfbaren Details, um bei der Begegnung mit dem Leid zu erwachen.

Dennoch glauben wir — unter der Oberfläche der nur legendären, später interpolierten oder geänderten Details — etwas gefunden zu haben, scheinbar nur eine Kleinigkeit, was vielleicht eine historische Tatsache sein könnte, weil es in der synoptischen Tradition von der Legendenbildung nicht unterstützt, sondern verdeckt wurde. In Einklang gebracht mit einigen ebenfalls oft übergangenen oder überhaupt unverstandenen, unauffälligen Passagen in der synoptischen Tradition, wirft es vielleicht noch vom Kreuz auf Golgatha her neues Licht auf die ganze Geschichte Jesu. Erinnern wir zunächst daran, daß praktisch alle bisherige exegetische und interpretierende Tradition, fasziniert von dem erstaunlichen und deshalb scheinbar maximal glaubwürdigen Ausruf Jesu »Mein Gott! Mein Gott! Warum hast du mich verlassen!? Eli, eli, lama sabachthani« (Markus 15,34; Matthäus 27,46), nur noch darüber stritt, ob das ein Schrei der Verzweiflung, der Enttäuschung war — geboren aus den schrecklichen Schmerzen, doch auch aus der Enttäuschung, daß sich die erwartete Verwandlung in den »Menschensohn« nicht verwirklichte (wie das die überwiegend oppositionellen, »ketzerischen«, dem Humanismus, Existenzialismus und Sozialismus verpflichteten Interpreten behaupten) — oder ob es sich nur um ein bloßes Zitat des 22. Psalmes handelt, der so beginnt und den der gekreuzigte Jesus betet, also bei weitem nicht um eine Äußerung der Verlassenheit, der Verzweiflung, des Unglaubens, wie es das isolierte Zitat suggerieren könnte, sondern um den Ausdruck tiefer Frömmigkeit, Ergebenheit, wie es der gesamte Sinn und der Schluß dieses Psalmes andeutet und wie es deshalb sinnvoll Lukas zu interpretieren versuchte durch die Korrektur des Ausrufes in »Vater, deinen Händen vertraue ich meinen Geist an« (Lukas 23,46). Wir neigen weder zu dieser noch zu jener traditionellen Interpretation.

Sollte man sich nicht eher an eine der grundlegenden Regeln der Textkritik erinnern, wenn möglich als Ausgangspunkt gerade die unklaren, von der Logik der Konzeption verdeckten, zwischen etwas Betontem verborgenen Passagen heranzuziehen? Wir setzen das voraus und sprechen die Hypothese aus, daß das, was die rund um das Kreuz Versammelten wirklich hörten (und nicht das, was man darüber später theologisch dachte), im folgenden, immer unterschätzten Text steckt: »Einige von den Umstehenden, die das hörten, meinten: Er ruft den Elia ...« (Markus 15,35; Matthäus 27,47). Daß sie es wirklich hörten, wird aus den weiteren Worten noch klarer: »Wir wollen doch sehen, ob Elia kommt und ihn herabnimmt« (Markus 15,36; Matthäus 27,49). Schließlich und endlich: Wer stand denn dort? Einige römische Soldaten — die verstanden zweifellos überhaupt nichts. Dann vielleicht einige Mitglieder des Hohen Rates, die offenbar dies hörten. Vielleicht war auch Simon von Kyrene mit seinen Söhnen dort (Markus 15,20—21 par.). Doch jemand von Jesu Jüngern? Allenfalls noch die Frauen, die »von ferne alles mit ansahen« (Markus 15,40). Wer aber konnte besser bezeugen, was Jesus wirklich ausrief — die spottenden Juden oder die ersten Christen, die später darüber nachdachten? Insgesamt scheint uns die erwähnte Passage als Ganzes ein Beispiel dafür zu sein, daß zur Zeit der Aufzeichnung der Evangelien noch die Tradition lebte, Jesus habe am Kreuz nach Elia gerufen! Sonst wäre dieser Hinweis auf die angeblich falsche jüdische Interpretation mit Elia ganz überflüssig, hätte keinen Sinn, wäre ein in solch ernstem Augenblick dummes und geschmackloses Wortspiel.

Rief also Jesus Elia? Hat das Sinn? Das heißt: Kann das eine tiefere Beziehung zu den Grundlagen von all dem haben, was wir bisher über Denken und Fühlen, über die Intentionen Jesu gesagt haben? Ist der Ruf nach Elia wahrscheinlicher als der Schrei »Mein Gott! Mein Gott! Warum hast du mich verlassen«? Gehen wir noch ein wenig weiter zurück, zu einer anderen scheinbar unklaren Begebenheit, mit der sich die Interpreten fast nie Rat wußten; die einen hielten sie für ein bloßes Phantasieprodukt des Petrus, andere für eine der Osterlegenden, die von den Evangelisten erst retrospektiv in das reale Leben Jesu projiziert worden war. Es geht um die Szene der sogenannten »Verwandlung des Herrn«, wo angeblich Petrus, Jakobus und Johannes Jesus daheim in Galiläa auf dem Berg Tabor gesehen hatten, in Ruhm und Glanz, wie er mit Elia und Mose sprach (Markus 9,2—8 par. — Markus stellt hier ganz untraditionell Elia sogar vor Mose!). In der Form also eine rein traumhafte, visionäre Angelegenheit. Mose und Elia haben aber eine einzige und sie von allen anderen alttestamentlichen Gestalten unterscheidende Eigenschaft: sie sind angeblich nicht eines normalen Todes gestorben; ». . . niemand kennt das Grab Moses« (5. Mose 34,6), dafür jedoch berichten in der jüdischen volkstümlichen Tradition häufig außerbiblische Zeugen von seinem Tod durch den

Anhauch Gottes und von seiner Himmelfahrt, und Elia »fuhr im Feuerwagen im Wetter gen Himmel« (2. Könige 2,11). Wenn Jesu Verwandlung in den Glanz »des Menschensohnes« am Höhepunkt seines Leidens erwartet wurde, dann blieb davon nicht zufällig in der synoptischen Tradition diese Begegnung mit Mose und Elia in ihrer »Verwandlung« übrig. Und wenn Jesus selbst, schon als er nach Jerusalem ging in der Hoffnung, daß »alles sich erfüllen werde« (Lukas 18,31), sogar noch am Kreuz seine Verwandlung, Verherrlichung, den Übergang ins »Königreich Gottes«, den Anfang des Reiches des künftigen Zeitalters erwartete, dann rief er nicht zufällig nach Elia, hatte er doch noch Elias »Parusie« vor Augen. Das ist viel natürlicher und logischer als jenes existenzialistisch tiefsinnige »Mein Gott! Mein Gott! Warum hast du mich verlassen?«. Jesus starb als Sohn seines Volkes, als größter jüdischer Prophet in der Tradition Moses und Elias — nicht als Kierkegaard-Figur.

Damit jedoch gewinnen alle jene häufigen Stellen der synoptischen Tradition einen neuen tieferen Sinn, in denen davon gesprochen wird, daß die Menschen Jesus für den Propheten Elia hielten (etwa Markus 8,28 par. u. a.); es zeigt sich, daß das vielleicht einen Sinn auch bei Jesus selbst hatte, daß es etwas Reales in seiner eigenen Selbstreflexion erfaßte. Besonders bemerkenswert ist jene Passage, die bei Markus und Matthäus beim Abstieg vom Berg Tabor nach jener »Verwandlung« folgt, wo ohne offenkundigen Zusammenhang mit dem merkwürdigen Ereignis auf dem Berg davon gesprochen wird, daß nach den Lehren der Heiligen Schrift vor der Ankunft des Menschensohnes noch — Elia auf die Welt kommen soll (Markus 9,11 par.). Es geht offenbar um eine Tradition, die vom Propheten Maleachi stammt und wonach Elia erscheinen soll, bevor der »große und furchtbare Tag des Herrn kommt« (Maleachi

4,5). Warum wird aber darüber gerade beim Abstieg vom Berg gesprochen? Warum bemüht sich Matthäus am Schluß der Szene zu versichern, daß die »Jünger begriffen, daß er vom Täufer Johannes geredet hatte« (Matthäus 17,13), der doch bereits tot war? Ist es nicht vernünftiger, anzunehmen, daß der ursprüngliche Sinn dieser Szene beim Abstieg vom Berg die Interpretation dessen war, was oben auf dem Berg geschehen war, und daß in Zusammenhang mit Elia nicht vom Täufer Johannes, sondern von Jesus selbst gesprochen wurde? Wenn wir dann alle synoptischen Szenen vergleichen, in denen von Elia die Rede ist, bietet sich die Schlußfolgerung an, daß nicht nur die Zuhörer Jesu, was evident belegt ist, sondern auch er selbst in einem freilich unklaren Sinn die Nähe zum Propheten Elia betonte, ja daß Jesus sich offenbar in einem gewissen Sinn für einen ähnlichen Propheten hielt, für eine ihm ähnliche Gestalt. Dabei ging es sicher nicht um irgendeine Identifikation einer lebenden Gestalt mit einer längst verstorbenen, sondern um das Schlüsselproblem seiner Verkündigung und seines persönlichen Schicksals — um den Glauben an die eigene künftige Identifikation mit dem »Menschensohn in seiner Herrlichkeit«. Jesus setzte ohne Zweifel voraus, daß er im tiefsten Leiden, im Augenblick des Sterbens, ähnlich wie Elia auf wunderbare Weise errettet werde, in den Menschensohn verwandelt, der imstande ist, ein neues Zeitalter, das Königreich Gottes, einzuleiten. Deshalb haben schon zu Jesu Lebzeiten Petrus und einige andere Jesus neben Mose und Elia gestellt, was überhaupt nicht im Widerspruch steht zum Bekenntnis der Messianität Jesu bei Petrus; im Gegenteil, es ermöglichte, Jesus als »gesalbte«, messianische, das heißt zur künftigen »Verwandlung« wie Elia vorbestimmte Gestalt zu verstehen.

Jener Ruf nach Elia auf Golgatha — nicht eines der sieben Worte, die von der späteren Tradition geformt wurden, sondern gerade ein Moment, das von dieser Tradition verdeckt wurde — kann also die oben erwähnten Interpretationen und Hypothesen in ihrer Konsequenz bestätigen und zur vollen Logik entfalten; was zunächst voller Rätsel erscheint, wird so schließlich verständlich und klar — und deshalb nicht weniger faszinierend. Die Erwartung der Verwandlung am Höhepunkt des Leidens bringt Jesus psychologisch in eine gewisse Nähe zu jenen jüdischen Freiheitskämpfern, die im römisch-jüdischen Krieg bis zum letzten kämpften, weil sie erwarteten, daß nur aus der Tiefe des Leidens die Erlösung kommen kann — doch sei das nur am Rande bemerkt. Wichtiger ist es, daß nun klarer wird, wie der jesajanische »Mann der Schmerzen« die Mission des Erlösers-Befreiers erfüllen konnte, und besonders, wie die rätselhafte künftige Identifikation mit dem »Menschensohn« gemeint war. Es wird deutlicher, warum der »Menschensohn« nicht in Predigten und Gleichnissen sprechen konnte, aber warum in den ältesten Schichten Aussprüche über ihn in der dritten Person erhalten sind, die nicht nur seine künftige Ankunft in Herrlichkeit, sondern auch sein künftiges Leiden beschreiben. Klar und sinnvoll werden jene hoffnungsvollen Ausblicke, die den Weg nach Jerusalem begleiten, seien sie auch nur in kleinen Resten erhalten. Doch vor allem wird jenes vermeintliche Rätsel klar und sehr einfach verständlich, daß die Jünger, obwohl von Jesus vielfach über sein künftiges Leiden belehrt, trotzdem voller Angst und Verwirrung flohen. Es wird deutlich, *weshalb* sie flohen: Es war nicht die Tatsache des Leidens Jesu, das verwirrte sie nicht; es verwirrte und deprimierte sie, was auf Golgatha *nicht* geschah, daß es nicht zur Verwandlung des leidenden Jesus in den »Menschensohn« kam, daß er Elia vergeblich rief.

Golgatha war also für die Jünger wirklich eine Katastrophe — nicht weil Jesus leiden mußte, sondern weil er starb. Dies hatten sie nicht erwartet, nicht einmal Petrus, der eingeweihteste. Sofern sie das Leiden erwartet hatten, dann nur in Verbindung mit der unmittelbar folgenden »Verherrlichung«, der Verwandlung. Deshalb flohen sie nun in Verwirrung und Verzweiflung — erinnern wir daran, wie auch die späteren Osterlegenden noch mit den Erinnerungen an diese Trauer (Lukas 24,17) kämpfen müssen! Es zog sie heim, ins heimatliche Galiläa, wie Kinder, wenn es ihnen schlecht geht. Alles brach für sie zusammen. Manche Frauen, vielleicht mit Magdalena an der Spitze, blieben in Jerusalem. Auch das ist eine begreifliche Nachricht: diese Frauen liebten Jesus, wie Frauen immer lieben, mit einer unbedingten, unideologischen Liebe, das heißt, sie legten nicht so viel Wert auf die Botschaft vom »Menschensohn«, vom »Königreich Gottes«, von der »Verwandlung« usw. Sie liebten — besonders Magdalena — einen großen, reinen, mitreißenden Menschen. Doch Männer, soweit sie lieben, lieben üblicherweise mit einer bedingten, anspruchsvollen, den gesellschaftlichen Verhältnissen und Ideologien entsprechenden Liebe, also mit einer Liebe, die Erfolg und Bewährung erfordert. Auch sie waren sicher in einem gewissen Maß vom Menschen Jesus angezogen, doch das Wichtigste war für sie seine Verkündigung, sein Glaube an den künftigen Sieg, die Erscheinung des Menschensohnes. Deshalb war für sie alle — einschließlich Petrus — Golgatha ein Erlebnis des Schreckens und der Enttäuschung. Darin beruht der Sinn der Worte »Alle werdet ihr irre werden an mir« (Markus 14,27 par.). Sicher wurden sie viel mehr irre, nahmen viel mehr Ärgernis und Anstoß, als es uns die synoptische Tradition überliefert.

Damit befinden wir uns beim überhaupt bemerkenswertesten Kapitel nicht nur dieser, sondern der ganzen christlichen Geschichte; nach einiger sicher nicht kurzen Zeit (die wenigen Wochen, die die Tradition überliefert, sind ganz gewiß eine der vielen uns bereits vertrauten Verkürzungen) kommen Jesu Gefährten wieder nach Jerusalem, und zwar im festen Bewußtsein, daß Golgatha nicht das letzte Wort war. Sie sahen Jesus siegreich, verherrlicht, lebendig. Wie konnte es zu dieser Umkehr kommen? Die führende, entscheidende Rolle spielte dabei Petrus. Auch wenn spätere Schichten der synoptischen Tradition versuchen, seine Rolle in dieser Beziehung zu verdecken, herunterzuspielen (wir wissen nicht warum), zum Beispiel durch die Unterdrückung des ursprünglichen Schlusses des Markusevangeliums, in dem es um Visionen in Galiläa gehen mußte — sonst wären die Worte vom »Vorangehen nach Galiläa« (Markus 13,28 par.) unsinnig —, durch die spätere Legende von den Visionen Magdalenas und vom »leeren Grab« (Markus 16,1—8 par.), betreffen dennoch die ältesten glaubwürdigen Zeugnisse offenbar Petrus. Das Zeugnis des Paulus (1. Kor. 15,5), der von Magdalena nichts wußte, wie auch das der Emmaus-Jünger (Lukas 24,34), besonders freilich die ganze Logik des folgenden Geschehens ist eindeutig: Der erste und hauptsächlichste Verkünder des verherrlichten, verwandelten, erhöhten, von den Toten auferstandenen Jesus war Petrus, die anderen wurden von ihm allmählich und nicht ohne Schwierigkeiten dazu geführt. Aber auch dem Teil der synoptischen Tradition, der sich bemüht hat — sei es aus welchen Gründen auch immer —, diese seine Rolle nicht hervorzuheben, ja durch etwas anderes zu überdecken, gelingt das nicht ganz: So zum Beispiel soll auch Magdalena es »seinen Jüngern und Petrus« sagen (Markus 16,7) — hier wird der Anschein erweckt, als hätte Petrus die Kunde von der Auferstehung erst von Magdalena erfahren. Doch Petrus, der Verkünder der Messianität, ist auch der Verkünder der Erhöhung, Auferstehung Jesu, und damit erst wird aus den Anhängern Jesu, die zu seinen Lebzeiten eher eine Art adventistische Sekte im Rahmen des Judentums waren, so etwas wie das Urchristentum, die Gemeinde derer, die an Jesus zu glauben beginnen.

Vielleicht weil sich auf die Schilderung der Rolle des Petrus in den neutestamentlichen Texten später die Tradition der römisch-katholischen Kirche stützte, die aus dem sogenannten »Primat des Petrus« Jurisdiktion und Macht, den lehrenden und hierarchischen Primat der römischen Päpste als Nachfolger Petri ableitete, konzentrierte sich die Aufmerksamkeit der Forscher auf die Frage, ob das biblisch belegbar ist oder nicht (der Hauptstreit zwischen katholischen und protestantischen Forschern); in der bisherigen Forschung wurde deshalb kaum berücksichtigt, worin eigentlich das Besondere der Stellung des Petrus unter den Jüngern bestand. Jener Widerspruch wurde nicht ausgewertet und interpretiert, daß die gesamte neutestamentliche Literatur einerseits die Tatsache einer gewissen Sonderstellung des Petrus unter den Jüngern Jesu anerkennt, doch auf der anderen Seite nicht aufdeckt, ja manchmal eher verdeckt, worin diese eigentlich bestand. Wir meinen daher, daß Petrus nicht erst in der Organisierung der ersten christlichen Gemeinde eine Rolle spielte, wie das die neutestamentliche Tradition schildert (Apostelgeschichte 1—5), sondern daß es darum geht, auf welcher Grundlage, im Namen wessen Petrus diese Arbeit betrieb. Darin müssen wir die Einzigartigkeit seiner Rolle suchen; nicht darin, ob ihm das »Primat« tatsächlich anvertraut wurde oder nicht, sondern aus welchen Wurzeln sein unbestreitbares Primat erwachsen konnte.

Die Forschung über Petrus hat sich zu ihrem Schaden fast ausschließlich auf Überlegungen über jene berühmte Passage des Matthäusevangeliums konzentriert, in der Jesus auf das emphatische Bekenntnis des Petrus antwortet. Wenn wir es aus der später kirchlich fixierten Terminologie in eine Sprache übersetzen, die Jesus und seiner Botschaft entspricht, müßte es etwa lauten: »Du bist Petrus, und auf diesen Fels (griechisch: petra = Fels) werde ich meine Gemeinde stellen, die die Tore des Reiches der Toten nicht überwinden werden; dir will ich die Schlüssel zum künftigen Zeitalter geben ...« (Matthäus 16,18—19 par.). Es ist möglich, daß diesen Ausspruch, einen der schicksalhaftesten der ganzen Bibel, erst die nachösterliche Tradition gebildet hat, um damit jene besondere, damals schon führende Stellung des Petrus in der Gemeinde der Urchristen zu erfassen. Doch sofern Petrus schon zu Lebzeiten Jesu der Verkünder seiner Messianität war und mit ihm gemeinsam, was gut belegt erscheint, die Konzeption der Messianität diskutierte, sobald Jesus sich zum Leiden entschlossen hatte, wird Jesus ihm auch etwas über dessen Rolle in dem erwarteten Geschehen gesagt haben. Dies zwar kaum wörtlich, denn wenn Jesus annahm, daß nach dem Leiden das Zeitalter des siegreichen Menschensohnes beginnt, konnte es ihm kaum eingefallen sein, irgendein Testament zu machen und Petrus als Exekutor seines letzten Willens oder als Nachfolger zu bestimmen. Deshalb sind Überlegungen, ob Jesus mit dem Gedanken an seine Gemeinde überhaupt die künftige Kirche gemeint haben könnte bzw. was »auf diesem Fels« bedeuten könnte oder nicht, ziemlich abwegig. Die mögliche Rolle des Petrus, soweit sie zu Lebzeiten Jesu feststand, konnte nur eschatologisch gemeint sein, das heißt — wie auch in der Frage der Messianität Jesu — es konnte nicht um irgendwelche dauernde moralische oder psychologische, um nicht zu sagen magische Eigenschaften Petri gehen, sondern ausschließlich um seine Tätigkeit, um seine Rolle im messianischen Geschehen. Die einseitige Konzentration auf den Dialog zwischen Jesus und Petrus hätte nicht abwegig werden müssen, hätte man die Parallelstellen beachtet. Schon die Parallele des Johannes — wenn auch spät niedergeschrieben — hätte helfen können, die erwähnte Matthäus-Passage etwas besser zu verstehen. Jesus sagt hier zu Petrus: »Sorge für meine Schafe!« (Johannes 21,16—17), was auf seine Tätigkeit bereits deutlich hinweist.

Weit mehr kann uns jedoch die oft vergessene und unterschätzte Parallele des Lukas sagen (soweit es um einige kurze Passagen und Aussprüche geht, hat Lukas wie so oft von allen Redaktoren aus den alten Schichten der synoptischen Tradition das Wichtigste bewahrt — nicht soweit es um die Begebenheiten und den Gesamtaufbau geht): »... ich habe aber für dich gebetet, daß dir dein Glaube nicht ganz verlorengehe, und wenn du einst wieder Grund unter den Füßen hast, wenn du zu mir umgekehrt bist, dann hilf auch deinen Brüdern zum festen Glauben« (Lukas 22,32). Dieser Ausspruch, einer der wichtigsten für das Verständnis von Golgatha und auch des erwähnten »Geheimnisses Petri«, stammt sicher in dieser Form bereits aus der Situation nach Golgatha; doch er knüpft sicher an etwas Altes, Ursprüngliches an, an ein gewisses Vertrauen, das Jesus in Petrus setzte. Aber er enthält auch einen Hinweis darauf, daß tatsächlich eine gewisse Gefahr bestand, daß der Glaube des Petrus an Jesus ins Wanken geriet. Die synoptische Tradition hat diese Tatsache, wenn auch in einer späten und naiven Form, in der Nachricht von der sogenannten »Verleugnung Jesu« durch Petrus erhalten (Markus 14,66—72 par.); wäre das wirklich nur eine insgesamt lächerliche Episode gewesen — daß Petrus irgendeinem Dienstmädchen nicht gesagt hatte, wer er ist —, wäre sie sicher nicht überliefert worden. Da sie aber von allen Evangelisten sorgfältig aufgezeichnet wird, kann das nur den einzigen Sinn haben, daß sie alte Nachrichten von einer viel, viel wichtigeren »Verleugnung« überdeckte. Es geht ohne allen Zweifel um das Golgatha-Erlebnis als schwerste Glaubenskrise. Doch Petrus »kehrte um« (Lukas 22,32) — vielleicht das wichtigste Wort für das Verständnis von Golgatha und dessen, was folgte! Dabei handelt es sich ohne Zweifel um jene »Umkehr«, in der Petrus als erster in sich selbst die Tragödie und Absurdität von Golgatha ohne Parusie und Happy-End überwand und sich die Kreuzigung als Jesu Sieg erklärte. Hierauf bestärkte dann Petrus seine Brüder, gab ihnen den Glauben an Jesus und seine Verkündigung zurück, der so erschüttert war, weil alle »an ihm irre geworden« waren (Markus 14,27 par.). Dadurch wurde seine Rolle im Urchristentum so außerordentlich, damit erreichte er bald jene Sonderstellung auch bei jenen, die — wie die neutestamentliche Tradition mehrmals andeutet — ihm gegenüber keine besonderen persönlichen Sympathien hegten. Petrus, scheint es, hatte selbst überhaupt nicht jene charismatischen Eigenschaften, die bei Jesus mitreißend wirkten, hatte nicht jenen »Zauber«, der aus Steinen Helden machen konnte; doch um so größer war seine Energie, seine Fähigkeit, »die Brüder zu stärken«. Der Verkünder der Messianität wird zum Verkünder der »Erhöhung« Jesu. Damit übernimmt er die führende Rolle und macht aus einer Sekte (wie vorher erwähnt) das Urchristentum. Petrus schuf auch jene Trennlinie, mit welcher sich die Urchristen von ihrer Umwelt abgrenzten. Er gewann sicher nicht alle früheren Zuhörer Jesu, ja sogar nicht einmal alle, die von Jesu Verkündigung des künftigen Zeitalters und der inneren Wandlung mitgerissen worden waren. Auch von diesen blieben viele außerhalb des eigentlichen Christentums — die Trennlinie entsteht dort, wo es um die Haltung zu Golgatha geht. Wer darin das Ende sah, die Tragödie, das Ärgernis, der blieb, wenn er auch noch so eschatologisch vom künftigen Zeitalter und vom Umbruch träumte, außerhalb der christlichen Reihen. Für einen Christen, einen Bekenner Jesu, begann nur derjenige gehalten zu werden, der mit Petrus an Jesu »Erhöhung« glaubte, derjenige, für den Golgatha nicht das Ende war, sondern nur ein Übergang zu Sieg und Erhöhung. Die ersteren wurden bald von der Entwicklung überholt — besonders nach den beiden vergeblichen Aufständen der eschatologisch denkenden, sich nach dem Umbruch sehnenden Juden gegen Rom, die beide mit einer Katastrophe endeten —, sie verschwanden aus der Geschichte; die letzteren machten den Anfang der christlichen Geschichte.

Es ist eigentlich auf den ersten Blick — und noch auf den zweiten — ziemlich merkwürdig, daß mit dem tragischen Tod Jesu am Kreuz »seine Sache« nicht endete und daß Jesu Anhänger nicht bald danach sich zertreuten und in Vergessenheit gerieten wie die Anhänger so vieler anderer Propheten, Rebellen, Prediger, Mahner, Erneuerer, Aufrührer, Oppositioneller, Revolutionäre, die das Opfer des staatlichen Interesses an Ruhe und Ordnung im Land wurden. Und darüber hinaus: Wenn man erwartete, daß es zum baldigen Anbruch des Königreichs Gottes komme, ja daß das Leiden auf Golgatha mit der berühmten »Verwandlung«, der Erscheinung des Menschensohnes in seiner ganzen Herrlichkeit, mit großer Macht und Feierlichkeit ende, wie kam es dann, daß die Anhänger Jesu — bzw. zumindest der Kreis um Petrus — imstande waren, diese schreckliche Enttäuschung, dieses »Ärgernis des Kreuzes« zu überwinden, ja sogar zum siegreichen Angriff überzugehen? Wie kam es, daß ein Prophet, dessen Voraussage sich nicht erfüllt hatte, zum Ausgangspunkt der größten Weltreligion werden konnte? Diese und ähnliche Fragen haben ganze Generationen von Historikern und Theologen gestellt und stellen sie noch.

Einzelheiten wird man gesondert klären müssen, doch insgesamt ist es klar — und davon muß man ausgehen —, daß die psychologische und moralische Basis dieses neuen Anfangs die neue Verkündigung des Petrus war, der Glaube an den erhöhten, auferstandenen Jesus. Der Tod auf Golgatha wurde durch den Glauben an die Überwindung des Todes bewältigt (1. Korinther 15,51), der Glaube an den siegreichen Jesus begründete die Hoffnung, seine Auferstehung sei nur der Anfang, alles andere, worum es in Jesu Verkündigung vom Königreich Gottes ging, werde sich später erfüllen. Ohne Zweifel wird vor allem durch diesen Glauben an die Auferstehung das Christentum — viel mehr als andere große religiöse Systeme — zu einer Religion des Paradoxen, wie das zum Beispiel Albert Schweitzer hervorhebt, das heißt eine Religion, in der die unerbittlichen Gesetze der Logik des Lebens und des Todes überschritten werden.

Auferstehung ... Wenn wir bisher in Jesu Verkündigung so viele reale Probleme des menschlichen Lebens verfolgt haben, wenn auch die Hoffnung auf das wunderbare Erscheinen des Menschensohnes von Jesu Anhängern zunächst sehr naturalistisch aufgefaßt worden war, wie konnte ein so merkwürdiger Glaube Wurzeln fassen? War er wirklich allein imstande, die erschütterten Anhänger Jesu zu sammeln? Wie konnte es Petrus gelingen, jenes zersplitterte Häufchen nicht nur zu einen, sondern fester, tapferer, aktiver, ja, was die Wirkung betrifft, eigentlich erfolgreicher als bisher zu machen? Wir halten jene Interpretation für absurd, die von den Gegnern des Christentums schon vor der Redaktion der synoptischen Texte verbreitet (Matthäus 27,64 und 28,15) und dann in der Neuzeit wiederaufgenommen wurde, vor allem von den Aufklärern des 18. Jahrhunderts, nämlich, daß die Jünger den Leichnam gestohlen und dann die Auferstehung erfunden hätten, bzw. — als weitere Variante — es hätte sich um einen Scheintod gehandelt, oder für Jesus habe sich jener

Simon von Kyrene hinrichten lassen, der ihm das Kreuz tragen half (Markus 15,21 par.). Jesu Jünger hatten also angeblich den Leichnam gestohlen — und machten sich dann heldenhaft daran, die Welt zu erobern, trugen die Kunde von Jesus ans Licht der Öffentlichkeit (Matthäus 10,27 par.) und ließen sich selbst in seinem Namen verfolgen und foltern (Matthäus 10,22 u. a.). Das können doch Betrüger nie. Es mußte sich um wirklichen Glauben handeln, um eine tiefe Überzeugung, wenn Jesus trotz des Ärgernisses von Golgatha dennoch als Sieger verkündigt wurde. Nur ein solcher Glaube konnte Ausgangspunkt der christlichen Mission werden.

Genügt es, die Entstehung des sogenannten »Osterglaubens«, das heißt des Glaubens an die Auferstehung Jesu, bloß mit Visionen des Petrus und einiger anderer Verehrer Jesu zu erklären, also mit Träumen und Halluzinationen? Petrus neigte freilich zu etwas Ähnlichem (vgl. Markus 9,2—8 par.; Apostelgeschichte Kap. 10—12; Matthäus 14,28—31). Aber können Visionen den klaffenden Widerspruch zwischen unlängst noch so realistischen, ja naturalistischen Vorstellungen vom Anbruch des Reiches des Menschensohnes, von Jesu realer Verwandlung in den Schöpfer einer neuen Zeit einerseits und der verzweifelten gähnenden Leere nach seinem Tod andererseits überbrücken? Es ist vielleicht nicht ausgeschlossen, doch wir halten das für eine bestenfalls ungenügende Erklärung.

Wir glauben, daß Visionen allein eine solche Rolle nicht spielen konnten, höchstens in Verbindung mit einem schon bestehenden Glauben. Wären sie ein fremdes, plötzliches, unorganisches Element in dem, worum es in Jesu Bewegung von Beginn an ging, hätten sie eine kleine Gruppe in Aufruhr versetzen, doch nicht die Verzweiflung überwinden und die Kontinuität der Bewegung erhalten können. Anders gesagt: Der Osterglaube konnte die erschütterten Anhänger Jesu nur deshalb und nur soweit vereinen und aktivieren, wie er organisch an Jesu Botschaft anknüpfte. Die Vision des auferstandenen, erhöhten Jesus wirkte so weitreichend, weil sie zu einer neuen Interpretation dessen wurde, worum es schon lange vor Golgatha gegangen war, wenn nicht schon seit dem ersten Gespräch Jesu mit den künftigen »Menschenfischern« (Markus 1,16—20 par.), so doch spätestens seit Cäsarea Philippi (Markus 8,27—33 par.). Wenn Petrus und »die Seinen«, das heißt die verständnisvollste Gruppe unter den Jüngern, die inneren Kämpfe des galiläischen Meisters, seine Verkündigung, seine Botschaft vom Königreich Gottes von Anbeginn miterlebten, und zwar sehr deutlich und plastisch, hingegen seine eigene Rolle im Reich des künftigen Zeitalters sehr undeutlich und unklar, wenn sie ihm bekennen mußten, daß er zum messianischen Geschehen berufen sei, er selbst also darüber nicht sprach (wie es eine andere Tradition gern dargestellt hätte!), dann wurde die Vision des auferstandenen Jesus eine neue, für lange Jahrhunderte definitive Interpretation dessen, worum es in einigen wesentlichen Punkten der Verkündigung Jesu noch vor Golgatha gegangen war. Der Menschensohn zeigte sich auf Golgatha nicht in seiner Herrlichkeit. Wenn der Glaube an die Auferstehung zunächst psychologisch diese Enttäuschung der eschatologischen Erwartung überwand, später sogar — seit dem 2. Jahrhundert — die Vorstellung von der Herrlichkeit des Menschensohnes praktisch ganz verdrängte und durch das Bild des auferstandenen Jesus als Christus, Erlöser der Welt, ersetzte, dann sicher nur deshalb, weil auch diese Vorstellung ganz organisch mit gewissen Grundlagen der eschatologischen Verkündigung Jesu verschmelzen konnte.

Erinnern wir uns: Neu an Jesus und seiner Wirkung war nicht, daß er das Königreich Gottes, das künftige Zeitalter, den radikalen Umbruch verkündete (das hatte vor ihm schon eine ganze volkstümlich-prophetische Tradition bis zu Johannes dem Täufer verkündet). Neu war, daß er mit jenem maximalen Anspruch der künftigen radikalen Erneuerung an jeden Menschen hier und jetzt, in jedem Augenblick, herantrat, daß er in diesem Sinn nicht nur die jüdische prophetische Tradition, die Verkündigung der Zukunft, fortsetzte, sondern auch den Anspruch auf innere Änderung erhob, durchsetzte und mit eigenem Beispiel voranging. Wir haben vorher gezeigt, daß der »Glaube« selbst, wie ihn Jesus begriff, bei weitem keine gnostische Meinung über die Zukunft war, sondern ein radikaler Anspruch an das Innere des Menschen, so wie er hier und heute ist. Der Glaube an die Auferstehung konnte bei den Anhängern Jesu die ausgebliebene Parusie des Menschensohnes ersetzen, konnte eine organische Grundlage der neuen Lebendigkeit und Dringlichkeit der Verkündigung Jesu sicher nur deshalb werden, weil es von Anfang an nicht nur um das Königreich des künftigen Zeitalters ging (basileia), sondern auch um die innere Änderung (metanoia). Weil darüber hinaus vom Anfang an die rein davidische Tendenz, die Bemühung um einen rein weltlichen Umbruch, um die Beherrschung aller Gebiete der Welt, um alle weltliche Herrlichkeit als Versuchung des Teufels hingestellt wird (Matthäus 4,8—10 par.), wenn es also eine gewisse Wendung von der Politik zur Innerlichkeit gibt, dann wird verständlich, warum Golgatha zwar Erschütterung, Ärgernis, Sturz der naturalistischen Vorstellungen von der Ankunft des Menschensohnes und des Königreiches Gottes bedeutete, keineswegs jedoch die Negation der Verkündigung vom Königreich selbst. Petrus findet also Anknüpfungspunkte, um seine Verkündigung vom Auferstandenen organisch mit diesen alten Momenten der Verkündigung Jesu zu verbinden. Er begreift — und durch ihn die ganze beginnende Bewegung —, daß das kosmische Wunder auf Golgatha nicht nötig war, daß sie Jesus in dieser Hinsicht falsch verstanden hatten. Deshalb wird dann fast stereotyp in der synoptischen Tradition an Passagen, in denen Jesus von der Zukunft und angeblich von der Auferstehung spricht, der Passus geknüpft, daß ihn seine Jünger nicht verstanden haben (Markus 9,32 par.; Lukas 18,34 u. a.). Was verstanden sie nicht? Wenn er wirklich von der Auferstehung gesprochen hätte, was doch eine viel klarere Vorstellung ist als die Ankunft des Menschensohnes und der Anfang des künftigen Zeitalters, dann hätten sie ihn nur zu gut verstanden und wären nicht von Golgatha nach Galiläa geflohen. Doch er sprach gerade damals von etwas anderem; deshalb heißt es *jetzt*, sie hätten ihn *damals* nicht verstanden.

Die Verkündigung der Auferstehung wurde zunächst nicht im rein materiellen Sinn begriffen, das heißt als Wiederbelebung des Leichnams. Nicht zufällig verwendet ein Teil der alten christlichen Tradition anstatt des Terminus »Auferstehung« die Ausdrücke »Erhöhung« oder »Verherrlichung«, was sich mehr an die ältere Verkündigung von der Herrlichkeit des Menschensohnes anlehnt. Im Bewußtsein des Kreises um Petrus unterschied sich diese Sicht des erhöhten Jesus nicht stark davon, wie sie sich ihn schon zu seinen Lebzeiten »verwandelt« vorgestellt hatten (Markus 9,2 par.), das heißt, in künftiger Identifikation mit dem »Menschensohn«. Deshalb kümmerten sie sich auch nicht um das Grab und den Leichnam; wo die römischen Soldaten Jesus verscharrt hatten, vielleicht auch mit anderen Verurteilten (Markus 15,17 par.), wußte wohl niemand von ihnen. Joseph von Arimathia, das Felsgrab und alles andere (Markus 15,42—47 par.) ist erklärlich nur als eine um eine Generation später entstandene Legende, nicht direkt Frucht des Osterglaubens, sondern bereits Frucht späterer Polemiken dafür und dagegen. Daß übrigens die Jünger überhaupt nicht wußten, wo Jesus begraben war, davon zeugt die sorgfältige Anmerkung bei Markus, daß »Maria Magdalena aber und Maria, die Mutter des Joses, den Platz sahen, an den Jesus gelegt wurde« (Markus 15,47 par.). Indirekt belegt es zugleich, daß Petrus mit den anderen zur Zeit der Bestattung des Leichnams Jesu schon auf dem Weg nach Galiläa war. Alles andere »eschatologische Geschehen«, die Entstehung des Osterglaubens und jene Zwischenzeit, bevor Petrus wieder eine kleine Gemeinde sammelte (in der Tradition als die Zeit zwischen Ostern und Pfingsten überliefert, in Wirklichkeit viel länger), fand wiederum in Galiläa statt. Deshalb konnte es ihnen in der ersten Zeit des neuen Glaubens an den »Erhöhten« nicht einmal eingefallen sein, nach dem Grab in Jerusalem zu suchen; und als sie nach einer gewissen Zeit nach Jerusalem zurückkehrten, war es schon zu spät. Das ist unangenehm für die Geschichte, doch sicher um so geeigneter für die Entwicklung weiterer Legenden, zum Beispiel über Magdalenas Vision der Engel (Markus 16,1—8 par.). Doch selbst Paulus hatte noch bei seinem Besuch bei Petrus und den anderen Zeitgenossen Jesu in Jerusalem eine Reihe von Jahren später ganz andere Interessen und Sorgen, diese Fragen stellten sich für ihn gar nicht (Galater 1,18—2,14). Offenbar fand Paulus die Auferstehung, die er für so zentral und wichtig hielt (1. Korinther 15,1—58), in etwas anderem begründet als im Schicksal der Leiche und in der Geschichte des angeblichen Felsengrabes.

Das Wort des Paulus »Ist er aber nicht auferstanden, dann ist das Evangelium leeres Gerede, dann ist euer Glaube hohl« (1. Korinther 15,14) zeigt bereits klar die neue Situation, in der der Begriff der Auferstehung in der Struktur des frühchristlichen Denkens eine geradezu zentrale Stellung erhält und die Vorstellung vom »Menschensohn in seiner Herrlichkeit« verdrängt. Auch wenn bei Paulus und seiner ganzen Generation Jesu Auferstehung deutlich noch als Anfang der allgemeinen Auferstehung aller (1. Korinther 15,51—58) begriffen wird — mehr und mehr verdrängt der Begriff der Auferstehung den des »Königreiches Gottes«, das heißt, des Reiches des künftigen Zeitalters. Daß das Petrus, Paulus und ihren Mitarbeitern in verhältnismäßig kurzer Zeit gelingen konnte, ist teilweise durch die Verschiebung des Schauplatzes erklärbar: das Christentum überschreitet irgendwann zwischen dem vierzigsten und fünfzigsten Jahr die Grenzen Palästinas und faßt die ersten Wurzeln in der hellenistischen Welt — zunächst ohne Zweifel in seinen nächsten Zentren wie Antiochia, Alexandria usw. —, wo man wenig Sinn für das typisch jüdische prophetisch-eschatologische Denken hatte, wo im Gegenteil durch den Einfluß des Platonismus, Gnostizismus und der orientalischen Mythen bessere Voraussetzungen für die neue Interpretation der Sache Jesu bestanden als im rein israelischen Gebiet.

Daß die Idee der Auferstehung verhältnismäßig rasche Verbreitung im Urchristentum fand, das kann man sicher weder mit den Visionen des Petrus und anderer noch auch mit jener erwähnten Tendenz, sie mit den Grundlagen der ursprünglichen Verkündigung Jesu zu verschmelzen, voll erklären, besonders sofern es um die Abkehr von der rein prophetischen Orientierung auf die Zukunft zugunsten des Anspruchs auf innere Änderung ging. Der Erfolg der neuen Idee ist erst im Zusammenhang mit einem dritten Moment voll erklärlich, und zwar damit, welche Saiten menschlicher Selbstreflexion diese Idee zum Schwingen brachte. Wenn die prophetische Verkündigung von radikaler Erneuerung und vom Reich des künftigen Zeitalters von Jesaja bis Jesu imstande war, wenn auch in mythologischer Form, gewisse sozial-politische Sehnsüchte des Volkes nach einer Änderung der gesellschaftlichen Situation wie auch das Bedürfnis des einzelnen nach ständiger Transzendierung des erreichten Zustandes auszudrücken, so impliziert die Idee von der Auferstehung bzw. »Auferweckung« in mythologischer Art eine Reihe anderer brennender menschlicher Probleme und Sehnsüchte, zum Beispiel das Problem des eigenen Todes, das für ein mit Bewußtsein ausgestattetes Wesen sicher viel schwieriger ist als für niedrigere Geschöpfe. Das Problem des Sinns des Todes und die damit zusammenhängenden Fragen von Werden und Vergehen der Welt, das Geheimnis der Zeit, des Endes und dessen, was im All unvernichtbar bleibt, werden selbstverständlich immer brennender, sobald der Mensch aus der ursprünglich festen Eingliederung in Geschlechter und Stämme herauskommt und ein ausgeprägt individuelles Wesen wird, das imstande ist — bedenklicherweise! —, sich selbst als Brennpunkt des kosmischen Geschehens zu sehen.

Vielleicht deshalb, weil bei den Juden der alttestamentlichen Zeit gerade die Stammeseinheit besonders stark ist, bleibt trotz der Beschleunigung in der Entwicklung anderer Fragen diese Idee ziemlich unterentwickelt. In den alttestamentlichen Büchern finden wir zwar hier und da ein gewisses Bewußtsein vom Reich der Toten (scheol), doch man betonte es nicht. Der Sinn des menschlichen Lebens lag deutlich in seiner Erfüllung hienieden, im langen Lebensalter, in den Erfolgen, in der Familie, in der weitreichenden Eingliederung in das Schicksal des eigenen Stammes, im Dienst an der Sendung Israels, in der Erfüllung seines Bundes mit Jahwe. Über individuelle Schicksale nach dem Tod hat sich insgesamt niemand besonders den Kopf zerbrochen; soweit überhaupt Vorstellungen von einer Art Leben nach dem Tod vorhanden waren, war es ein eher schattenhaftes Leben, sicher kein sehr wünschenswertes. Soweit Fälle der

Wiederbelebung von Toten geschildert wurden (2. Könige 8,1; 13,21), verstand man sie als Wunder, entschieden nicht als Regel oder als Beispiel des Übergangs zum »ewigen Leben«. Wenn die Vorstellung einer allgemeinen Wiedererweckung der Toten am Ende der Zeiten vorkam (Hesekiel 37), dann eher als Bestandteil des prophetisch-eschatologischen radikalen künftigen Umbruchs, nicht als Lösung für die Problematik des individuellen Todes. Die Begriffe »Seele« und »Unsterblichkeit« waren noch nicht bekannt, zumindest nicht in dem Sinn, wie sie das spätere Christentum und der Islam kennen. In der vorchristlichen Zeit wurden die Problematik des Todes und die menschliche Sehnsucht, seinem Schicksal zu entrinnen, eigentlich besser von verschiedenen orientalischen Religionen erfaßt, etwa in den Mythen vom Tod und von der Auferweckung des Osiris, Tammuz usw., in Indien vom Schiwa, dem Schöpfer und Vernichter. Es ist unwahrscheinlich, daß etwas davon direkt oder indirekt auf Petrus in Galiläa nach Golgatha eingewirkt hätte; doch daß mit dem allen in der hellenistischen Umgebung der Boden vorbereitet war, als bald darauf Paulus und seine Genossen ihre Missionsreisen begannen, um die Kunde vom auferstandenen Erlöser weiterzutragen, ist unstrittig. Auch bereitete die Tradition des platonischen Dualismus hier den Weg vor. Es wäre freilich naiv, wollten wir die Idee der Auferstehung Christi auf dieselbe Ebene stellen wie irgendwelche ägyptischen oder babylonischen Mythen von sterbenden und auferstehenden Gottheiten. Hier ging es um rein naturhafte Mythen, in denen Schicksale und Sehnsüchte des natürlichen menschlichen Wesens erfaßt wurden; dort verband sich die Idee der Auferweckung mit der radikal gesellschaftlichen Problematik der Erlösung. Schon damit, daß die Idee des Siegers über den Tod mit der Vorstellung vom Christos, das heißt vom Messias, vom Erlöser, verschmolz, werden anthropologisch und moralisch viel tiefere Bereiche erschlossen — um so mehr, als diese Idee in Verbindung mit Jesu Verkündigung vom »Reich« und von der »Verwandlung« stand.

Damit stehen wir am Anfang der Entwicklung der eigentlichen urchristlichen Bewegung. Diese lebte nicht in erster Linie aus der Botschaft Jesu vom künftigen Zeitalter und von der notwendigen inneren Umkehr, sondern aus dem durch Petrus, Paulus und andere begründeten Glauben an Jesus als siegreichen Christus, Sieger über den Tod und das Böse, Bringer des Heils. Beides schließt einander allerdings logisch nicht aus, doch psychologisch ist es nicht dasselbe, und das zweite setzt sich nicht nur als Ergänzung, sondern auch auf Kosten der Intensität des ersteren durch. Für die ursprüngliche rein eschatologische Verkündigung Jesu ist das Wort bezeichnend »Sieh dich um! Alles mache ich neu!« (Offenbarung 21,5); für die Mission des Paulus gilt die typische Wendung »Wenn jemand in Christus ist, dann ist er ein neues Geschöpf« (2. Korinther 5,17). Logisch ist das in voller Harmonie miteinander, doch im Kopf des gläubigen Menschen hat das selbstverständlich diametral entgegengesetzte Wirkungen, je nachdem, ob dieses oder jenes betont wird, das heißt, ob morgen alles neu werden soll oder ob es schon gestern neu wurde. Aus einer Bewegung, die sich nach radikaler Erneuerung in der Zukunft sehnt, wird so allmählich und unauffällig eine Gemeinde derjenigen, die an den Sieger glauben, der einst alles neu gemacht hat. Daß es von dieser unauffälligen, doch weitreichenden Änderung in den urchristlichen Gemeinden eine Ahnung gab, darüber haben sich verschiedene Anspielungen erhalten (etwa 1. Korinther 1,10—16) — der tatsächliche Übergang war ohne Zweifel unvergleichlich dramatischer.

Aus »Pfingsten«, wo es zu dieser grundlegenden Änderung kam, wo die Apostel, von Petrus geführt, erst vom »Heiligen Geist erfüllt« wurden (Apostelgeschichte 2,4), wo sie der Sache Jesu in einer neuen Art und Weise Verständnis entgegenbrachten, wurde das christliche »Ostern«, das heißt, die Vision der Auferstehung wurde offenbar in die Vergangenheit, drei Tage nach der Kreuzigung, projiziert. Dieser sogenannte »Osterglauben« bestimmte die ganze weitere Bewegung. Sobald die Verkündigung vom Auferstandenen sich verbreitet und Fuß gefaßt hatte, mußte sie auf die ganze Tradition über Jesus einwirken, im Licht des Osterglaubens begannen alle Geschichten über Jesus umgewertet und neu strukturiert zu werden. Manche wurden selbstverständlich unberührt gelassen, so beispielsweise verschiedene Gleichnisse, einzelne kurze ethische Aussprüche usw. Hingegen wurden Passagen über die Messianität, über den Menschensohn selbstverständlich unmittelbar beeinflußt und rasch umgeformt im Sinn des Osterglaubens. Selbstverständlich ging es nicht um irgendeine bewußte Fälschung, Verdeckung, Täuschung, Retuschierung — alles geschah im besten Willen, daß man erst jetzt richtig begreife, was man früher ganz oder teilweise nicht verstanden hatte (Lukas 9,45 u. a.). Aber es lebten dann noch lange Zeit Erinnerungen an Jesus weiter, die nicht durch den Filter des Osterglaubens hindurchgegangen waren, zweifellos mündliche und wahrscheinlich auch schriftliche Traditionen von Jesu Lehre, seinen Aussprüchen und Gleichnissen.

So enthielt jene literarkritisch rekonstruierbare Quelle Q (»Aussprüche Jesu«, Logienquelle) gewiß nur eine rein eschatologische Verkündigung Jesu vom Königreich Gottes und der notwendigen inneren Wandlung und beschrieb noch nicht die Auferstehung. Paulus und Markus setzten offenbar ihre Kenntnis und ihren Gebrauch voraus, deshalb verwendeten sie sie selbst nicht, außer in wenigen Fällen. Als dann aber Matthäus und Lukas — jeder auf eine andere Weise — ihre Evangelien von Jesus, vom Ostererlebnis gekrönt, durch diese »Aussprüche« erweiterten, da erschien freilich die Quelle Q als überflüssig und entbehrlich, ging deshalb auch bald verloren. Weil wir jedoch imstande sind, sie aus den gemeinsamen Texten von Matthäus und Lukas, die nicht bei Markus vorkommen, wenigstens annähernd zu rekonstruieren, ist das, was man als ihren Inhalt voraussetzen kann, für das Vordringen in die ältesten Schichten der synoptischen Tradition, in die vorösterlichen Schichten — und damit zu Jesus — am wertvollsten.

In der Zeit nach der verlorenen Quelle Q hingegen ist alles, was uns schriftlich über Jesus aus dem 1. Jahrhundert erhalten geblieben ist, schon durch das Prisma der Osterverkündigung gegangen, so daß man bei jedem Text sorgfältig unterscheiden muß, was man als alte Tradition aus der Zeit Jesu betrachten kann und was erst als Ergebnis der neuen, umwertenden Tradition. Manchmal ist das leicht zu unterscheiden. So kommt zum Beispiel in den bereits mehrmals angemerkten Voraussagen vom Leid des Menschensohnes am Ende auch die Voraussage der Auferstehung vor, doch der Kontext verrät, daß es sie ursprünglich nicht gab — so macht Petrus, der die Voraussage hört, Jesus Vorhaltungen. Wenn Jesus wirklich von der Auferstehung gesprochen hätte, wären die Vorwürfe des Petrus gegenstandslos gewesen (Markus 8,32 par.; vgl. Matthäus 17,23). Dieser Prozeß der Neuinterpretation begann ohne Zweifel schon vor dem Jahr 40, also lange vor der ersten Redaktion der synoptischen Tradition.

Bedeutende Änderungen führte bereits Paulus durch, nach Petrus der bedeutendste und seinem Einflusse nach überhaupt erfolgreichste Apostel, Schöpfer der Christusbotschaft für die nichtjüdische, hauptsächlich hellenistische Welt, dritte und letzte der Gründergestalten des Christentums. Er stammte aus dem Judentum in der Diaspora und war schon dadurch vorbereitet, sich schließlich ganz der nichtjüdischen Umgebung zuzuwenden. Es ist bemerkenswert — fast schon unglaublich —, wie wenig sich der »Apostel der Völker« um die Einzelheiten aus dem Leben seines Meisters kümmerte; moderne Theologen wissen in jedem Fall von Jesus zehnmal mehr als Paulus (und das ist nicht Spott, sondern Tatsache). Paulus war an einem bestimmten theologischen und ethischen Problem interessiert: an der Frage der Erlösung, an der Tatsache, *daß* Jesus einen bestimmten heilbringenden Prozeß begonnen hatte, eine bestimmte Rechtfertigung des Menschen, eine bestimmte Erneuerung. Darüber dachte er nach. Es interessierte ihn nicht, *wie* dieser Prozeß irgendwo in Galiläa konkret begonnen hatte. Es wäre zwar falsch, den Inhalt seines Denkens und seiner Predigertätigkeit nur darauf zu reduzieren, worüber er in seinen Briefen schreibt: Ohne Zweifel kannte er eine Sammlung von Jesusworten und Jesusgeschichten (vielleicht gerade die erwähnte verlorene Quelle Q), die er verwendete und voraussetzte, deshalb auch nicht wiederholte (ebenso wie später Markus). Was Paulus aber vor allem interessiert, ist nicht Jesus von Nazareth, sondern Christus, der Glaubensgrund, der Erlöser, der Verkündete, Christus als Gegenstand des Glaubens und Maßstab des moralischen Verhaltens der Gläubigen. Darüber hinaus analysiert er die konkreten Lebensprobleme der Gemeinden, die Bedürfnisse und Gefahren ihres Glaubens und ihrer Rechtfertigung. Über Jesus als Mensch erfahren wir von Paulus überhaupt nichts. Der Glaube — scheint es — braucht nicht viele Tatsachen. Denn hinsichtlich des Enthusiasmus im Glauben hat Paulus nicht seinesgleichen. Übrigens ist es natürlich, daß die ersten zwei Generationen an Jesu vergangenem Leben nicht interessiert waren und insgesamt auch nicht sehr interessiert sein konnten, um so weniger wäre es ihnen eingefallen, darüber Bücher zu schreiben. Denn wer wirklich — wie es Jesus verkündete und wollte — ganz der eschatologischen Hoffnung, dem Glauben an den radikalen Einsturz alles Existierenden und an den Anfang eines ganz neuen Zeitalters, einer neuen Welt, eines neuen Jerusalems ergeben ist, der betreibt keine historische Nachforschung, fängt nicht an, sich literarisch zu äußern. Es nimmt deshalb nicht Wunder, daß uns relativ wenig Quellen erhalten sind; eher ist es verwundernswert, daß es relativ ausreichende gibt.

Das Wichtigste ist unbestreitbar, daß Paulus mit seiner Tätigkeit — der praktischen wie der theoretischen — die ältere engere Konzeption des Christentums als bloße Reform im Rahmen des Judentums überwand, so daß die sogenannte judenchristliche Richtung isoliert und später ganz verdrängt wurde. Diese war am markantesten durch die sogenannten Ebioniten (hebräisch: ebjon = arm) vertreten, die zwar gewisse Züge des Radikalismus bewahrten und vielleicht auch an das Puritanertum und die Askese der qumranisch-essenischen Sekten anknüpften, doch Jesus als einen Messias rein jüdischen Typs betrachteten, als Reformator des Judentums und nur für die Juden. Hingegen setzte Paulus siegreich — sogar teilweise gegen Petrus selbst (Gal. 2,14) — den Glauben an Jesus als universalen Erlöser für alle Völker durch, damit freilich auch ein Konzept des Christentums nicht als einer Reform der Synagoge, einer Reform des Volkes des »alten Bundes«, sondern als Beginn eines »neuen Testaments«, als Religion, die das Judentum nicht ergänzt, sondern es aus seiner besonderen Stellung vor Gott und der Welt verdrängt. Nach der Konzeption des Paulus geht es nicht mehr nur um Erfüllung des Gesetzes (Matthäus 5,17), sondern um die Befreiung von den Vorschriften des mosaischen Gesetzes (Römer 7,6 u. a.). »... ihr seid keine Sklaven eines Gesetzes mehr, sondern Kinder Gottes, an denen er Freude hat« (Römer 6,14).

Es ist die historische Tat des Paulus, die Kunde von Jesus durch die Welt und für die Welt verbreitet zu haben, als radikal universalistisches Ideal, das die Menschen über die Abgründe von Nationen und Sprachen, örtlichen Traditionen und Eigenheiten zusammenschloß. Das kann man sicher in seiner Bedeutung für die ganze zweitausend Jahre währende Geschichte nicht hoch genug einschätzen. Auch wenn dann in der katholischen Kirche diese Universalität vorwiegend nur institutionell verstanden wurde, blieb doch die Idee der Universalität bestehen und begeisterte dann die besten Menschen des europäischen Kontinents von Hus und Leibniz bis Marx. Doch uns geht es hier vor allem um die Frage, ob diese paulinische Theologie Jesus selbst angemessen war oder im Widerspruch zu ihm stand. Ob es Momente der universalistischen Öffnung für Menschen aller Völker schon bei Jesus selbst gab und in welchem Maß und welcher Gewichtigkeit, ist nicht klar. Jene drei, vier Aussprüche aus der synoptischen Tradition, die die Verkündigung der »guten Nachricht« an alle Völker eröffnen (Markus 14,9 par.; Matthäus 28,19 u. a.), sehen äußerst verdächtig aus, es gibt nicht den geringsten Grund, sie in die alten Schichten der synoptischen Tradition einzureihen, die bis Jesus reichen. Nicht sehr glaubwürdig sieht auch jenes Wort gerade bei dem »jüdisch theologisierenden« Matthäus aus: »Ich bin nur zu denen gesandt, die zum Volk Israel gehören und die dort unversorgt und verlassen sind« (Matthäus 15,24). Von den Aussprüchen, die eine gewisse universalistische Tendenz enthalten und aus den ältesten Schichten stammen, ist wichtig insbesondere das Wort: ». . . viele werden von Osten und von Westen kommen und mit Abraham, Isaak und Jakob im himmlischen Reich zu Tisch sitzen« (Matthäus 8,11 par.). Jesus sah offenbar selbst — wie die ganze jüdische Tradition — ganz spontan und ohne große Überlegungen den Brennpunkt seiner Tätigkeit für das Königreich Gottes in Israel, doch das schloß schon vor ihm nicht die universalistische Öffnung für die nichtjüdischen Völker aus. Man muß vor allem an Jesu freundschaftliche Haltung der samaritanischen Bevölkerung gegenüber, ja auch gegenüber dem römischen Beamten erinnern (Lukas 7,1—10). Gewisse Widersprüche in der synoptischen Tradition reflektieren in dieser Hinsicht die Widersprüchlichkeit der Haltung zur nichtjüdischen Bevölkerung während der Tätigkeit Jesu — in der jedoch allmählich ohne Zweifel die universalistischen Elemente stärker wurden. Nach der prophetischen Tradition soll Israel zwar der Brennpunkt bzw. der Schauplatz des eschatologischen Umbruchs sein, doch seine Wirkung soll die ganze Menschheit erreichen. So war es sicher auch bei Jesus selbst. Das steht also nicht im Widerspruch zur paulinischen Hinwendung zu den Heiden, doch erst durch des Paulus theoretische und praktische Tätigkeit wird Jesus zum »Erlöser der Heiden«. Die weitere Entwicklung ist dann logisch: Christus wird als Pantokrator, Herr der Welt und des Alls begriffen. Grundlage der raschen und weiten Verbreitung des neuen Glaubens war freilich vor allem die soziale Krise des römischen Imperiums, die — besonders nach der Enttäuschung aller Illusionen vom politischen Heil — die Entfaltung einer neuen, starken, inspirierenden Religion der Erlösung, die Verbreitung des Kultes vom »Erlöser der Welt« geradezu herausforderte.

Nach Paulus war dann der bedeutendste weitere Schritt der Übergang zur Aufzeichnung systematischer »Evangelien« als einer Art quasi-biographischer Gesamtnachrichten von der Tätigkeit Jesu. Der Typus des geschriebenen systematischen Evangeliums wurde verhältnismäßig spät geschaffen, und zwar wahrscheinlich erst im Zusammenhang mit einer gewissen Abschwächung der ursprünglich rein eschatologischen Zukunftsorientierung des Urchristentums. Und nicht zufällig — obwohl die Anfänge des Zusammenfassens sicher schon auf dem Boden Israels unternommen worden waren — entsteht das Evangelium als eine bestimmte zusammenfassende literarische Form erst außerhalb von Israel, in den hellenistischen Städten, wo die christlichen Gemeinden schon aus halb heidnischen oder ganz heidnischen Schichten bestanden, fern von der alten jüdischen prophetisch-eschatologischen Mentalität, nichtsdestoweniger hungrig nach Erlösung und »froher Botschaft«, die ihnen im Namen Jesu gebracht wurde. Hier machte sich ausdrücklich das Bedürfnis nach sorgfältigerer Informiertheit über das Leben Jesu geltend.

Der erste der »Evangelisten« — wie wir wissen, nicht sosehr Autor als eher Redaktor der verschiedenen Nachrichten der synoptischen Tradition — Markus, der diese literarische Form um das Jahr 70 herum schuf oder zumindest als erster benutzte, kümmerte sich — ähnlich wie Paulus — eigentlich nicht sosehr um Jesu Gedanken, sondern konzentrierte alles auf sein angeblich messianisches, wenn auch als solches lang geheimgehaltenes *Handeln*. Wichtiger war für die weitere Entwicklung, daß Markus, der offenbar fühlte, daß der Begriff »Messias« in nichtjüdischer Umgebung nicht alles sagt, für Jesus auch die Bezeichnung »Sohn Gottes« verwendet, die typisch hellenistisch ist. Er fixierte für immer jene Interpretationsstruktur, die mit Jesu Beziehung zu dem Täufer Johannes beginnt, mit der Predigertätigkeit in Galiläa und der Reise nach Jerusalem fortfährt und in Golgatha und der Entfaltung des Osterglaubens ihren Höhepunkt findet. Man braucht an der grundlegenden Richtigkeit dieses Schemas nicht zu zweifeln, doch war damit bereits der unrichtige Eindruck fixiert, die Evangelien seien eine Art »Lebensbeschreibung«, was erst durch die moderne Forschung widerlegt wurde. Schon Markus — wie auch alle nach ihm — war vor allem von theologischen Erwägungen geleitet, wollte eine bestimmte grundlegende Struktur für das Kerygma von Jesus als Christus liefern. Das war überhaupt seine wichtigste Tat. Daß er die paulinische Tradition über Christus mit der Tradition vom Leben und Werk des irdischen Jesus von Nazareth vereinte, blieb dann gültig für alle Zeiten. Weil Markus aber persönlich die Aussprüche und Reden Jesu unterschätzte oder zumindest in seiner Redaktion zurücktreten ließ, wirkt sein Evangelium im Vergleich mit den anderen besonders mythisch, gedanklich arm, aber voller Wundergeschichten.

Das zweite Evangelium, das des Matthäus (irgendwann um das Jahr 80 redigiert) — durch die Stellung im Kanon und durch die Autorität Augustins dann jahrhundertelang irrtümlich als erstes betrachtet —, verknüpfte die quasi-biographische Struktur der Schilderung bei Markus (ohne wesentliche Änderungen) mit Aussprüchen und kurzen belehrenden Ausführungen (aus der Quelle Q und von anderswo), die älter waren als die Redaktion von Markus. Matthäus formt Jesu Aussprüche und Ansprachen — im Unterschied zu Lukas — zu langen Reden; die einzelnen Aussprüche bearbeitet er für gewöhnlich etwas stärker und mutiger als Lukas, so daß, wo es um parallele, aus derselben Quelle stammende Stellen geht, meistens (nicht immer) die Formulierung von Lukas die ältere ist. Hingegen konzipiert er neue Begebenheiten, Novellen und Legenden viel weniger als Lukas. Seine Sprache ist geschliffener als die von Markus, doch auch Matthäus ist insgesamt nichts weniger als ein Literat. Er schreibt etwas steif, er ist ganz deutlich mehr ein exegetischer Theologe als ein Biograph. Er schrieb wahrscheinlich in Antiochia oder anderswo in Syrien, doch im Unterschied zu Markus und auch den anderen nimmt er ständig Rücksicht auf die orthodoxen und konservativen jüdischen Kreise, und daher ist seine grundlegende Idee, der er die Einzelheiten unterordnet, schließlich der Beweis, daß das Christentum eigentlich eine authentische Form des Judentums sei und sich in Jesus alle alttestamentlichen Weissagungen erfüllt hätten. Ist das Besondere bei Markus die offenbarte und wieder verheimlichte Messianität, so ist das Charakteristische des Matthäus der »Schriftbeweis«. Er ist damit so eifrig, daß er sich unwillkürlich beim kritischen Leser gerade in dieser Hinsicht um jedwede Glaubwürdigkeit bringt. Er kann zum Beispiel Jesu Jugend so darstellen, daß sich darin alttestamentliche Weissagungen angeblich erfüllen. Dabei scheut er auch Widersprüche nicht, wie etwa, daß Jesus in Bethlehem geboren wurde (Matthäus 2,1—12), aus Ägypten kommt (2,15) und Jesus von Nazareth genannt wird (2,23). Trotz all seiner Mängel bleibt es jedoch sein unermeßliches Verdienst — indem er die verschiedenen Traditionen von den Aussprüchen Jesu koordinierte —, mit der sogenannten »Bergpredigt« (Kapitel 5—7) der Zukunft eines der kostbarsten Zeugnisse in der Geschichte der menschlichen Kultur erhalten zu haben, eine der größten Errungenschaften des menschlichen Geistes. Hier jedoch spricht im Grund der galiläische Prophet, nicht der Theologe Matthäus.

Die Methode von Matthäus zwingt uns, über die Problematik des Einflusses der alttestamentlichen Traditionen auf die Formung der neutestamentlichen Texte überhaupt nachzudenken. Wir haben schon bei Jesus selbst gesehen, wie auf ihn die alttestamentlichen Traditionen Einfluß hatten, besonders die Vorstellungen Daniels vom siegreichen »Menschensohn« und die Vorstellungen Jesajas vom leidenden Erlöser. Beide haben den Erfolg seiner Tätigkeit mitbedingt, doch auch seine Reise nach Jerusalem verursacht. Ohne das Alte Testament kann man sich das Petrusbekenntnis und die Dialoge Jesu mit Petrus über den Sinn des Messianischen nicht vorstellen. Insofern haben sicher die uns erhaltenen synoptischen Texte recht, wenn sie uns diese tiefe Beziehung Jesu zur jüdischen alttestamentlichen Tradition zu erklären versuchen. Doch ist es freilich absurd, vorauszusetzen, die reale Lebensgeschichte Jesu sei einem detaillierten prophetischen Muster und bestimmten Weissagungen gefolgt, wie es Matthäus schildert. Außer einer allgemeinen Entschlossenheit, ja Berufung zu leiden, die dann die Richter und Henker so brutal erfüllten, gab es sicher im realen Leben Jesu nicht mehr und konnte es auch nicht geben. Und die ersten Anhänger Jesu waren dermaßen ihren eschatologischen Vorstellungen vom Anbruch des künftigen Zeitalters verhaftet, daß ihnen am detaillierten Verlauf des Lebens Jesu nicht besonders viel lag — auch nicht an Detailkenntnissen des Verlaufs der Hinrichtung. Wozu das? Sie glaubten mit ganzer Seele an seine Erhöhung und an seine nahe zweite, erst entscheidende Ankunft in Herrlichkeit! Doch dreißig bis fünfzig Jahre später ergibt sich eine andere Situation. Augenzeugen gab es kaum noch, detaillierte Nachrichten waren vergessen, und überdies begann sich der Glaube an den »Erlöser der Welt« auch in Gebiete und Schichten zu verbreiten, die nicht mehr so ausgeprägt »zukünftig« dachten und fühlten. Hier entstand dann das Bedürfnis, mehr zu wissen vom Leben und Leiden Jesu. Wie war dieses Bedürfnis zu befriedigen? Wenn es schon auf Golgatha selbst aus den Reihen der Jünger keine Augenzeugen außer jenen wenigen Frauen gegeben hatte, woher dreißig bis vierzig Jahre später Zeugen nehmen? Doch weil schon die Überzeugung überwog, daß Jesus der Messias war, der von einer Reihe alttestamentlicher Texte angekündigt worden war, begann man diese Texte nicht abstrakt zu lesen, sondern in ständiger Erinnerung an ihn, ja sogar als Schilderung seines Schicksals. Und damit kommen wir zur zweiten, diesmal bereits detaillierteren Projektion der alttestamentlichen Traditionen ins Urchristentum, nicht schon ins Denken Jesu, sondern ins Denken über Jesus.

Sie wollten mehr über den Verlauf von Jesu Leiden wissen. Und da finden sie beim Propheten Jesaja eine eigentlich lebendigere und wirksamere Schilderung, als sie die Evangelisten selbst zustande gebracht haben. Wegen der Wichtigkeit des Textes und zum besseren Verständnis dieser zweiten Durchdringung der alttestamentlichen und der neutestamentlichen Ebene führen wir diesen einzigartigen Text fast vollständig an:

»Er wuchs auf vor uns wie ein Schoß, wie eine Wurzel aus dürrem Erdreich; er hatte weder Gestalt noch Schönheit, daß wir nach ihm geschaut, kein Ansehen, daß er uns gefallen hätte. Verachtet war er und verlassen von Menschen, ein Mann der Schmerzen und vertraut mit Krankheit, wie einer, vor dem man das Antlitz verhüllt; so verachtet, daß er uns nichts galt. Doch wahrlich, unsre Krankheiten hat er getragen und unsre Schmerzen auf sich geladen; wir aber wähnten, er sei gestraft, von Gott geschlagen und geplagt. Und er war doch durchbohrt um unsrer Sünden, zerschlagen um unsrer Verschuldungen willen; die Strafe lag auf ihm zu unsrem Heil, und durch seine Wunden sind wir genesen. Wir alle irrten umher wie Schafe, wir gingen jeder seinen eignen Weg; ihn aber ließ der Herr treffen unser aller Schuld. Er ward mißhandelt und beugte sich und tat seinen Mund nicht auf wie ein Lamm, das zur Schlachtbank geführt wird, und wie ein Schaf, das vor seinen Scherern verstummt. Aus Drangsal und Gericht ward er hinweggenommen, doch sein Geschick — wen kümmert es? Denn aus dem Lande der Lebenden ward er getilgt, ob der Sünde meines Volkes zum Tode getroffen. Und man gab ihm sein Grab bei den Gottlosen und bei den Übeltätern seine Stätte, wiewohl er kein Unrecht getan und kein Trug in seinem Munde war. Aber dem Herrn gefiel es, ihn mit Krankheit zu schlagen« (Jesaja 53,2—10). Ähnliche plastische Schilderungen des Todes oder des Leidens eines Gerechten findet man auch bei Hiob, Jeremia, in einigen Psalmen. So konnte man aus dem Alten Testament direkte Details entnehmen: den Ausruf des Gequälten (Psalm 22,2), die Teilung seiner Kleidung (Psalm 22,19) usw. Das bedeutet aber nicht, daß alles, was eine ähnliche alttestamentliche Grundlage hat, nicht hätte wirklich geschehen können; so war zum Beispiel die Aufteilung der Kleidung nach Hinrichtungen eine Gewohnheit der römischen Soldaten. Doch es ist offensichtlich, daß gerade Matthäus diese Methode alttestamentlichen Zitierens ab absurdum geführt hat, obwohl sie sich in kleinerem Maß in den neutestamentlichen Büchern überhaupt zeigt.

Der letzte aus der Reihe der Synoptiker — Lukas, der das synoptische Material irgendwann um 90 redigierte — ist der kunstvollste und »menschlichste« unter den Evangelisten. Als einziger hat er Sinn für künstlerische Schilderung, als einziger vermag er eine Szene und einen dramatischen Konflikt aufzubauen, als einziger kann er den Versuch einer Art Lebensbeschreibung wagen. Formal ging er vom selben Prinzip aus wie Matthäus, das heißt, er fügt ebenfalls in die grundlegende Struktur des Markus die erhaltenen Aussprüche Jesu ein, doch in einer wesentlich anderen Art als Matthäus. Aus Jesu Aussprüchen komponiert er keine großen Reden, hingegen setzt er sie häufiger in ältere und neue Schilderungen und Szenen ein. Nur bei Lukas zeigen die Gestalten gewisse natürliche menschliche Gefühle und verhalten sich entsprechend dem Charakter der Szene, wobei das Verhalten nicht unmittelbar theologisch motiviert sein muß. Damit wirkt die Schilderung von Lukas — insbesondere im Vergleich mit anderen — viel lebendiger, erlebter, plastischer und natürlicher. Seine Methode hat jedoch auch einen bestimmten Nachteil. Sie öffnet die Tür für legendenhaftes Ausschmücken und Weiterdichten; daran knüpfen dann die verschiedenen apokryphen Evangelien an, später die mittelalterlichen und barocken Legenden und Geschichten des volkstümlichen Katholizismus. Bei Lukas wechseln oft sehr tiefe Gedanken (an authentischen Gedanken Jesu überliefert er ohne Zweifel unter allen am meisten) mit sehr banalen ab, Tiefe mit Oberfläche, wie das später in der Geschichte des Katholizismus öfter der Fall ist.

Der persönliche Beitrag des Lukas sind die schönsten und wirksamsten Gleichnisse: so vom demütigen Zöllner (Lukas 18,9—14), vom verlorenen Sohn (Lukas 15,11—32), vom barmherzigen Samariter (Lukas 10,29—37), einer der wirksamsten humanistischen Aufrufe aller Zeiten, der Aufruf, jedem leidenden Wesen ohne Rücksicht auf Konfession, Überzeugung, Ursprung und Nationalität zu helfen, weiter auch die gleich darauf folgende Geschichte (offenbar ursprünglich ebenfalls ein Gleichnis, das später in eine Begebenheit verwandelt wurde) von Martha und Maria (Lukas 10,38—42). Auch die Osterlegenden bei Lukas sind weit ergreifender: Erinnern wir an die Geschichte von den Emmaus-Jüngern (Lukas 24,13—35), von ihrer Begegnung mit dem auferstandenen Jesus, den sie nicht erkannten, auch wenn ihr Herz etwas spürte. Jenes so menschlich natürliche und ergreifende Wort »Bleibe bei uns! Es ist Abend, bald wird es dunkel sein!« (Lukas 24,29) ist imstande, das menschliche Herz zu entflammen, auch wenn der Kopf nicht an die Auferstehung glaubt.

Verweilen wir nur bei einer einzigen typisch lukanischen Angelegenheit, bei seiner Weihnachtsverkündigung — denn er ist ihr eigentlicher Schöpfer, die ältere Tradition kannte nichts Ähnliches, und die Matthäus-Kapitel über die Kindheit Jesu sind nur langweilige theologisierende Konstruktionen. Erst Lukas schuf, was dann jahrhundertelang das Denken Tausender mit Freude erfüllen sollte, insbesondere der Kinder. Nur das Lukas-Evangelium ist im wörtlichen Sinn eine »frohe Kunde«, ist wirklich eine Botschaft der Freude, und das gerade durch die Entfaltung der Weihnachtsbegebenheiten. In konservativen kirchlichen Kreisen ist noch heute die Meinung häufig, daß man um jeden Preis die »Geschichtlichkeit« zumindest des Kerns dieser Passagen verteidigen muß, das heißt der Überlieferungen von Matthäus und Lukas über die Geburt und Kindheit Jesu, obwohl die historische Kritik schon lange gezeigt hat, daß diese Geschichten weder miteinander noch mit der übrigen synoptischen Tradition in Einklang zu bringen sind, übrigens auch nicht mit dem gesunden kritischen Urteil. Die konservative Position, die berechtigt ahnt, daß diese Geschichten einen gewissen Wert haben, muß jedoch, um ihre »Geschichtlichkeit« zu retten, so phantastische Hypothesen aufstellen, daß »Jesu Mutter das alles in ihrem Herzen bewahrt hat« (vgl. Lukas 2,19; 2,51) und sie es ein halbes Jahrhundert darauf, schon als alte Frau, Lukas oder irgendeinem seiner Informanten erzählte. Es gibt aber viel einfachere und dabei natürlichere Erklärungen.

Der ideelle und emotionelle Wert der Lukas-Passagen von der Kindheit schwindet nicht, sondern steigt eher, wenn wir uns klarmachen, daß diese »Weihnachtsverkündigung« erst nach Ostern entstand, daß sie Resultat jener damals alles überwindenden und formenden Vorstellung vom auferstandenen Jesus ist, daß sie eigentlich selbst eine gewisse Variante der Osterverkündigung darstellt. Das Evangelium wurde ja, wie es Jesus gewollt hatte, auch Kindern verkündet. Kinder konnten mit Vorstellungen vom »Menschensohn« in seiner Herrlichkeit nichts anfangen.

Sie konnten nicht ständig über Jesu Leiden nachdenken, auch die »Auferstehung« gehörte nicht zu den realen Problemen derjenigen, die noch keine Ahnung vom Leben haben und davon, was der Stachel des Todes bedeutet. Deshalb wurde es selbstverständlich, ja notwendig, die frohe Botschaft Jesu und über Jesus auch dem kindlichen Denken zugänglich und angemessen zu machen. Die Weihnachtsbotschaft war die Projektion der Osterfreude in die kindliche Mentalität. Beachten wir den Höhepunkt des »Weihnachtsevangeliums«, die sogenannte »Engelsverkündigung«, für viele die wirksamsten Worte der ganzen Bibel: »Fürchtet euch nicht, denn ich verkündige euch große Freude, die über das ganze Volk kommen wird. Denn ein Retter und Helfer ist für euch am heutigen Tage geboren in der Stadt Davids: der Christus, der der Herr ist . . .« (Lukas 2,10—11). Vergleichen wir das mit der grundlegenden eschatologischen Botschaft Jesu vom Reich des künftigen Zeitalters: »Die Stunde ist gekommen! Gottes Herrschaft bricht an! Ändert euch! Verlaßt euch auf mein Wort!« (Markus 1,15). Bestehen nicht Parallelen? Ist es nicht hinsichtlich der psychologischen Wirkung eigentlich dasselbe? In der Weihnachtsbotschaft ist dasselbe poetisiert und der kindlichen und volkstümlichen Mentalität angenähert. Doch sonst besteht hier eine ähnliche Art des »Ansprechens«, eine ähnliche Betonung der Freude, ein ähnlicher Appell an jene, zu denen gesprochen wird, eine ähnliche Betonung des Heute — und vor allem selbstverständlich eine ähnliche Betonung der Erlösung, Rettung, des Heils. Der zweite Teil der Weihnachtsverkündigung »Ehre sei Gott in den Höhen und auf Erde Frieden den Menschen, die Gott liebhat und die Gott liebhaben!« (Lukas 2,14) — der ursprüngliche Sinn war eher »Ehre sei dem Gott des künftigen Zeitalters, Frieden auf Erden den Menschen guten Willens« — steckt ebenfalls voller humanistischer Momente, und es ist nicht ohne Interesse, daß in jenen Kreisen der modernen Zeit, die bereits den Großteil christlicher Gepflogenheiten abgelegt haben, sich diese Traditionen am hartnäckigsten von allen halten. Auch die drei Hymnen Marias (Lukas 1,46—55), Zacharias (68—79) und Simeons (Lukas 2,29—32), die in ihren wesentlichen Teilen offenbar aus einer älteren Zeit als die Redaktion des Lukas stammen, enthalten bemerkenswerte Höhepunkte des menschlichen Gefühls, zum Beispiel den Ausdruck des mütterlichen oder väterlichen Glücks: »Und du, Kind, wirst ein Prophet des Höchsten heißen. Du wirst vor dem Herrn hergehen, seinen Weg zu bereiten« (Lukas 1,76).

Schön auch der fast faustische Abschied vom eigenen Leben, in dem vor dem Ende der Funke der künftigen Realisierung der eigenen Sehnsüchte aufleuchtet: »Nun magst du, o Herr, deinen Diener im Frieden entlassen, was du versprochen hast, ist erfüllt. Denn meine Augen sahen das Heil, das du darbietest, uns und der ganzen Welt ...« (Lukas 2,29—31). Wenn Markus der Evangelist der Messianität des Gottessohnes ist, Matthäus der Evangelist des Verkünders des künftigen Zeitalters nach der Schrift, ist Lukas der Evangelist der Menschlichkeit Jesu.

Mit dem vierten Evangelisten — nach der Tradition Johannes genannt (er schrieb irgendwann ums Jahr 100 in Kleinasien und knüpft teilweise an eine eigenständige Tradition an, die vielleicht vom Jünger Johannes ausgeht, das ist jedoch ziemlich unsicher und problematisch) — kommen wir auf ganz andere Ebenen und zu ganz anderen Fragen. Die beträchtliche Verschiedenheit des Johannesevangeliums von den drei synoptischen Evangelien war schon immer bekannt. Doch von der Bildung des Kanons der neutestamentlichen Bücher an hielt man dieses Evangelium nicht nur für eine zuverlässige Quelle, sondern durch lange Jahrhunderte auch für das tiefste Evangelium (was es in einer bestimmten Richtung auch ist), deshalb auch für das glaubwürdigste, das die Gedanken und den Geist Jesu am besten erfaßt. Johannes entsprach am besten dem kirchlich-überirdischen Bild von Christus, denn er kennt bereits den präexistenten Christus, der als göttliches »Wort« (Logos) in unsere Welt tritt, er bringt als einziger Aussagen über die Dreifaltigkeit Gottes, sein Jesus ist in jeder Hinsicht eine überwältigende Gestalt, voll Liebe, moralischer Kraft, schlichter menschlicher Zärtlichkeit, doch auch von Erhabenheit und Feierlichkeit; niemand schildert Jesus so überwältigend, majestätisch und dabei mit einer gewissen unnachahmlichen Selbstverständlichkeit wie gerade Johannes.

Eigentlich hat man erst im Verlauf des 19. Jahrhunderts im Zusammenhang mit der Entwicklung des kritischen Denkens und der Methoden der historischen Forschung allmählich folgendes erkannt: Die Erzählung des Johannes ist nicht nur ziemlich verschieden, was man immer wußte, sondern auch historisch, psychologisch und — was das Wichtigste ist — nach Inhalt und Konzeption mit den anderen Evangelien unvereinbar, es sei denn unter Zuhilfenahme von halsbrecherischen Hypothesen. So ist zum Beispiel nicht miteinander in Einklang zu bringen, daß der synoptische Jesus ständig vom »Königreich Gottes«, über sich selbst aber fast gar nicht spricht, hingegen bei Johannes Jesus fast nur von sich selbst redet. Darin liegt der Sinn seiner Verkündigung, hier verschmilzt die Verkündigung mit dem Verkünder — siehe die berühmten Ich-Worte wie »Die Auferstehung bin ich! . . . Das Leben bin ich!« (Johannes 11,25 par.), »Ich bin das Licht, das die Welt hell macht« (8,12), »Das lebendige Brot, das vom Himmel herabkommt, bin ich« (6,51). Man hat weiter erkannt: Alle historischen und psychologischen Gründe sprechen dafür, sowohl hinsichtlich des zeitlichen Primats wie auch hinsichtlich des Ausmaßes der wiedergegebenen historischen Wirklichkeit, eindeutig den Synoptikern den Vorzug zu geben. Die Entwicklung der Konzeption von Markus und Matthäus zu Johannes ist leicht erklärlich, umgekehrt überhaupt nicht.

Als neue Quellen gnostischer Strömungen entdeckt wurden und man überhaupt die hellenistische Philosophie und die orientalischen Mythen tiefer erforschte, erwies es sich als offensichtlich, daß sich Johannes begrifflich und inhaltlich in diesem Bereich bewegt, daß er also in einer gewissen eigenständigen Art Jesu Botschaft in die Diskussion der Neuplatoniker und der Gnostiker bzw. den Begriffsapparat und die platonisch-gnostischen Probleme in die Überlieferung von Jesus bringt. Man hat nicht nur neuplatonische Parallelen zu dem »Logos« des Johannesevangeliums gefunden, sondern auch gnostische Parallelen zu den berühmten Abschiedsreden. Der einzige Schluß war möglich: Vielleicht ist auch zum Autor des vierten Evangeliums irgendeine Spur von etwas Ursprünglichem gedrungen, das den Synoptikern entgangen war, vielleicht existierte also neben der synoptischen eine spezifische Johannestradition, doch — soweit es um die eigentliche Geschichte und die Lehre Jesu geht — ist jedes Zitat aus Johannes zumindest äußerst verdächtig. Wenn noch anfangs des 19. Jahrhunderts Johannes als zuverlässiger Informant über Jesus betrachtet wurde, kam es im 20. Jahrhundert zu der Situation, daß sich einige radikale protestantische Theologen fast schon schämten, Johannes zu zitieren. Es ist möglich, daß die moderne Exegese in dieser Hinsicht sogar zu weit geht: Wenn zum Beispiel die qumranischen Funde gezeigt haben, daß gewisse gnostische oder dem Gnostizismus ähnliche Vorstellungen im Judentum schon vor Jesus vorhanden waren (etwa jene Antithesen von Licht und Finsternis, die für Qumran wie für Johannes charakteristisch sind), konnten auch in Jesu Kreis und bei ihm selbst gewisse gnostische Elemente in der Auffassung der Welt und der eigenen Selbstreflexion auftauchen, die die synoptische Tradition wirklich zu erfassen nicht imstande war. Doch soweit es um die Gesamtüberlieferung von Jesus geht, ist die historische Unzuverlässigkeit des Johannes evident.

Johannes steht freilich in einem gewissen Sinn wirklich über den Synoptikern — er ist kein bloßer Redaktor, er hat eine Konzeption, er ist der erste wirkliche Schriftsteller in der Geschichte der Sache Jesu; doch gerade deshalb erfaßten die einfachen Synoptiker, oft eher unwillkürlich als zielbewußt, sehr viel mehr Reales vom wirklichen Jesus von Nazareth. Es gibt bei ihnen Fehler — doch ist bei Johannes die ganze Basis nicht historisch. Die Basis der eigenständigen und wirksamen Konzeption des Johannes ist die konsequente Projektion des Bildes vom verherrlichten Christus ins Leben Jesu. In dieser Hinsicht ist das Werk des Johannes eine weitreichende Tat, zeigt etwas historisch höchst Reales — freilich aus der Periode nach Golgatha. Zeigt sich schon bei den Synoptikern das Phänomen, daß der Osterglaube sich der ganzen Tradition von Jesus zu bemächtigen und sie zu formen begann, so hat doch erst Johannes diesen Prozeß zur letzten Konsequenz geführt. Der johanneische Jesus spricht schon vom Beginn seiner Tätigkeit an als der erhöhte, göttliche Christus. Seine künftige Herrlichkeit, von der — wie wir gesehen haben — Jesus selbst wirklich überzeugt war, ist schon überall in seinem Leben anwesend, so daß die Auferstehung ihr Überraschungsmoment verliert, ja Golgatha seinen Stachel. Jesus geht durch das Leben hindurch wie die gnostische Gottheit durch die materielle Welt, im vollen Bewußtsein des klaren überirdischen Zieles, eines Zieles, das diesem Weg eigentlich schon immanent ist. Deshalb erlebt Jesus bei Johannes bei weitem keine solchen Ängste wie bei den Synoptikern

(Markus 14,33 par.), nicht nur sieht er schon vor Beginn des Leidens den Sieg, sondern er *ist* Sieger, Leiden und Golgatha *sind* der Sieg. Wenn der synoptische Jesus tapfer, selbstbewußt und wirkungsvoll seinen Richtern sagt: »Ihr werdet den Menschensohn künftig sitzen sehen zur Rechten Gottes, der die Macht hat, und wiederkommen auf den Wolken des Himmels« (Matthäus 26,64), nimmt Jesus bei Johannes von seinen Jüngern mit den Worten Abschied: »Nun kommt die große Stunde für den Menschensohn, in der Gottes Lichtglanz an ihm sichtbar wird« (Johannes 13,31). Golgatha ist also nur eine Art notwendige vorbereitende Dissonanz vor dem Schlußakkord der Symphonie der Herrlichkeit und des »Strebens zum Vater« (Johannes 14,12 u. a.). Damit wird die ganze Geschichte Jesu schon von der Taufe im Jordan an in einer gewissen Weise göttlich. Wir können aber nicht die Frage unterdrücken, ob nicht gerade die volle Göttlichkeit, die Allanwesenheit des absoluten Sieges eigentlich die Menschlichkeit des Opfers und der Kämpfe des Jesus von Nazareth abwertet, indem sie aus dem heroischen Mut zu leiden und das Leben für das Heil der Brüder zu geben eine göttliche Widerstandsfähigkeit macht, die Unmöglichkeit, voll vom Leiden zerstört zu werden, ja sogar ein gewisses Halbschattenspiel einer gnostischen Gottheit, die vorübergehend herabsteigt in das Reich der Kämpfe, als wundervoll strahlendes Licht in tiefster Dunkelheit. *Dieser* Jesus schwitzt sicher kein Blut (siehe Lukas 22,44).

Der Einfluß der johanneischen Transformation der Kunde von Jesus war in der weiteren Geschichte freilich riesig. Es ist klar, daß im Vergleich mit dem synoptischen Bild Jesu, in dem noch Momente der Opposition, der Gesellschaftskritik vorherrschen, in dessen Eschatologie es außer mythischen Elementen auch solche des sozialen Radikalismus, ja des Revolutionären gibt, Johannes die religiösen und mystischen Elemente verstärkte, und zwar auch auf Kosten des ursprünglichen eschatologisch-prophetischen Aufrührertums, daß also in diesem Sinn Johannes dem Übergang des Christentums von der ursprünglichen Opposition zum kirchlichen Dogma, von der prophetischen Begeisterung zur opiumhaften Beruhigung, von den Sehnsüchten unterdrückter Notleidender zu den Palästen der Kirchenfürsten den Weg bereitet hat. Doch wäre es unrichtig, *nur dies* zu sehen und bedeutende positive Seiten seiner Interpretation zu unterschätzen. Vergessen wir nicht, daß das Johannesevangelium Lukas und Matthäus nicht ersetzte, sondern ergänzte. Damit hat es durch seine Aspekte den Weg dorthin frei gemacht, wohin diese selbst nie vorgedrungen wären. Gewisse Züge der Hellenisierung, die bei Johannes in seinen gnostisch-platonischen Tendenzen ohne Zweifel vorhanden sind, sind zwar hinsichtlich Jesu von Nazareth selbst unbestreitbar nicht authentisch, doch haben sie andererseits ihm und seiner Sache den Eintritt auch in jene Höhen des antiken und dann europäischen Denkens ermöglicht, in die Matthäus und Lukas, ja sogar Paulus selbst nicht gelangt wären. Vom »Wort, das bei Gott war und das Gott war« konnte man kaum mit den Fischern am Galiläischen See sprechen, doch dieses Wort (»Logos«) ermöglichte den Eintritt der Botschaft Jesu auch in die Überlegungen der Philosophen, die von Plato und Aristoteles ausgingen. Es ermöglichte die künftige Symbiose des jüdisch-christlichen Suchertums mit dem intellektuellen Vermächtnis der griechischen und römischen Antike und wurde schließlich zur geistigen Basis der europäischen Geschichte. Ähnlich erfaßten die großen »Abschiedsreden« im Johannesevangelium (Kapitel 15—17) — in ethischer Hinsicht neben der Bergpredigt bei Matthäus das Größte in der neutestamentlichen Bibel — trotz ihrer Unglaubwürdigkeit hinsichtlich der äußeren historischen Faktizität wie nichts anderes zum Beispiel die Idee der menschlichen Bruderschaft und der künftigen Einheit (»damit sie alle eins seien«, Johannes 17,21), erfaßten vor allem ohne Parallelen verschiedene Seiten und Möglichkeiten der menschlichen Aufopferung und gegenseitigen Liebe.

»Ehe nun das Osterfest kam, empfing Jesus Klarheit darüber, daß die Stunde für ihn nun gekommen sei, diese Welt zu verlassen und zum Vater zu gehen. Wie er aber die Seinen geliebt hatte, während er mit ihnen in der Welt gewesen war, so liebte er sie bis ans Ende . . .« (Johannes 13,1). Ähnliche Passagen — trotz aller mystischen Färbung — bewiesen in der europäischen Geschichte (erinnern wir nur an die hussitische Bewegung!) mehrmals die Fähigkeit, jene moralischen Kräfte zu mobilisieren, die notwendig sind für jede menschlich bedeutende Tat.

Doch in diesem Buch geht es nicht um Fragen des Einflusses des johanneischen Denkens auf die weitere Geschichte; für uns ist hier nur eine Frage relevant: Hat dies alles — dieses typisch »Johanneische« und besonders das *Nur*-Johanneische — noch irgendeine Beziehung zum historischen Jesus von Nazareth? Oder sind es nur Gedanken des Johannes, der dritten Generation nach Jesus, seiner Weltsicht und seiner Menschlichkeit absolut unangemessen? Wie schon öfter in diesem Buch, lehnen wir die unkritische Einstellung ab, die gutwillige Ignoranz gegenüber den Dokumenten; doch aus denselben kritischen Erwägungen sind wir auch dem radikalen Hyperkritizismus gegenüber mißtrauisch, der nur eine andere Art des Mangels an Kritik ist, der mangelnden Bereitschaft zu denken, zu sehen.

Daß Johannes grundlegend das Bild änderte bzw. wesentlich ergänzte, das von der synoptischen Tradition überliefert ist, darüber kann es keinen Streit geben. Selbst das Faktum der bedenklichen Verschiebung der Akzente ist unbestreitbar. Die Frage kann aber nur lauten, ob der Autor des vierten Evangeliums (bzw. jener Endredaktor der Johannestradition, an dessen Namen sicher nichts liegt) dazu das Recht hatte oder nicht. Ob ihn etwas wenigstens bedingt zu diesem Schritt berechtigte. Ob seine Konzeption nur eine späte literarische Willkür ist, also Mißinterpretation, oder wenigstens in einem gewissen Maß ein Ersatz für das, was der synoptischen Tradition um das Jahr 100 bereits wirklich sehr mangelte.

Wir haben schon bei der Analyse der Anfänge Jesu darauf aufmerksam gemacht, daß der Prophet aus Nazareth seine Schüler und künftigen Apostel (es ist nicht wichtig, ob darunter auch jener erste Träger der Johannestradition war) nicht nur durch seine Worte, Reden, Ausführungen mitriß, sondern daß seine Wirkung nur durch die außerordentliche Kraft seines Geistes, durch einen gewissen charismatischen »Zauber der Persönlichkeit« möglich ist; hinsichtlich seiner Wunder kann man auch gewisse suggestive und sogar auch parapsychologische Momente nicht ausschließen. Wir haben gesagt, daß jene Reden, Mitteilungen, Ausführungen über das »Königreich Gottes« und die Notwendigkeit der inneren Wandlung ihre Authentizität hatten, doch nur soweit sie sich in organischer Einheit mit dem Erlebnis des Menschen Jesus befanden. Wenn Jesus in den Augen der Umgebung keine messianische Gestalt gewesen wäre, hätten auch die brillantesten seiner Ausführungen vom »Menschensohn« nicht wirksam werden können. Wenn Petrus nicht eine messianische Gestalt vor sich gesehen hätte, wäre sein Bekenntnis der Messianität Jesu sicher nur lächerlich gewesen. Ja wenn in den Augen der Jünger bei Jesus nicht bestimmte Voraussetzungen seiner künftigen Identifikation mit dem »Menschensohn in seiner Herrlichkeit« schon existiert hätten, hätte das nie Wurzel fassen können. Wenn vor ihnen nicht ein besonderer Mensch, ein mitreißendes menschliches »Ich« gestanden wäre, hätten sie auch so über irgendein interessantes Gleichnis nachgedacht, wären dann aber nach Hause gegangen. Doch zu *diesem* Mann sagten sie: »Zu wem sollen wir gehen? Du hast Worte, die ewiges Leben gewähren!« Für diejenigen um Petrus, die in der ersten Generation nach Jesus — etwa noch dreißig bis vierzig Jahre lang — die synoptische Tradition bewahrten, dauerte dieses Erlebnis trotz aller weitgehenden Änderungen seiner Worte an, dieses Erlebnis des Betroffenseins durch einen Menschen, durch den Zauber einer reifen, überwältigenden Persönlichkeit. Sonst kann man nicht die heroische Kraft des Stephanus verstehen, der, fast schon gesteinigt, »Jesus sieht« (Apostelgeschichte 7,55—60). Sonst kann man nicht den Erfolg der Visionen Petri und Magdalenas erklären. Auch bei den anderen existierten die Voraussetzungen, daß sie nach ihren bescheidenen »Visionen« bezeichnend sagten: »Wirklich, der Herr hat sich Petrus gezeigt« (Lukas 24,34). Doch die weiteren Gruppen jener, die »glaubten«, besonders in der nächsten Generation, übernahmen aus der synoptischen Tradition gerade nur Worte, Ausführungen, Reden, Gleichnisse, erlebten nicht ihn selbst, dem zu Füßen sich einmal der leicht entflammbare Petrus geworfen hatte (Lukas 5,8). Auch das verführerischste und schönste Wort vom Reich des künftigen Zeitalters hatte ohne dieses Erlebnis einen gewissen Mangel. Sie konnten über die Wahrheit nachdenken, aber erlebten nicht ihn, den Menschen »voller Gnade und Wahrheit« (Johannes 1,14).

Diesen realen Mangel des Erlebens der Person Jesu, seiner Geistesstärke, seines charismatischen Zaubers versucht — und nicht ohne Erfolg — das Johannesevangelium zu ersetzen. Es will also nicht abwegig und willkürlich etwas ergänzen, was es bei Jesus nicht gegeben hat, etwas Gnostisches, Griechisches, Philosophisches (auch darum ging es, wie wir wissen, aber nicht nur darum), sondern vor allem das ersetzen, was es bei Jesus gegeben hat, doch was mit dem zeitlichen Abstand notwendig verschwand, das Erlebnis des Menschen, eines starken, mitreißenden Menschen, der imstande war, durch seine Wesenskraft die Menschen anders, besser zu machen, als sie es ohne ihn waren. Denn wenn Jesus selbst Menschen nicht hätte »ändern« können, wäre seine Verkündigung der Änderung vergeblich gewesen. Darin liegt also auch eine gewisse historische Wahrheit — wenn wir so wollen — des Johannesevangeliums, die zu erfassen die synoptische Tradition nicht fähig war. Diese Wahrheit beruht nicht darin, daß der Schöpfer der frohen Botschaft vom künftigen Zeitalter, der Anspruch auf die ganze menschliche Seele erhob, vielleicht wirklich gesagt hätte: »Ich bin das Licht, das die Welt hell macht« (Johannes 8,12), »Ich bin der zuverlässige Hirte« (Johannes 10,11), »Der Weg bin ich« (Joh. 14,6), »Ich bin das Brot, das das wirkliche Leben gibt« (6,48), »Wie mich mein Vater gesandt hat, so sende ich euch« (20,21) — ähnliche Worte und Wendungen sind eher gnostisch als jesuanisch. Doch die Wahrheit beruht darin, daß er, der so nicht gesprochen hat, so *war,* so auf Menschen wirkte, daß er sie nicht nur durch die Kraft seiner Worte hinriß, die zu überliefern die Synoptiker bemüht waren, sondern auch durch die Kraft seines »Ich«. Für Petrus und die anderen um ihn war das ein Erlebnis, sie mußten es nicht wiederholen, sie drückten jene Erhabenheit und Herrlichkeit dieses messianischen Wesens anders aus! Es war ein Erlebnis, das in der Osterverkündigung Ausdruck fand, in der missionarischen Tätigkeit Petri, es begleitete die synoptische Überlieferung in ihren frühen Schichten, doch es wurde von Jahr zu Jahr schwächer, die Gegenwart des mitreißenden Verkünders der Zukunft wurde immer mehr zur Vergangenheit, die Erinnerung und die Phantasie wurden schwächer. Und das, was hinter den verkündeten Worten fehlte, versucht nun das Johannesevangelium zu ersetzen, freilich kann das Johannes auch nur wiederum mit Worten tun — in dieser Hinsicht geht es wirklich nur um einen Ersatz. So wie man mit Worten nie adäquat das Erlebnis der Liebe oder des Schmerzes demjenigen schildern kann, der nie geliebt und gelitten hat, kann man auch jenes Erlebnis des menschlichen »Ich« niemandem erklären, der nicht selbst in ähnlicher Weise von einem besonderen Menschen fasziniert wurde. So wurden die berühmten Ich-Worte des Johannes oft zur Grundlage leerer sophistischer Spekulationen der mittelalterlichen und auch neuzeitlichen Bücherwürmer, lieferten den Nährboden für ihr totes Handwerk. Doch die reale Basis des Johannes war nicht gnostisch oder platonisch, sollte nicht vom Kern der synoptischen Tradition wegführen, das heißt die Kunde von der Kraft der Persönlichkeit Jesu verdecken, sondern sie erneuern. Es ging ihm darum, hinter dem »Wort« der Tradition die gnadenvolle Berührung mit der konkreten Totalität jener strahlenden Persönlichkeit zu finden, die imstande gewesen war, Fischer und Zöllner dazu zu bringen, die prophetische Tradition des Volkes Israel bis zu den Säulen des Herkules zu tragen. So endet nicht zufällig derselbe Autor, der mit dem Prolog vom »Wort, das Mensch ward« (Johannes 1,14) begann, mit dem Bekenntnis, daß man »nicht mit dem Wort oder mit der Zunge lieben« soll, »sondern mit der Tat und in Wahrheit« (1. Johannes 3,18). Er überlegt, welche Seligkeit denen zuteil werden würde, die Jesus nicht sahen — und doch glaubten (Johannes 20,29). Er überlegt schließlich, wie dieses »Göttliche« weiterwirken könnte, und findet es nur und nur in der Liebe ... (1. Johannes 4,16).

Doch durch das Johannesevangelium, den Anfang der Platonisierung der Verkündigung Jesu, die dann in den weiteren drei Jahrhunderten hauptsächlich in der griechischen Theologie fortschritt — in Antiochia, Alexandria, Cäsarea —, waren auch die Grundlagen für den Abschluß jenes Prozesses gegeben, in dem aus dem Propheten von Nazareth zuerst eine messianische, dann eine eschatologische, dann eine erhöhte, auferstandene Gestalt wurde. In der weiteren Entwicklung wird aus dem Messias des jüdischen Volkes und der jüdischen Hoffnung der universelle Christus, Licht der Heiden und Erlöser der Welt, schließlich dann direkt ein göttliches Wesen, Gottessohn, »der im Vater ist und der Vater in ihm« (Johannes 14,10). Damit war die dogmatische Basis gelegt für die spätere vollständige Identifikation Jesu mit der Gottheit als der »zweiten göttlichen Person« in der göttlichen Dreieinigkeit, zugleich jedoch auch als wahrer Mensch. »Allmächtiger Vater, allmächtiger Sohn, allmächtiger heiliger Geist — und doch nicht drei allmächtige, sondern ein Allmächtiger«, formulierte dann im vierten Jahrhundert Athanasius das Ende des dogmatisierenden Prozesses nach dem vergeblichen Versuch des Arius, diesen Prozeß umzukehren. Das alles ist begreiflich — und nicht einmal die Idee des »Gott-Menschen« war für die anthropologische Selbsterkenntnis des Menschen wertlos, war kein bloßer Irrtum, denn sie induzierte — wenn auch in einer Art, die dem galiläischen Meister selbst ganz fern war — eine Möglichkeit der Transzendenz, der Transgression des gegebenen Zustandes, der Öffnung zu einer anspruchsvolleren Zukunft. Auch die sogenannten »christologischen« Streitigkeiten der antiken und mittelalterlichen Theologie enthielten einen gewissen Kern realer menschlicher Probleme und ermöglichten oft auch den oppositionellen Denkern, eine aktuelle gesellschaftliche Problematik in sie zu bringen. Von Augustin bis zu Teilhard de Chardin hängen die »christologischen« Probleme mit den wichtigsten Fragen des einzelnen und des ganzen menschlichen Geschlechts zusammen, mit der Auffassung der Geschichte und der Gegenwart. Dennoch ist es möglich und nötig, zu fragen, ob jene Botschaft des Propheten aus Nazareth, die er einst seinen ersten Schülern am galiläischen See vortrug, die dann eine phantastische Entwicklung erlebte durch das Wirken der Philosophen und Künstler, durch das Streben frommer und gottloser Menschen, nicht doch — im Hinblick auf soviel Unmenschlichkeit und soviel Grauen gerade in dem Teil der Welt, in dem sie zweitausend Jahre lang verkündet wurde — bis zur Verzweiflung vergeblich war ...

Der Sinn der Sache Jesu

»Wo ist denn die versprochene Rückkehr des Christus und das Reich Gottes? Die Väter sind weggestorben, und es blieb alles, wie es seit dem Anfang der Welt gewesen ist.« (2. Petrus 3,4)

Mit dem Johannesevangelium, das Jesu Sache als entscheidend sowohl für die intimsten Tiefen menschlicher Liebe als auch für den Kosmos, das Geheimnis der Realität und des Lebens überhaupt betrachtet, schließt sich nicht nur der Umkreis der sogenannten neutestamentlichen Literatur, die später von der christlichen Kirche als kanonisch, »von Gott inspiriert« anerkannt wurde, es schließt sich auch der Kreis der messianischen und »christologischen« Deutung, die mit der ersten Begegnung eines damals unbekannten Propheten mit irgendwelchen Fischern begonnen hatte, die von ihm unwiderstehlich mitgerissen wurden und ahnten, daß sie »Größeres erleben« würden (Johannes 1,51). Am Ende steht das Bekenntnis »Mein Herr! Mein Gott!« (Johannes 20,28).

Freilich, diese Geschichte wirklich abzuschließen, zu versuchen, Jesus von Nazareth historisch »einzuordnen«, wäre nicht nur dem Zweck und Sinn dieses Buches unangemessen, sondern liegt an der Grenze der menschlichen Möglichkeiten überhaupt. Jesu Sache und sein Name selbst, der Streit um seine Gedanken und sein Vermächtnis — das wurde für lange Jahrhunderte eines der grundlegenden Phänomene des europäischen Kontinents, später teilweise auch der anderen Kontinente, zu ihm bekannten sich Denker und simple Gemüter, Herrscher und Beherrschte, Märtyrer und Folterknechte ... Deshalb fällt der Versuch, wirklich seine Geschichte »abzuschließen«, in beträchtlichem Maß mit der Wertung der sogenannten »westlichen Zivilisation« und der europäischen historischen Entwicklung überhaupt zusammen. Der Versuch, den Sinn des Vermächtnisses Jesu »zu bewerten«, ähnelt deshalb der Suche nach dem festen Punkte in jener ungeheuer komplizierten Bewegung, durch die wir selbst, aber auch alles um uns herum, hin- und hergerissen werden, eine geschichtliche Bewegung, die er einst auslöste, doch die auch zugleich einer Reihe anderer Einflüsse unterliegt.

Steht es doch fest, daß in diesem Sinn »aus seiner Fülle alle nahmen« (Johannes 1,16) — diejenigen, die voraussetzen, daß sein eigentlichstes Vermächtnis die institutionell gefestigte und mit gewissen geheimnisvollen geistigen Gaben ausgestattete Organisation Kirche ist, wie auch diejenigen, die eher an einer freieren, nicht autoritär gebundenen Interpretation der biblischen Texte orientiert sind, und schließlich auch jene, die in der Geschichte in verschiedener Weise gegen Jesu Autorität — oder gegen Mißbrauch seiner »Erhabenheit« — sich aufgelehnt haben. Es gibt keinen Zweifel, daß die Katholiken wie die Protestanten, die Orthodoxen wie die Sektierer ein gewisses Recht haben, sich zu ihm zu bekennen, doch bei tieferer Sicht stellt sich heraus, daß auch die Rebellen dieser zweitausend Jahre langen Geschichte, Ketzer und Atheisten, in letzter Zeit besonders die Marxisten und Kommunisten, nicht nur in ihrer Weise organischer Bestandteil dieser Geschichte sind, in der einst und deshalb unauslöschlich der Prophet aus Nazareth eine so bedeutende Rolle zu spielen anfing, sondern man kann sogar überlegen, ob nicht gerade die Schüler von Karl Marx, der achtzehnhundert Jahre nach Jesus zum ersten Mal wieder einen ähnlich weitreichenden und komplizierten Prozeß in Bewegung gesetzt hat, überdies noch von absolut unabsehbaren Konsequenzen, doch mit ähnlichen Sehnsüchten nach radikaler Änderung der gesellschaftlichen Verhältnisse und einer radikal anders gefaßten Zukunft, ob diese Schüler nicht eigentlich das größere Recht haben, sich selbst als authentische Fortsetzer des alttestamentlichen Messianismus und der urchristlichen Sehnsucht nach radikaler Änderung zu verstehen. Mancher Marxist, doch auch mancher selbstkritische moderne Theologe wird sich bewußt, daß das Pathos der Zukunft, jene Sehnsucht nach Erlösung und nach radikaler Änderung, das im Christentum enthalten war, in der Neuzeit fast ganz vom Marxismus in Beschlag genommen worden ist. Doch dergleichen säkulare Tendenzen kann man sicher nicht in rein akademischer Weise diskutieren. So wie seinerzeit kein Gelehrter den Streit zwischen Jesus und den konservativen Hütern der jüdischen Tradition lösen konnte, ein Streit, der dann auf andere Art gelöst wurde als durch den Vergleich der Meinungen pro und kontra (und löste man ihn tatsächlich? ist der Streit beendet?), so kann heute auch die geschickteste akademische Polemik nichts entscheiden. Letzten Endes entscheidend — und wiederum mit jener Relativität, die in allem Menschlichen ist — ist immer nur, aus welchen Quellen im Lauf der Jahrhunderte mehr Dynamik, mehr menschliche Werte, extensivere Bemühungen um Wahrheit, Güte und Schönheit entstehen.

Wenn wir sorgfältig die Geschichte jener verfolgen, die sich gegen das Christentum als Kult des vergöttlichten Jesus auflehnten, finden wir übrigens den sehr interessanten und offenbar charakteristischen Umstand, daß diese Polemiker und Kritiker eigentlich fast immer den Christen nicht vorwarfen, daß sie Anhänger Jesu sind, sondern im Gegenteil, daß sie es *nicht* sind, daß sie Jesu Sache verraten, daß für sie alle Eigenschaften des Pharisäertums zutreffen, die Jesus aufgezählt hat (Matthäus 23,1—36 par.), besonders, daß auf sie das Wort zutrifft: »Dieses Volk ehrt mich mit den Lippen, aber die Herzen sind ferne von mir« (Markus 7,6 par.). In solchen Fällen geht es also um die Kritik des Christentums dieser oder jener Zeit, doch nicht um Kritik der eigentlichen Ideale Jesu. Beachten wir zum Beispiel die Worte von Karl Marx, an die Adresse des verbürgerlichten Christentums seiner Zeit gerichtet: »Straft nicht jeder Augenblick eures praktischen Lebens eure Theorie Lügen? Haltet ihr es für Unrecht, die Gerichte in Anspruch zu nehmen, wenn ihr übervorteilt werdet? Aber der Apostel schreibt, daß es Unrecht sei. Haltet ihr euren rechten Backen dar, wenn man euch an den linken schlägt? ... Handelt der größte Teil eurer Prozesse und der größte Teil der Zivilgesetze nicht vom Besitz? Aber es ist euch gesagt, daß eure Schätze nicht von dieser Welt sind!«

Wirklich grundsätzliche Kritik am Denken Jesu selbst ist in der Zeit von Julian Apostata bis Nietzsche und eigentlich auch danach nur ausnahmsweise aufgetreten. Meist war es eine sehr einseitige Kritik, so etwa bei Nietzsche, der Jesus für den Aufschwung der angeblich falschen Ideale der Passivität, der Demut, und für die Vernichtung der antiken Welt der Kraft und Schönheit verantwortlich machte.

Wer aufmerksam die neutestamentlichen Texte studiert, sieht jedoch zumindest, daß zwischen dem, was Jesus und seine Jünger erwartet hatten, und dem, was dann eintraf, ein klaffender Widerspruch besteht. Sie erwarteten den baldigen eschatologischen Umbruch — es folgte die Geschichte des Christentums. Sie erwarteten das Königreich Gottes — es kam die Kirche. Doch auch wenn wir die maßvollsten Kriterien verwenden, auch wenn wir nicht bestreiten, daß zumindest ein Teil der Christen — und nicht nur die Weltberühmten wie Augustin, Franziskus von Assisi, Jan Hus, Johannes XXIII., sondern auch eine unübersehbare Reihe von Namenlosen, die vielleicht ihr Leben um nichts weniger ehrlich gelebt haben — immer bemüht war, daß aus der Kirche das Königreich Gottes würde, bleibt trotzdem das Mißverhältnis zwischen dem Ideal, das einst die ganze Sache in Bewegung gebracht hat, und den Resultaten — zurückhaltend ausgedrückt — erschütternd. Es stellt sich allerdings auch die Frage, ob man dies Jesus selbst vorwerfen kann, ob man sagen kann, er sei ein Mensch voller Illusionen gewesen und die Entwicklung habe ihm einfach nicht recht gegeben. Es ist sehr fraglich, ob dies als ein gewisser »Mangel« seines Denkens und seiner Ideale, seiner Kraft und des Einflusses seiner Persönlichkeit angesehen werden soll. Sicher, es hätte viel mehr die Christen selbst beunruhigen sollen und können, doch andererseits muß gerade der objektive Nichtchrist feststellen, daß bisher in der Geschichte kein Fall bekannt ist, in dem es nicht zu einem ähnlichen Mißverhältnis gekommen wäre.

Ebenfalls ist es problematisch, Jesus vorzuwerfen, daß in seinem Denken mythische Elemente eine bedeutende Rolle gespielt haben, ja, daß die ganze Struktur seines Denkens mythologisch war. Als Feststellung ist das sicher richtig, doch gerade deshalb muß man sich fragen, ob dies ein Vorwurf sein kann. Richtig ist, daß mythologische Aussagen nicht für Aufgaben geeignet sind, für die man wissenschaftliche Analysen braucht. Doch ist andererseits bekannt, daß die mythologische Form allgemeine existentielle und moralische Probleme besonders eindrücklich zur Sprache bringen kann. Man kann sie sicher auch ohne Mythologie ausdrücken, doch sollte man sich nicht einreden, daß die wissenschaftsgläubigen Menschen unserer Zeit die moralischen und existentiellen Probleme ihres eigenen Lebens schon wirklich bewältigt hätten. Man kann zwar sagen, daß wir mehr von der Welt und von uns selbst *wissen* — ob wir deshalb auch mehr *sind*, ist sehr die Frage. Schließlich geht es nicht um die mythologische Form, sondern um die Tiefe der menschlichen Problematik, die in diesem oder jenem Mythos erfaßt ist.

Im Zusammenhang mit der Frage des Mythos kann jedoch ein anderer Einwand geltend gemacht werden, ob nämlich jene gewisse Unklarheit und Vieldeutigkeit, wie sie für jedes mythologische Denken bezeichnend ist, in sich nicht schon den Keim zu jenen unzähligen Interpretationen und Mißinterpretationen, Bräuchen und Mißbräuchen, Restaurationen und Reformen trägt, so daß es schließlich fast keine Richtung und keinen Wert, keine Periode und keine Persönlichkeit gibt, die sich nicht auf Jesus berufen könnte, sei es zu Recht oder zu Unrecht. Diese Anpassungsfähigkeit ist zwar einerseits ein Zeichen des Erfolgs, der Bedeutung und der Kraft. Doch sie hat auch einen ernsten Nachteil, sie hat in der Geschichte die Rechtfertigung des Besten wie auch des Schlimmsten ermöglicht. Die Geschichte von Gut und Böse auf unserem Kontinent — von den genialen Taten Augustins bis zu den Gaskammern für die Kinder des Volkes, aus dem Jesus hervorgegangen ist — wurde zwar weitgehend von Jesus und vom Christentum beeinflußt, doch in welchem Sinn? Wem ist das Gute, wem das Schlechte zuzuschreiben? Diese Geschichte unterlag aber auch anderen Einflüssen, vor allem der Rationalität der Griechen, die die Grundlagen für die Entfaltung von Technik und

Wissenschaft legten, aber auch dem Staatsdenken der Römer, das sowohl das für die Menschheit so fruchtbare Prinzip der Bürgerrechte entwickelte, die gesetzliche Sicherung der Gerechtigkeit für den einzelnen, wie auch den Imperialismus. Wie soll man also auseinanderhalten, was von alledem im Guten wie im Bösen auf die Schule des Aristoteles, auf den Sieg Scipios über Karthago oder Caesars über Gallien oder auf den Dialog zwischen Jesus und Petrus zurückzuführen ist? Hat sich doch alles bis zur Unentwirrbarkeit verflochten — auch Jesu »Stellvertreter« haben sich oft nicht nur von der Bergpredigt inspirieren lassen, sondern lasen die Verse des römischen Dichters Vergil als Worte über Jesus und seine Kirche: »Seinen geheiligten Namen bewahrt einst Roma, die Höchste, erbt auf Erden das Reich, erbt Rang und Ruhm im Olympus . . .« (Aeneis VI, 781 f.). Ist also unsere Humanität, unsere Kultur und unsere Fähigkeit, sich zu den Sternen zu erheben, Resultat des Vermächtnisses von Platon und Aristoteles, Caesar und Brutus, oder von Jesus und Petrus? Doch wieso Humanität? Wie hängt mit diesen Traditionen unsere Erbärmlichkeit, der Mangel an Menschlichkeit in unserem Leben zusammen? Volle Klarheit über die Verantwortlichkeit dieser oder jener Tradition für dieses oder jenes Phänomen unserer Zeit wird es kaum geben.

Deshalb wäre der Versuch einer radikalen definitiven »Schlußfolgerung« eher töricht als ein Ausdruck des Begreifens; doch im praktischen Leben können wir uns nicht mit dem Sammeln von Motiven, mit der Feststellung unaufhellbarer komplexer Zusammenhänge zufriedengeben, hier müssen wir entscheiden, handeln, müssen uns beim Handeln auch auf andere Menschen stützen, uns zumindest zeitweise mit anderen Menschen solidarisieren, auch wenn ihre Tätigkeit nicht immer unseren Idealen entspricht. Darin pflegt die Tragik unserer Bemühung zu liegen, darunter muß auch *jeder* Menschensohn — und gerade je mehr er sich bemüht, ehrlich, aktiv, fruchtbar, liebevoll zu handeln — immer wieder leiden, wenn auch nicht wie Jesus auf Golgatha. Doch in dieser Undurchsichtigkeit, in den nicht voll berechenbaren Folgen unserer Handlungen und Sehnsüchte, besteht zugleich auch die Menschlichkeit unseres Schicksals, die Kraft, auch auf dem Grund des Leidens von neuem zu hoffen, obwohl man hundertmal weggestoßen, enttäuscht und zerstört wurde, dennoch nicht zu resignieren, dem Zynismus und der Negation nicht zu verfallen, sondern zu glauben, auch verstoßen, unverstanden, ungeliebt trotzdem zu hoffen. »Da wandte sich Petrus an Jesus: Herr, wie oft darf mein Bruder mir Unrecht tun, bis ich ihm nicht mehr zu verzeihen brauche? Ist siebenmal genug? Ich sage dir, antwortete Jesus, nicht siebenmal, sondern siebzigmal siebenmal ...« (Matthäus 18,21—22). In diesem Sinn ist es heute wirklich nicht die Frage, ob sich jemand zu Jesus bekennt oder nicht, besonders in der traditionell kirchlich-religiösen Art, sondern ob er jenes Prinzip des »barmherzigen Samariters« erfüllt, das Jesus hervorhob (Lukas 10,29—37). Heute werden immer größere Bereiche unseres individuellen und gesellschaftlichen Lebens Gegenstand wissenschaftlicher Forschung und technischer Lenkung. Neue Nationen betreten den Schauplatz der Weltgeschichte, hervorgegangen aus ganz anderen Ursprüngen als denen der traditionellen europäischen Kultur. Was bedeutet in dieser Situation die Forderung, wirklich und wirksam dem »Nächsten« zu helfen? Kann man Jesu Botschaft, obwohl sie zweifellos fast ganz mit der europäischen »westlichen« Zivilisation und Kultur verschmolzen ist, jenen überlassen, denen vielleicht heute das Wort gilt, daß die Toten ihre Toten begraben sollen (Matthäus 8,22)?

Richtiger wird es sein, den Blick auf Gegenwart und Zukunft zu richten und zu fragen, ob heute die geschichtliche

Dynamik nicht zu gewissen Gewichtsverlagerungen führt, die die Szene der Weltgeschichte vorbereiten für ein Volk »des dritten Bundes«, wovon der nicht zufällig größte Jesus-Forscher der Neuzeit, Albert Schweitzer, eine bestimmte Ahnung hatte. Wie seinerzeit Paulus und andere müßten wir den Mut haben, alles zu riskieren, alles aufs Spiel zu setzen, uns an ganz neue Schichten und Völker zu wenden. Aber wie soll das heute geschehen? Bedenken wir, daß nach einem ähnlichen Umbruch einst das Volk des »alten« und das Volk des »neuen Bundes« so tragisch gegeneinander stritten! Können wir Menschen der sogenannten westlichen Kultur (wie phantastisch und fast pharisäisch klingt das nach Hiroshima!) aus unseren Traditionen überhaupt noch etwas menschlich Bedeutendes anbieten?

Gerade der erwähnte Streit zwischen dem Volk des ersten und des zweiten Bundes, eine der tragischsten und warnendsten Tatsachen der ganzen zweitausend Jahre alten Geschichte des Vermächtnisses Jesu, kann uns noch viel sagen. Beide gingen ursprünglich aus denselben Quellen hervor; wir haben gesehen, wie tief Jesus in der alttestamentlichen, insbesondere prophetischen Tradition verwurzelt war. Es steht außerhalb jeder Diskussion, daß er das Judentum nicht beseitigen, sondern nur konsequent erfüllen wollte. Doch seit Hegel ist es leichter zu verstehen, daß gerade die Erfüllung immer auch in einem bestimmten Sinn Aufhebung ist, denn sie hebt alles auf eine andere Ebene. Die Erfüllung zerstört die Bedingungen, die zur Bemühung um das Erfüllte geführt haben. In diesem Sinn war Jesus einerseits ein typisch jüdischer Prophet wie Mose, Elia, Daniel, Jesaja. Doch es geschah ihm, was seinen Vorgängern nicht geschehen war: Er wurde der bei weitem erfolgreichste jüdische Prophet (darin liegt die gewisse »Erfüllung«). Seine Botschaft, die ursprünglich nur eine radikale Sekte im Judentum begründete, überschritt die Grenzen Israels und gewann für den Gott Jakobs ganze Völker und Kontinente. Das ist unstreitig ein Erfolg, der — theologisch betrachtet — als Erfolg des Gottes des Volkes Israel aufgefaßt werden konnte. Doch jeder Erfolg kann leicht Grundlage neuer Tragödien werden. Wenn für die Botschaft, die in Israel entstanden war, ganze Völker gewonnen wurden, und zwar so verschiedene wie die Griechen und die Deutschen, die Russen und die Angelsachsen, mußte das nicht rückwirken auf die Konzeption des Gottes Israels? War der Gott, der in den christlichen Kirchen verehrt wurde, wirklich dasselbe »Ich«, das zu Abraham und Mose gesprochen hatte, oder eher ein platonisches abstraktes Prinzip, vielleicht sogar ein christlich verzierter Jupiter optimus maximus?

Die Ablösung vom »alten Bund«, die scharfe Gegenposition zum Judentum, zu der die Sache des größten jüdischen Propheten gemacht wird, ist das Paradoxon der Bewegung Jesu. Schon im Johannesevangelium ist Jesus nicht wie bei Matthäus der Erfüller des jüdischen Gesetzes, sondern — ganz in der Logik der Entwicklung — Widersacher der Juden überhaupt. Von hier war es nur noch ein kleiner Schritt zu der paradoxen Erscheinung, daß die Verehrer dessen, der doch angeblich selbst gesagt hatte, daß er vor allem zu den »verlorenen Schafen des Hauses Israel« geschickt sei (Matthäus 10,6), der darüber hinaus Liebe und Brüderlichkeit predigte, gegen die Juden zu wüten begannen, weil sie angeblich den »Erlöser ermordet« hatten. Und auch die größten Wahrer des Vermächtnisses Jesu — Menschen wie Augustin oder Luther — zeigten gewisse Neigungen zu der Ansicht, daß das Überleben der einst begnadeten Juden seinen Sinn darin hat, daß dieses abgefallene, schuldiggewordene Volk ständig bestraft werden muß. So kam es dazu, daß die Bergpredigt vor den Toren der Ghettos verkündet wurde — gewiß ein Beispiel dafür, wie bedenklich es sich mit dem menschlichen Bewußtsein und der Kraft des Worts überhaupt verhält, wenn Menschen in solcher Widersprüchlichkeit von Wort und Wirklichkeit leben können. Es gibt doch keinen Streit darüber, daß die Genese von Jesu Denken, seine Person und sein Tod nicht anders erklärt werden kann als im Kontext der damaligen Geschichte seines geknechteten Volkes. Und wenn er auch den Kampf mit der Waffe in der Hand ablehnte, wenn er zu der Vorstellung einer viel radikaleren Befreiung als der politischen gelangte, so ist es doch klar, daß das sowohl die Niederlage des römischen Imperialismus wie auch die Befreiung — Befreiung, nicht Verdammung! — des Volkes Israel implizierte.

Wenn dann schon teilweise durch Jesus selbst, aber auch durch Petrus, Paulus, Johannes und andere seiner Schüler eine viel »erhabenere«, vergeistigtere, universale Vorstellung der Messianität entstand, so hatte das sicher eine ungeheuer positive Bedeutung für den historischen Prozeß der Selbsterkenntnis der Menschheit und für die Aufgaben, die ihr bevorstehen. Damit ist auch jene heroische Begeisterung der ersten christlichen Generationen und in der weiteren Geschichte verschiedener Heiliger und Ketzer verständlich: Diese Begeisterung, Aufopferungsbereitschaft für den Bruder, die Bereitschaft, nach dem Beispiel Jesu das Leben für die Sache hinzugeben — das alles gäbe es nicht ohne den christlichen Glauben an Jesus. In seinem Namen litten sie, sündigten aber auch, indem sie dem Fanatismus verfielen. Mit Kraft erfüllte sie die Idee, sie seien die Menschen des »neuen Bundes« (Lukas 22,20 u. a.); doch führte das nicht selten auch zu Unduldsamkeit, Grausamkeit und Unmenschlichkeit gegenüber Andersgläubigen. Erst in den letzten Generationen der christlichen Theologie und kirchlichen Praxis beginnt nachdrücklicher das Bewußtsein zur Geltung zu kommen, daß die Idee der

Liebe und des Leidens Jesu verraten wurde, wenn sie durch die Jahrhunderte zur Ursache immer neuer Golgathas für die Angehörigen seines Volkes in der sogenannten christlichen Gesellschaft geworden ist.

Zu einer ähnlich tragischen und paradoxen Umkehr kam es im Christentum in bezug auf soziale und politische Fragen, hinsichtlich der Probleme der Armut und des Reichtums, der Unterdrückung und der Befreiung. Wir haben gesehen, daß das Urchristentum keine politische und soziale Bewegung war, wie es viele progressive Denker interpretierten (meistens aus Unverständnis gegenüber dem eschatologischen Denken); doch auf der anderen Seite implizierte die Vision des Königreiches Gottes und des radikalen Umbruchs auch den sozialen und politischen Umbruch, und zwar ganz eindeutig zugunsten der Interessen der Unterdrückten, Hungrigen, Leidenden, Ausgebeuteten. Die synoptische Tradition enthält absolut eindeutige Urteile über diejenigen, »die das Volk mit unerträglichen Lasten beschweren und selbst keinen Finger rühren« (Lukas 11,46 par.), Urteile über die Reichen wie »Leichter geht ein Kamel durchs Nadelöhr als ein Reicher in Gottes Reich« (Markus 10,25 par.), doch was das Wichtigste ist: Jesus identifiziert sich für die Zukunft schließlich mit jedem leidenden Wesen: »Denn ich war hungrig, und ihr habt mich nicht gespeist. Ich war durstig, und ihr habt mich nicht getränkt. Ich war ein Fremdling, und ihr habt mich von eurer Tür gewiesen. Ich war nackt, und ihr habt mich nicht bekleidet. Ich war krank und im Gefängnis, und ihr habt mich nicht besucht . . .« Und auf den Einwand, sie hätten ihn doch gar nicht gesehen, antwortete er: »Dies ist wahr und gilt für Zeit und Ewigkeit: Was ihr einem unter meinen geringsten Brüdern verweigert habt, das habt ihr mir verweigert« (Matthäus, 25,42—45). Es ist fast unvorstellbar, daß dies Jahrhunderte hindurch auch die »konstantinische«, auf politische Macht gestützte oder sie selbst ausübende, feudale, reiche kirchliche Obrigkeit verkündet hat — es wäre unvorstellbar, entspräche es nicht einfach der historischen Wirklichkeit.

Wir wollen nicht bagatellisieren oder bequem argumentieren. Die moderne Zeit kennt viele Fälle von Mißbrauch und Profanierung auch anderer als christlicher Ideale; das lehrt, ähnliche Vorgänge in der Vergangenheit gerechter zu beurteilen. Und wir wollen nicht ableugnen, daß dieser Prozeß des Zurückdrängens der sozialrevolutionären Tendenzen der Urchristen, die »ein Herz und eine Seele waren, und nicht einer sagte von seinem Besitz, er gehöre ihm, vielmehr war ihnen alles gemeinsam« langwierig und schmerzhaft war. »Es gab auch keinen Armen in der Gemeinde, denn wer immer ein Grundstück oder Haus besaß, verkaufte es, brachte den Erlös für sein Gut und legte ihn den Aposteln zu Füßen, die davon jedem gaben, was er eben brauchte« (Apostelgeschichte 4,32—35). Solche Texte lösten fast in jedem Jahrhundert Bewegungen wie die der Donatisten zur Zeit Augustins aus, die zum ursprünglichen sozialen Radikalismus zurückkehren und alle Bindungen an die politische Macht zerreißen wollten. Doch schon vor Abschluß des Kanons der neutestamentlichen Bücher gibt es das Phänomen, daß reiche Leute zwar Jesus annehmen, doch auch weiter die Armen unterdrücken, sie vor Gericht treiben — und so »Jesus Christus verspotten und beschimpfen« (Jakobus 2,6—7).

Doch ging es wirklich nur um Mißbrauch? Liegen nicht gewisse Grundlagen dieses Phänomens im Wesen der Religion selbst, auch wenn sie noch so viele teilrevolutionäre und oppositionelle Gedanken enthält? Gehört es doch zum Wesen der Religion, daß sie in ihrer Art »ein Versprechen«, der Verweis auf etwas nicht Anwesendes ist, auch wenn das nicht dualistisch, metaphysisch verstanden sein muß. Es gibt keinen Zweifel darüber, daß Jesus nicht nur Versprechungen machen wollte, sondern die Vision des realen Umbruchs vor Augen hatte und daß er oft zur tätigen Hilfe für die Leidenden aufrief — also nicht zur Glorifizierung der Armut, sondern zur Beseitigung ihrer tragischen Ursachen und Folgen. Doch weil die Ankunft des Menschensohnes in seiner Herrlichkeit sich schließlich real nicht verwirklichte, mußte — obwohl Jesus unstreitig nicht nur irgendwie trösten wollte — die Tatsache, daß »die Armen die Botschaft hören, daß Gott sich ihrer annimmt« (Matthäus 11,5 par.), schließlich als »Opium des Volkes« wirken.

Was sicher im Wesen jeder Religion liegt, daß sie nämlich tröstet und verspricht, denn die Menschen brauchen oft auch real Trost, das hat gerade in der radikal eschatologischen Bewegung seine besondere Logik. Das eschatologisch-prophetische Phänomen — das wir nicht nur im Judentum und im frühen Christentum, sondern auch in anderen Richtungen und Zeiten studieren können — ist eigentlich immer eine bestimmte Art der Auflehnung gegen die geläufige Religion, enthält die lebendige gesellschaftliche Aktualität, zerschlägt den Formalismus, zerbricht die Statik, entwickelt bemerkenswerte Utopien von Schwärmern und Sektierern, ist immer mit großer gesellschaftlicher Dynamik und sozialen Erschütterungen verbunden. Es kann erstaunliche revolutionäre Intensität erreichen — das kann man anderswo anschaulicher verfolgen als beim Urchristentum selbst. Es entzündet edle Gefühle und Leidenschaften. Doch alles das hat einen kleinen Haken. Sobald es nicht zum erwarteten Umbruch kommt bzw. sobald mit dem zeitlichen Abstand der chiliastische Umsturz immer weniger wahrscheinlich erscheint, erhalten der gedankliche Reichtum, die Gefühlstiefe und die hohe Moral notwendig einen anderen Sinn.

Wir haben zum Beispiel deutlich gesehen, daß bei Jesus selbst die Idee der Nächstenliebe (einschließlich des Feindes), die Idee des Verzeihens und »Nichtwiderstehens« absolut nicht defaitistisch, kapitulatorisch verstanden wurden. Sie waren keine religiöse Aufforderung zu demütiger Geduld und zum Warten auf Belohnung nach dem Tode. Sie waren Beispiel maximalen Anspruchs an sich selbst bei aller Aktivität. Sie waren die Projektion der Vision vom »Königreich« auf den menschlichen Geist in der Gegenwart. Und sie waren sicher keine Aufforderung zur Versöhnung mit dem gegebenen Zustand der Privilegien von Reichen, Pharisäern, Römern im Land — das steht im absoluten Gegensatz zu Jesu Verkündigung. Doch sobald der erwartete eschatologische Umbruch ausblieb und das Christentum sich auch bei weniger revolutionären und mit weniger Sinn für die eschatologische Sicht der Welt und des Lebens ausgestatteten Menschen ausbreitete, gewinnen die ursprünglich so radikal gedachten Grundsätze der Liebe, der Umkehr, der Versöhnung einen ganz anderen, oft sogar gegenteiligen Sinn. Sobald von der Sehnsucht nach Erlösung und Liebe auch die Angehörigen der besitzenden Klassen erfaßt und »gläubig« wurden, machte man aus den Hoffnungen der Erniedrigten und Beleidigten etwas, das den herrschenden Klassen und ihren Interessen entsprach — ja mehr: die Idee der Obrigkeit erhält ihre Rechtfertigung durch Gott selbst, es genügt zu lieben, man muß nicht die Klassenprivilegien aufheben. Fast schon als Parodie der Botschaft Jesu klingen die Worte des Paulus: »Die Sklaven, die das Joch der Knechtschaft zu tragen haben, sollen ihren Herren Ehre erweisen. Es könnte sein, daß sonst über Gott unwürdig geredet und unsere Botschaft mißverstanden wird. Wenn Sklaven also Christen zu Herren haben, sollen sie den Respekt nicht vergessen, weil sie nun auch Brüder sind, sondern sich ihnen um so williger fügen . . .« (1. Timotheus 6,1—2). »Den Knechten befiel, sich ihren Herren in allen Dingen zu fügen, ihnen zu gehorchen und ihnen nicht zu widersprechen« (Titus 2,9). »Jeder Mensch soll sich der Staatsordnung fügen, in der er lebt. Denn die Aufgaben, die der Staat hat, kommen von Gott . . . Wer sich also der staatlichen Autorität widersetzt, widersetzt sich dem Willen Gottes . . .« (Römer 13,1—2). Wenn dies derart akzentuiert ist, wird die Idee des Königreichs Gottes, auch wenn sie vielleicht noch in irgendeinem Winkel des Geistes weiterlebt, insgesamt zum Herrschaftsmittel. Die Erlösung ist in die Ewigkeit verschoben und eher dualistisch als Befreiung der Seele konzipiert. Jesu mannigfaltige Beispiele des Anspruchs an das eigene Ich werden als bloße Pflege der Innerlichkeit verstanden, als Selbstzweck, ohne jene alles mitreißende Vision des radikalen Umbruchs. Selbstverständlich kann man auch so bestimmte Werte des geistigen und moralischen Lebens erreichen, doch im Grunde geht es schon um etwas anderes, als was Jesus gewollt hat. Jetzt heißt es, daß Jesus in die Welt kam wie in sein eigenes Haus, doch »die Welt kannte ihn nicht« (Johannes 1,10), sein Königreich schließlich ist »nicht von dieser Welt« (Johannes 18,36). Das Christentum wird so als ein Konzept der rein innerlichen Reform des Herzens begriffen, am Gang der »Welt« kann man nichts ändern. Wir wiederholen: Das kann gewisse bemerkenswerte Ergebnisse zeitigen, doch es befindet sich nicht mehr in Übereinstimmung mit dem Prinzip »Alles mache ich neu« (Offenbarung 21,5).

Doch es ist eine historische Tatsache, daß das Werk und der Geist großer reiner Persönlichkeiten niemals ganz liquidiert werden können, auch wenn sich darum Feinde und hauptsächlich auch Anhänger und Verehrer noch so bemühen. Der Traum derer, die der absoluten Übermacht der Despotie und des Bösen widerstanden und der Passivität und verzweifelten Resignation nicht verfielen, der Traum von einer gerechteren und menschlicheren Gesellschaft geht nicht unter. Es kann gelingen, das Vermächtnis zu verunstalten, das Beste in ihm zu verdecken oder in den Hintergrund zu schieben, doch die, die morgen weitersuchen werden, werden hinter Schmutzschichten und versteinerten Konturen Leben und neue Hoffnung entdecken — einfach deshalb, weil sie selbst einen Sinn dafür haben. So hat auch im Christentum das dogmatisierte Bild Jesu Christi nie vollkommen das Bild des Menschen Jesus von Nazareth verdrängt. Es wurde jedoch oft in der Geschichte des Christentums gleichsam in den Untergrund gedrängt, bewahrt von Heiligen und Ketzern, die — oft mit Anspannung aller Kräfte und am Rand der menschlichen Möglichkeiten — den Sinn des Werkes Jesu gegen die autoritären Hüter toter Konventionen erhalten haben. »Ihr seid das Salz der Erde! Wenn nun das Salz fad wird, womit soll man es salzen?« (Matthäus 5,13). Und diese Menschen, immer gehetzt und nur selten rehabilitiert, hatten sicher das größere moralische Recht, sich zum Gekreuzigten zu bekennen — woraus nicht folgt, daß jeder Ketzer notwendig immer und in allem recht hat. »Etabliertes Ketzertum«, modische Opposition um ihrer selbst willen, die nur die Kehrseite der selbstzufriedenen Gewohnheit ist, radikalistische Position um jeden Preis — das sind bereits unauthentische, pervertierte Formen des »Salzes der Erde« und ähneln eher dem erwähnten Phänomen des Pharisäertums.

»Kommt her zu mir alle, die ihr müde seid und ermattet von übermäßiger Last (die ihr seufzt unter harten Geboten und unter der Angst, es Gott nicht recht zu machen). Aufatmen sollt ihr und frei sein. Dient Gott, wie ich ihm diene, ich will es euch lehren. Ich herrsche nicht über euch, und Gott ist in mir nahe in liebender Demut. Aufatmen sollt ihr (denen Gott ein Tyrann war). Denn Gott zu dienen wie ich ist schön, und leicht ist die Last, die der Glaube mir nachträgt« (Matthäus 11,28—30). Die geläufige und traditionelle kirchliche Auffassung hebt meistens einerseits die Komponente des Dulders hervor, des Trösters in jeder Schwierigkeit, andererseits Christus in seiner Herrlichkeit, in seinem Sieg über das Böse, den Tod, die »Welt«. »Ich habe von dir geredet und habe gearbeitet, um dich und deine Macht und Herrlichkeit bekannt zu machen. Das war der Auftrag, den ich erfüllen sollte und den ich nun abgeschlossen habe. Gib mir nun den Lichtglanz wieder, die Macht und die Herrschaft in deinem Reich, die ich hatte, ehe die Welt entstand« (Johannes 17,4—5). Es gibt keinen Zweifel, daß die menschliche Existenz beide Pole braucht; sie hat das Bedürfnis, Schwierigkeiten, Schmerzen, Mißerfolge zu überwinden — und das Bedürfnis, sich zu etwas emporzuheben, was die Alltäglichkeit und Niedrigkeit übersteigt. Deshalb fanden diese beiden Pole der kirchlichen Auffassung Christi immer Anklang bei Millionen; doch die oppositionellen Bewegungen, die die sozialen Interessen und die revolutionäre Stimmung der Massen ausdrückten, konnten außer diesen beiden Polen des vergöttlichten Christus auch die Sehnsucht des Jesus von Nazareth entdecken, Feuer und Schwert in die Welt zu tragen, um den grundlegenden Umbruch zu erreichen: »Ich bin gekommen, ein Feuer auf die Erde zu werfen, und nichts wünschte ich sehnlicher, als daß es brennte!« (Lukas 12,49). Diese Auseinandersetzung ist heute noch im Christentum lebendig, ja ist gegenüber den beiden vergangenen Jahrhunderten heftiger geworden. Zweifellos steht das im Zusammenhang mit der Entfaltung des Marxismus und der kommunistischen Weltbewegung, die einerseits die Christen zu neuen Fragestellungen zwingt, andererseits die traditionellen Probleme mit neuen Augen sehen lehrt — was wiederum oft zum Rückgriff auf die ältesten und echtesten Überlieferungen nötigt.

Wir glauben, ein Bild geliefert zu haben, das voll dem kritischen Studium sowohl der Quellen wie auch der Zeit Jesu und seiner Umwelt entspricht, das nichts verschweigt und versteckt. Gleichzeitig glauben wir, daß gerade dieses Bild, zu dem wir gelangt sind, ohne im mindesten mit der Hypothese des »Übernatürlichen« und Wunderbaren zu arbeiten, die Sache Jesu keineswegs herabsetzt, weder in den Grundlagen noch in Teilphänomenen, sondern daß es im Gegenteil die weitreichende Bedeutung der Botschaft Jesu zeigt und zugleich erklärt, warum sie so tief in die Weltgeschichte eingreifen konnte, warum so viel um sie gekämpft wurde. Auch heute ist, wie wir meinen, ihr Verständnis oder Unverständnis nicht durch die Konfession gegeben. Diese Grenze verläuft kreuz und quer durch alle Konfessionen und die verschiedensten Weltanschauungen. Um eine Weltanschauung aber — wie wir auf jeder Seite dieses Buches gesehen haben — geht es hier überhaupt nicht. Es geht jedoch um den Menschen selbst, um seine Zukunft und seine Gegenwart, um sein Siegen und Versagen, seine Liebe und seinen Schmerz, um seine Verzweiflung und unauslöschliche Hoffnung.

Anhang

Das Leben und Denken Jesu als Gegenstand der Forschung

Wir haben verfolgt, aus welchen historischen Wurzeln und auf welchen Wegen es dazu kam, daß die Nachrichten vom Leben, Denken und vom Tod des Jesus von Nazareth ziemlich rasch und in fließendem Übergang als Botschaft von Christus, dem Erlöser der Welt, aufgefaßt zu werden begannen, bis es zu einer gewissen Stabilisierung der theologischen Interpretation Jesu als des »Sohnes Gottes«, »vom selben Wesen wie der Vater«, als »zweiter göttlicher Person« kam. Dabei wurden jedoch die menschlichen Züge Jesu, wie sie von den Synoptikern, vor allem von Lukas, erfaßt worden waren, nicht unterdrückt, eher schon überdeckt. Die Vorstellung vom Gottmenschen lebte dann im ganzen Christentum bis zum 18. Jahrhundert im wesentlichen ohne Änderung. Jene vielfältigen gedanklichen Gärungen und Kämpfe, die schon die patristische Theologie, dann die Scholastik, die mittelalterliche Mystik und die sektiererische Opposition, ja sogar noch die Reformation selbst mit sich brachten, änderten an dieser Auffassung im wesentlichen nichts, auch wenn von verschiedenen Strömungen verschiedene Seiten derselben Vorstellung hervorgehoben wurden, verschiedene wirkliche oder vermeintliche Züge der Person Jesu. Jesus war Gegenstand von Glauben und Hoffnung, Frömmigkeit und Liebe. Verstandesmäßige Forschung beschäftigte sich mit ihm nicht primär zum Zweck der Enthüllung der historischen Wahrheit, sondern um der theologischen Vergewisserung und Begründung der Frömmigkeit willen. Unwillkürlich wurde jedoch auch in den Strukturen des theologischen Denkens manches Problem gelöst oder zumindest angedeutet, zu dem später die eigentliche wissenschaftliche Forschung, geleitet von anderen Motiven, gelangte.

So entstand zum Beispiel schon in der Periode der patristischen Theologie (vom zweiten bis zum sechsten Jahrhundert) — auch wenn die Grundlagen des Glaubens an den »Gottmenschen« gleich blieben — ein wichtiger Unterschied zwischen der östlichen, griechischen Theologie einerseits, die besonders durch den Einfluß des Origenes eher die metaphysisch-gnostischen Probleme der »Christologie« im Sinne philosophischer Erkenntnis über das Sein und die Welt überhaupt betonte, und der westlichen, lateinischen Tradition andererseits, in der unter dem Einfluß der impulsiven Persönlichkeit Augustins eher die psychologischen und moralischen Seiten der Tradition über Jesus hervorgehoben wurden, die Erlebnisse, das Gefühl, die Wesenskommunikation, nicht die Gelehrsamkeit und das Wissen von der Welt. Das ermöglichte es, die menschlichen Seiten des Profils Jesu besser und lebendiger zu erhalten, es ermöglichte auch, die alten Traditionen durch immer neue zeitgebundene gesellschaftliche Probleme zu aktualisieren. Das hängt ohne Zweifel mit der relativ größeren Dynamik des westlichen Christentums und der westlichen Geschichte überhaupt zusammen. Wenn für Augustinus der Gläubige eher mit Gefühl und Herz als durch Verstandesbemühung gleichsam direkt in den berühmten Kreis von Petrus und Magdalena zu Jesu Füßen gelangt, so hat das an sich nichts mit der späteren Erforschung der persönlichen Geschichte Jesu zu tun, trotzdem hat die Betonung der konkreten menschlichen Individualität Jesu und des unmittelbaren persönlichen Kontaktes des Christen mit ihm seine volle Eingliederung in die kirchlich-dogmatischen Strukturen und konservativen Interessen der Obrigkeit verhindert. In einem ähnlichen Sinn hat sich im Westen das Verständnis der Person Jesu im Hochmittelalter durch den Konflikt zwischen der scholastischen verstandesmäßigen Theologie, die in Thomas von Aquin gipfelte, und den mystischen orthodoxen und auch ketzerischen Strömungen polarisiert. Hier allerdings geht die Destruktion des Dogmas von der Gottmenschlichkeit Jesu nicht so sehr aus dem Kampf gegen seine Gottheit hervor, sondern umgekehrt, aus der Betonung der Allgemeinheit der Gottmenschlichkeit, aus der Tendenz zur Identifikation jedes menschlichen Wesens mit der Gottheit.

Auch die Epoche der Reformation hat eine bedeutende fortschrittliche Aufgabe erfüllt. Auch hier ging es nicht um den Kampf gegen Jesu Göttlichkeit und Einzigartigkeit, sondern — vom Anfang der tschechischen Reformation im 14. Jahrhundert bis zur schweizerischen und deutschen Reformation in den nächsten zwei Jahrhunderten — im Gegenteil, die Betonung der Göttlichkeit Jesu, seiner Einzigartigkeit und Unersetzlichkeit ermöglichte es, sowohl gegen die weltliche Macht der kirchlichen Obrigkeit als auch gegen die mittelalterlichen Heiligenkulte, gegen die Vielfalt der biblisch nicht belegten Feste, Gottesdienste, Riten, gegen die praktische — wenn auch theoretisch nichts ausgesprochene — Besetzung des Platzes, der nur Christus gehörte, durch sündige Menschen zu kämpfen. Jan Hus, Martin Luther und Johann Calvin, ähnlich auch der holländische und französische Jansenismus und Gallikanismus (Blaise Pascal) kämpfen gerade durch die Betonung der absoluten Einzigartigkeit Jesu gegen all das, was in langen Jahrhunderten die Tradition um ihn herum ansammelte — vom Kultus seiner »jungfräulichen Mutter« bis zur Zerstückelung des christlichen Lebens in viele kleine Aktionen und Verrichtungen, in denen sich die eigentliche Bedeutung Jesu verlor. Sie kämpfen gegen das konstantinische Verblendetsein durch weltliche Macht, Reichtum und äußere Herrlichkeit, sie attackieren die scholastisch-rationalen Bemühungen um eine Harmonisierung des Glaubens mit dem Verstand. So ergibt sich das Paradox, daß gerade die Reformation, indem sie das absolute Supremat des Glaubens und der Bibel, die absolute Einzigartigkeit des Gottmenschen betonte, mit ihren mutigen kritischen Angriffen auf die kirchliche Obrigkeit, die Tradition, die Kulte und die Lehre in mancher Hinsicht den Boden vorbereitete für die folgende Epoche des aufgeklärten Verstandes und der beginnenden kritischen Forschung, die auch vor dem Leben und Denken Jesu nicht haltmachte. Der Glaube an Jesus als geheimnisvollen »Gottmenschen« lebt nichtsdestoweniger in der Theologie, besonders der katholischen, weiter bis in unsere Gegenwart, auch wenn freilich die bedeutendsten Denker des zeitgenössischen Protestantismus (Karl Barth, Paul Tillich, Josef L. Hromádka u. a.) und des Katholizismus (Pierre Teilhard de Chardin, Karl Rahner u. a.) von der Tradition Brücken zur Gegenwart schlagen, indem sie die Dogmen von ihrer mittelalterlichen Formelhaftigkeit befreien und durch historisch-kritische Interpretation ihre Bedeutung für die zeitgenössischen lebendigen Kämpfe des modernen Menschen herauszuarbeiten suchen.

Wenn in der Antike und im Mittelalter der Glaube an

Jesus als Gottmenschen und Erlöser der Welt überhaupt kritisch attackiert wurde, geschah das vorwiegend aus außerchristlichen Kreisen, sofern diese mit dem Christentum in nähere Berührung kamen, was oft von Schmerzen und Tragödien begleitet war. Es ging also nicht um Kritik im Sinne wissenschaftlicher Skepsis und Analyse, sondern um den Kampf mit einer anderen Orthodoxie. So lehnten zum Beispiel die Anhänger des Islam, die Jesus als bedeutende prophetische Persönlichkeit anerkannten, die christlichen Dogmen vom Gottmenschen und der göttlichen Dreieinigkeit als Verrat am reinen Monotheismus ab, der von Abraham bis Mohammed verkündet worden war. Im Judentum trat begreiflicherweise besonders die Frage nach dem von Jesus angeblich schon erfüllten messianischen Prozeß in den Vordergrund: das sei der »Erlöser der Welt«? Was hat sich geändert? Es gibt ebensoviel Not und Böses unter den Menschen wie vor Jesus. So wenden die rechtgläubigen Juden ein, zu denen sich insgesamt nur vereinzelte nichtjüdische Stimmen gesellen. Ins Innerste des Christentums selbst drangen jedoch nicht sosehr die Wirkungen der arabischen Expansion oder der jüdischen Diaspora als der Widerhall des ursprünglich persischen radikalen Dualismus. Wichtig war der Einfluß der gnostischen Strömungen, die schon in der vorchristlichen Zeit sich in denselben Zentren der hellenistischen Welt geltend machten, in die auch das Christentum vordrang, und zwar mit starken Neigungen zu einer Erlöser-Mystik. Später, vom dritten Jahrhundert an, gewann durch den Einfluß des Manichäismus, der sich noch im Mittelalter über die pyrenäische und balkanische Halbinsel bis ins innere Europas verbreitete (die Bewegung der Albigenser, der Katharer, Bogomilen usw.), der radikale Dualismus zeitweilig direkten oder indirekten Widerhall auch bei einigen bedeutenden Persönlichkeiten des Christentums. So trat schon von dem bedeutenden Theologen des 2. Jahrhunderts Marcion an bis zur Periode der Reformationen (und in gewissen sekundären Formen heute noch) im Christentum immer eine gewisse kryptomanichäische radikale Verachtung der Materie, der »Welt« auf, eine erhöhte Abneigung gegen das Judentum und die jüdischen Traditionen, eine einseitige Hervorhebung der Unterschiede und Antithesen zwischen dem Alten und dem Neuen Testament, eine einseitige Betonung der Göttlichkeit und Heiligkeit Christi, Unterschätzung seiner Menschlichkeit, Neigung zur Exclusivität, Askese, zu esoterischen Gruppen auserwählter einzelner. Diese und ähnliche Tendenzen ermöglichten nichtsdestoweniger — gerade wegen ihres radikalen Idealismus und Dualismus — zum Beispiel schon bei Marcion die Unterscheidung verschiedener Schichten in der neutestamentlichen Tradition und die Bemühung um ihre Klassifizierung und Auswahl.

Zur Bildung erster Grundlagen der Bibelkritik verhalf auch jene Spannung, die seit der Zeit der Reformation zwischen protestantischen und katholischen Gelehrten bestand. Die ersteren wollten beweisen, daß das »Wort Gottes« in der Bibel für den Glauben ausreicht. Die anderen wollten aus der Bibel selbst ihre Ergänzungsbedürftigkeit ableiten, die Notwendigkeit, sie durch die kirchliche Tradition und päpstliche Macht zu erweitern. So begannen sie aus wechselseitiger Abneigung biblische Studien zu pflegen, die Kenntnisse der ursprünglichen Bibelsprachen stiegen, verschiedene Schattierungen und Varianten der alten Manuskripte begannen untersucht zu werden. Das alles, anfänglich rein kirchlich motiviert, überschreitet — eigentlich gegen die ursprünglichen Absichten — in der Zeit vom 17. bis zum 18. Jahrhundert bei den christlichen Theologen und Gelehrten, etwa von der Art des Muratori, bereits die konfessionellen Ziele und bereitet den Boden für die aufklärerisch-kritische Forschung.

Doch erst das 18. Jahrhundert, der Beginn der Aufklärung, des philosophischen Rationalismus und der Skepsis, der damit verbundene Aufschwung der empirischen Wissenschaft und überhaupt die Methoden der historischen und philologischen Kritik bringen auch in der Erforschung des Lebens und Denkens Jesu den grundlegenden Umbruch. Führende Denker, besonders englische und französische — von David Hume bis zu Voltaire —, zerstören den Glauben an Wunder und die göttliche Offenbarung überhaupt. Auch wenn sie sich direkt mit Jesus nicht befassen, beginnt zunächst in den Kreisen der Gebildeten, später im Zusammenhang mit der Revolution — besonders in Frankreich — auch in den breiteren Volksschichten sich der Widerstand gegen die grundlegenden christlichen Dogmen zu verbreiten; besonders der Glaube an Wunder, die Auferstehung und die Gottmenschlichkeit Jesu schwindet. Wiederum waren es eigentlich nicht direkt wissenschaftliche Aspekte, sondern eher der wachsende Widerstand gegen die Kirche als eine der Hauptstützen des alten feudalabsolutistischen Gesellschaftssystems, was eine breitere Basis für die unkonfessionelle, theologisch nicht motivierte Forschung über Jesus schuf. Eine bedeutende Rolle spielte freilich zeitweise die gegenteilige, antikonfessionelle Voreingenommenheit, die oft einfach in der Umkehrung der kirchlichen Tradition bestand — sie führte, indem sie gewisse Erfahrungen mit der zeitgenössischen Geistlichkeit summierte, zur naiven Hypothese des Betrugs (Diebstahl des Leichnams, Inszenierung der Auferstehung durch die Essener u. a.), die auch in den besseren Büchern der Zeit vorkam (Bahrdt, Venturini u. a.). Doch der Konflikt zwischen alter und neuer Naivität begann dennoch günstigere Bedingungen für die Anfänge der eigentlichen wissenschaftlichen Forschung zu bilden. Im Zusammenhang mit dem Aufschwung des Seehandels und des Kolonialismus gelangten nach Europa auch solidere Kenntnisse von den chinesischen und indischen geistigen Traditionen, auf deren Bedeutung und Analogien zum Christentum bereits Leibniz aufmerksam machte. Dadurch entstand auch bei den europäischen Gebildeten ein gewisses Mißtrauen gegenüber den Legenden und Mythen in der christlichen Tradition. Im Zusammenhang mit der großen Französischen Revolution wurden die Angriffe auf die Grundlagen des Christentums so stark, daß sie — radikalistisch in der Methode, nihilistisch in ihren Folgerungen — zwar blendend zerstörten, doch nichts konstruierten, das Volk von der mittelalterlichen Abergläubigkeit und Dunkelmännerhaftigkeit zwar befreiten, doch keine feste moralische, emotionale und weltanschauliche neue Überzeugung lieferten. Für das Reale, das den Urchristen und späteren Generationen die Erlösersehnsucht bedeutete, ebenso wie für das Emotionale, das der Mensch durch Generationen hindurch bei den christlichen Gottesdiensten erlebte, gab es bei den typischen Repräsentanten der aufklärerischen Epoche keinen Sinn, so daß schließlich — sobald die eigentliche revolutionäre Begeisterung erlahmte (ob durch Erfüllung oder Nichterfüllung ihrer Forderungen) — die Menschen zu Hunderttausenden in die Kirchen zurückkehrten. Die Flugblätter der aufklärerischen Angriffe verblaßten rasch, mit ihnen jedoch auch das aufklärende Licht.

Nur in Deutschland, dem traditionell politisch unreifen, doch im Bereich des theoretischen Denkens fortgeschrittensten Land Europas, begannen schon im 18. Jahrhundert in Zusammenhang mit der Philosophie Lessings und Kants die ersten Grundlagen der Erkenntnis aufzutreten, daß die Zerstörung der Religion, des mittelalterlichen Denkens und besonders der christlichen Tradition nicht so einfach, naiv, negativistisch gefaßt werden kann, sondern daß sorgfältigeres Unterscheiden und positive Konstruktionen einer neuen

Überzeugung nötig sein werden. Diese allmählich sich durchsetzende Erkenntnis (die erst im 19. Jahrhundert im Werk von Hegel, Feuerbach und Marx ihren Höhepunkt findet), die Fähigkeit, das menschliche Reale vom nur Mythischen zu trennen, brachte schon im Kreis um Lessing die erste bemerkenswerte Tat im Bereich der beginnenden fachlichen Erforschung von Leben und Denken Jesu. Lessings Mitarbeiter Hermann S. Reimarus (Von dem Zwecke Jesu und seiner Jünger, Braunschweig 1778) leitete scharfsinnig eine neue Epoche ein. Auch er arbeitet zwar noch mit der Hypothese vom Diebstahl des Leichnams, doch als erster begreift er, daß die Grundlage des Auftretens Jesu seine eschatologisch-prophetische Predigt vom Königreich Gottes und von der inneren Änderung war und daß der spätere Glauben an die Auferstehung eigentlich eine Abkehr von einer Konzeption der Messianität zur anderen war, wenn auch auf dem Boden derselben Tradition. Er kennt schon die Identität von Ostern und Pfingsten und weiß, daß die Auffassung der verschiedenen messianischen Titel bei den Zeitgenossen Jesu viel einfacher und natürlicher war als später. Reimarus, von Beruf Professor für orientalische Sprachen in Hamburg, ist sich auch bereits voll des Judentums Jesu bewußt und weiß, daß es ihm bei weitem nicht um die Gründung irgendeiner neuen Religion ging, sondern um den eschatologischen Umbruch in der menschlichen Geschichte. Reimarus wurde eine Art Johannes der Täufer für die neuere Jesusforschung, doch es war noch weit bis zur Analyse der verschiedenen Schichten der synoptischen Tradition und bis zur Anerkennung der verwickelten Überlieferungsgeschichte der neutestamentlichen Texte. Die Atheisten, größtenteils an den Naturwissenschaften oder der zeitgenössischen politischen Praxis interessiert, hatten überwiegend für derartige Fragen keinen Sinn, machten sich nicht bewußt (und tun es bis heute nicht), daß diese Probleme auch sie — die Ungläubigen — wesentlich betreffen. Die katholische Kirche bremste und verhinderte eigentlich bis vor kurzem — bis zu Pius XII. — derartige Forschungen. Es schien lange im Gegensatz zum Glauben selbst zu stehen, wenn jemand versuchte, auf Jesus konsequent alle Methoden der historischen und philologischen Kritik anzuwenden. So geschah es, daß eigentlich im gesamten 19. Jahrhundert die Forschung über Jesus fast ausschließlich Domäne protestantischer Theologen und Pastoren blieb, die aber fast alle nur möglichen Hypothesen und Konzeptionen entwickelten.

Eine Reihe wichtiger historischer Fragen wurde endgültig gelöst. Erste Voraussetzung jedweder ernsten wissenschaftlichen Orientierung an den Quellen war die Trennung des Johannesevangeliums von den anderen. Schon Herder (Vom Erlöser der Menschen, Riga 1797) erkannte die grundlegende Unmöglichkeit, die Erzählung der Synoptiker mit Johannes zu verbinden; doch noch Schleiermacher (geb. 1768, gest. 1834) konnte ernst genommen werden, wenn er eindeutig dem Johannesevangelium den Vorzug gab. In der zweiten Hälfte des 19. Jahrhunderts war dann das Johannesproblem im Grund schon zweitrangig, in den Vordergrund trat das Problem der Klassifizierung der synoptischen Evangelien selbst; schon Chr. H. Weisse (Die evangelische Geschichte kritisch und philosophisch betrachtet, 1838) erkannte das hohe Alter des Markusevangeliums. Durch den Einfluß Bruno Bauers (Kritik der evangelischen Geschichte, 1840-1842) erkannte man allmählich — besonders aufgrund des Problems der »verheimlichten Messianität« —, daß auch die Synoptiker keine Biographie geschrieben hatten, daß auch bei ihnen — wenn auch weniger ausdrucksvoll und anders als bei Johannes — eine gewisse theologische Konzeption zur Geltung kommt, der das Material untergeordnet wird. Um die

Jahrhundertwende herum entdeckte man mit unwiderlegbarer Sicherheit, daß man die verschiedensten Widersprüche in der synoptischen Tradition nur lösen kann, wenn man zwei Überlieferungsschichten aus zwei ganz verschiedenen Perioden unterscheidet, und zwar die nicht messianisch aufgefaßten alten Nachrichten und ihre messianische Überarbeitung. Besonders William Wrede (Das Messiasgeheimnis in den Evangelien, 1901) und Albert Schweitzer (Das Messianitäts- und Leidensgeheimnis, 1901) faßten eine ganze Skala von Fragen zusammen, die nur so erklärbar sind, daß es sich in den synoptischen Evangelien um die theologische Überarbeitung alter Nachrichten handelt. Damit begann fast alles als unsicher zu erscheinen, sogar ob der Glaube an die Messianität Jesu überhaupt wenigstens in den Grundlagen schon vor Golgatha aufgetreten war.

Wenn für die liberale Intelligenz der bürgerlichen Gesellschaft in der zweiten Hälfte des 19. Jahrhunderts schon das historische Problem selbst unlösbar blieb, wie es sich eigentlich mit Jesus und seinem Denken verhalten hatte — gab es doch nicht eine Meinung, gegen die nicht eine entgegengesetzte geltend gemacht wurde! —, mußte die noch wichtigere Frage, was eigentlich Jesus für den modernen Menschen der Gegenwart bedeutet, zu einer geradezu verzweifelten Aufgabe werden. Das größte Echo von den solcherart ausgerichteten Werken, eigentlich die einzige nichtkirchliche Darstellung des Lebens Jesu überhaupt, erreichte Ernest Renan (La vie de Jésus, 1863), freilich um den Preis von so bedenklichen Modernisierungen und Aktualisierungen (sein Jesus ist im Grunde der Verkünder sentimentaler Liebe um ihrer selbst willen), daß seine Methode sich wegen ihrer absoluten Willkür ad absurdum führte. Doch auch der größte und solideste Forscher dieser ganzen Epoche, der protestantische Historiker Adolf von Harnack, Autor einer Reihe historischer Werke von bleibendem

Wert, konnte, sobald er versuchte, von der Geschichte zur Frage nach dem Sinn des Vermächtnisses Jesu für die bürgerliche Gegenwart überzugehen (Das Wesen des Christentums, 1900), nur auf eine Art erhabene Moral hinweisen, auf eine größere Freude, als sie die Welt bieten kann, was im Vergleich mit den epikureischen Freuden und dem sozialen Elend der bürgerlichen Gesellschaft tieferen Geistern schon im Frieden ziemlich absurd erscheinen mußte und im Vergleich zu den großen Worten über »die Erlösung der Menschen« sogar lächerlich nichtig. Bald danach, als dann im Ersten Weltkrieg die »christlichen Völker« in die größte, blutigste Katastrophe ihrer bisherigen Geschichte stürzten, erschien das alles allgemein unhaltbar. Das Christentum, fähig, sich »freudig« mit allem zu verbinden, bewirkte in der Gesellschaft praktisch nichts mehr, wurde zum Anhängsel der subjektiven und gesellschaftlichen oder »nationalen« Position und damit zur Sache persönlicher Willkür. Zum Abschluß der ganzen großen Epoche liberal-protestantischer Jesusforschung zog schließlich Albert Schweitzer in dem wirklich epochalen Werk (Geschichte der Leben-Jesu-Forschung, 1. Ausgabe 1906, 2. umgearbeitete grundlegende Ausgabe, Tübingen 1913) eine im Grund negative Bilanz: außer der allgemeinen eschatologischen Verkündigung vom »Königreich Gottes« könne man nichts Sicheres feststellen, außerdem seien die grundlegenden Vorstellungen Jesu der modernen Zeit ganz fremd. Der Weggang eines der größten christlichen Geister der Neuzeit aus dem »christlichen Europa« nach Afrika ist sicher nicht weniger symbolisch als sein Aufgeben der theologischen zugunsten einer ärztlichen Tätigkeit. Diese seine Tat war — ebenso wie das erwähnte Buch — in gewissem Sinn ein ähnlicher Abschluß der Epoche des liberalen verbürgerlichten Christentums, wie es bald darauf der Erste Weltkrieg wurde.

Wenn heute, mehr als ein halbes Jahrhundert nach der Tat Albert Schweitzers, nichtsdestoweniger die Situation der Forschung über Jesus bei weitem nicht so hoffnungslos erscheint, liegt das an drei neuen Umständen, die es ermöglichen, methodologisch und weltanschaulich jenen Horizont zu überschreiten, bis zu dem die aufklärerisch-liberale Bemühung von Reimarus bis Schweitzer gelangen konnte. Es ist einmal die Entfaltung und die kritische Überwindung der sogenannten »mythologischen Schule«, zum zweiten das Vordringen der sozialistischen Ideale und der marxistischen Methodologie, schließlich die Anwendung der neuen Methoden der sogenannten formgeschichtlichen Forschung. Diese drei Tendenzen kamen in der Jesus-Forschung nur isoliert zur Anwendung bzw. beeinflußten einander nur relativ; nach unserer Meinung ermöglicht erst ihre Verschmelzung, Einseitigkeiten, Zirkelschlüsse oder extreme Standpunkte zu beseitigen.

Der Begründer und Klassiker der »mythologischen Schule« wurde David Friedrich Strauss (Leben Jesu, 1835); als erster weckte er in der neuzeitlichen Forschung den Sinn für die Besonderheit des Denkens im Bereich des Mythos überhaupt und speziell in Jesu Zeit und im Urchristentum. Nachdem er das Johannesevangelium in den rein theologischen Bereich abgeschoben hatte, war er imstande, bei den Synoptikern historische Momente von den mythologischen zu unterscheiden, besonders bei der Kategorie des »Menschensohnes« und der Frage nach Jesu Verhältnis dazu. Als erster verlegte er den Schwerpunkt von der metaphysisch-gnostischen Konzeption der Messianität, die durch den Einfluß des Johannesevangeliums und Origenes jahrhundertelang überwogen hatte, zur phänomenologisch-existentialen Konzeption: Es geht nicht darum, ob Jesus Gottmensch oder Messias »war«, ob es die Offenbarung »gegeben« hat, sondern darum, was jene Idee des Gottmenschen für die menschliche Geschichte bedeutet. Selbst Jesus hatte sich ursprünglich nicht für den Messias gehalten, dazu kam er erst durch eine natürliche Entwicklung — und wurde dann selbst mythologisiert und vergöttlicht. Deshalb kann auch das Problem, welchen Sinn das Christentum in neuerer Zeit noch haben soll, nur durch »Entmythologisierung« der Bibel gelöst werden. Dabei wollte jedoch Strauss bei weitem nicht das Christentum als puren Mythos darstellen, wie es ihm seine Gegner vorwarfen, wollte bei weitem auch nicht den Inhalt der neutestamentlichen Tradition auf Mythen reduzieren. Er anerkannte die Geschichtlichkeit der Gestalt Jesu wie auch einen gewissen historischen Kern der neutestamentlichen Überlieferung. Um die Jahrhundertwende herum wurden jedoch die hochwichtigen Entdeckungen von Strauss über die Bedeutung und die Reichweite des mythischen Denkens damit ad absurdum geführt, daß es zu Versuchen kam, überhaupt alles darauf zu reduzieren — damit auch die historische Existenz Jesu selbst zu streichen. So versuchte insbesondere Arthur Drews (Die Christusmythe, I-II, 1905-1911), das Christentum restlos durch den Einfluß orientalischer Mythen zu erklären, wobei er das eigentliche jüdische eschatologische Denken vollkommen außer acht ließ. Die extremen Formen der »mythologischen Schule«, die teilweise Widerhall auch bei einigen marxistischen Forschern über das Urchristentum hatten (Vipper, Ranovic), werden heute vom Großteil der christlichen und atheistischen Gelehrten abgelehnt, doch Straussens Betonung der Rolle des Mythos im Denken Jesu selbst und im Urchristentum bleibt eine epochale Tat, die heute allgemein von den protestantischen und atheistischen, teilweise auch katholischen Forschern anerkannt wird.

Die Bedeutung des Aufschwungs der sozialistischen und besonders der kommunistischen Bewegung und im Zusammenhang damit der marxistischen Theorie für das Schicksal des Christentums wie auch speziell für die Forschung über Christus selbst ist unermeßlich und vielfältig. Es geht nicht nur um die historisch-materialistische Methodologie des Studiums der Vergangenheit, die es ermöglicht, an die Quellen von wesentlich anderen Standpunkten heranzutreten, sondern auch darum, daß die marxistische Akzentuierung der Zukunft ganz neue lebendige Voraussetzungen für das Verständnis und die Einschätzung des eschatologisch-prophetischen Phänomens in der alten jüdischen und besonders der urchristlichen Tradition geschaffen hat. Es geht schließlich auch darum, daß das Phänomen des kämpferischen Atheismus, der zum erstenmal in der Geschichte durch den Marxismus eine Massenerscheinung geworden ist, rückwirkend auch die Träger der christlichen Traditionen zur radikalen Umwertung der Geschichte des Christentums einschließlich seiner Anfänge zwingt. Und sehr wahrscheinlich wird es auch darum gehen (auch wenn das eher eine Angelegenheit der Zukunft ist), daß durch den Marxismus zum erstenmal eine ihrem Ursprung nach typisch westlich-dynamische Bewegung in die östlichen Großreiche dringt, die in ihrem Wesen von den jüdisch-christlichen Traditionen nicht beeinflußt sind, was später oder früher einen so weitreichenden und in die Tiefen der Geschichte eingreifenden Dialog jahrtausendealter geistiger Strukturen erzwingt, daß damit ohne Zweifel erst allmählich ganz neue Wertmaßstäbe geschaffen werden. Beide zuletzt erwähnten Momente zeigen sich freilich bisher nur als Keime; dafür haben die beiden davor genannten Momente schon bedeutende literarische Früchte getragen.

Die Methodologie von Marx versuchte zum erstenmal auf das frühe Christentum in kleinen Exkursen und Rezensionen der Mitarbeiter Marxens, Friedrich Engels, anzuwenden. Sie beruht im wesentlichen darin, daß alle gesellschaftlichen Ideen einschließlich der religiösen nicht isoliert untersucht werden, sondern als Bestandteil der konkreten Totalität der menschlichen Gesellschaft, in deren Umbrüchen sozial-ökonomische Gegensätze eine grundlegende Rolle spielen, besonders die Gegensätze zwischen den allmählich immer größer werdenden Produktivkräften und dem Zustand der Organisations- und Eigentumsbeziehungen der einzelnen Klassen der Gesellschaft. Vom Standpunkt der klassischen Probleme der Religion bedeutet das, daß von der Frage, ob es Gott oder ein Leben nach dem Tod wirklich »gibt«, der Akzent auf die Frage verlegt wird, welchen Einfluß diese oder jene Gottesvorstellung auf die jeweilige Periode des Klassenkampfes hatte, und umgekehrt, welche soziale Situation welche Gottesvorstellung begünstigte oder hervorbrachte. Es ging besonders darum, daß die grundlegende Bedingung der Entfaltung des Christentums die Krisensituation des Sklavensystems des Römischen Reiches war, die einen neuen Ausdruck für die Situation der versklavten Massen erforderte, die Entfaltung der erlöserisch-befreierischen Ideale. Obwohl das Christentum das Hauptideal ins »Jenseits« verlegte (wie man es zumindest auf der damaligen Ebene der neutestamentlichen Forschung des 19. Jahrhunderts zu begreifen pflegte), die beginnende sozialistische Bewegung aber in die Umformung dieser sichtbaren Welt, waren sich Marx und Engels einer Reihe wichtiger Analogien zwischen der Situation, den Idealen und der Entwicklung des frühen Christentums einst und der sozialistischen Bewegung in der Gegenwart bewußt. Marx selbst war im Vergleich zu Engels viel vorsichtiger und zurückhaltender, sofern es um die Auswertung eines Materials ging, mit dem er sich nicht als Fachgelehrter beschäftigt hatte; er konzentrierte sich weit mehr auf die Verschmelzung der Vision von der kommunistischen Zukunft mit der wissenschaftlichen Analyse.

Aber als dann im 20. Jahrhundert viele Analogien zwischen beiden Bewegungen für viele sozialistische und auch nichtsozialistische Intellektuelle sichtbar wurden und als gewisse Archetypen des gesellschaftlichen Geschehens und der großen Persönlichkeiten untersucht wurden, begann sich eine gewisse Ahnung davon auszubreiten, daß vielleicht gerade Marx, nicht nur mit seinem Erfolg, der Erschaffung einer neuen internationalen revolutionären Bewegung, nicht nur mit seinen Analysen und dem aufrüttelnden Programm der Erneuerung, sondern auch mit bestimmten Einseitigkeiten selbst einen »prophetischen Typ« vorstelle (Löwith, Popper, Künzli u. a.), der in einem gewissen Sinn in den weiteren Epochen eine ähnlich komplizierte, große und vielfältige Mission und Rolle erfüllen werde wie einst der Meister aus Galiläa.

Die erste systematische Aufarbeitung des Urchristentums aufgrund der marxistischen Methodologie lieferte erst Karl Kautsky (Der Urspung des Christentums, Stuttgart 1908). Auch Lenin selbst, obwohl er mit Kautsky heftige politische Konflikte hatte, anerkannte, daß Kautskys Werk zum bleibenden Bestand der sozialistischen Kultur gehört. Die erwähnten Engelsschen grundlegenen Charakteristiken der Krise der römischen, auf Sklaverei aufgebauten Gesellschaftsordnung belegte Kautsky mit einer soliden breiten Untersuchung des Materials, besonders der jüdischen Dokumente (er ließ sich nicht durch den damals modischen Panbabylonismus und durch die Extravaganzen der mythologischen Schule beirren) von den Essenern bis zur besonderen Situation des Judentums in der Diaspora. Kautsky malt überzeugend auch das Bild des ideellen Zerfalls der Antike, der Stimmung der Unsicherheit und Skepsis der damaligen römischen und hellenistischen Gesellschaft. Sehr glaubwürdig schildert er, wie durch die realen Umstände der Zeit selbst — vor allem der Unmöglichkeit, für breite Massen einen realen ökonomischen Ausweg zu finden — bedingt war, daß alle ursprünglich sehr konkreten Erneuerungsbemühungen schließlich im religiösen Bereich endeten, im Bereich des Glaubens an das erlösende Werk Jesu. Besonders jedoch muß man hoch einschätzen, daß Kautskys Werk im Bereich der Jesus-Forschung das erste ist, das auf dem Geist des strengen Determinismus gründet: das Christentum ist hier selbstverständlich nicht das Werk eines vom Himmel herabgestiegenen Gottes und ist auch nicht nur Resultat der Absicht der Menschen, der Intentionen der Apostel oder der Visionen schwärmerischer Frauen, sondern reale Antwort des Geistes von Millionen Menschen auf die Krisensituation der Zeit. Die Entstehung des Christentums ist also nicht eine wunderbare Offenbarung, auch nicht ein Wunder moralischer Art; im Gegenteil: es wäre in der gegebenen gesellschaftlichen Situation eher ein Wunder gewesen, wenn das Christentum nicht entstanden wäre. Und auch wenn Kautsky die Rolle der persönlichen Aktivität dagegen unterschätzte, erwies sich dennoch — schon als Antithese gegenüber der ganzen bisherigen Jesus-Forschung — diese seine Tat als sehr wichtig und fruchtbar. Hingegen wird heute — im Abstand von mehr als einem halben Jahrhundert, wo auch das marxistische Denken selbst eine nicht geringe Entwicklung durchgemacht hat — kaum ein Marxist die These von den sozialen Wurzeln der Anfänge des Christentums so einfach fassen können wie Kautsky. Für ihn reduzierte sich schließlich der ganze Inhalt des Christentums auf die sozialen Interessen, die Religiosität wurde zur bloßen Ausdrucksform, so daß in der Konzeption Kautskys das Christentum schließlich direkt als eine sozialrevolutionäre, ja als eine Art kommunistische Bewegung des Altertums dasteht. Kautskys Jesus ist ein politischer Widerstandskämpfer und sozialer Revolutionär. Solche Charakterisierungen sind zwar sicher nicht ganz unsinnig, wir haben ja gesehen, daß Jesu prophetisch-eschatologisches Denken unstreitig auch soziale und politische Wirkungen hatte, doch sie erfassen nicht das Wesentlichste, ihre Voraussetzung ist absolutes Unverständnis dafür, was jenes eschatologische Denken überhaupt war, das zwar gewisse sozial-politische Momente einschloß, doch darauf nicht reduzierbar ist.

Die weitere Entwicklung der marxistischen Interpretation des Christentums gelangte zu weitreichenderen Differenzierungen zwischen Christentum und Marxismus als bei Kautsky — von den Monographien erinnern wir aus letzter Zeit vor allem an die Studie des englischen Marxisten Archibald Robertson (The Origins of Christianity, London 1954, tschechisch 1958). Aber gerade die tiefere Differenzierung ermöglicht den fruchtbaren Dialog von Marxismus und Christentum im Namen humanistischer Ziele. In diesem Dialog stehen führende europäische Marxisten der Gegenwart: Roger Garaudy, Ernst Bloch, Lucio Lombardo-Radice, Branko Bosnjak, Konrad Farner und andere. Ihnen antworten schon ohne Haß, ja in Anerkennung des bedeutenden Beitrags des Marxismus für die Erneuerung der Gesellschaft und die neue Dynamik in den Ländern der christlichen Traditionen Helmut Gollwitzer, Jürgen Moltmann, Giulio Girardi, Wolf-Dieter Marsch, John C. Bennett, Johann B. Metz, Albert J. Rasker und andere, die die in der vorherigen Generation von ihren Klassikern — Barth, Teilhard, Rahner, Hromádka, Tillich — begonnene Tradition weitertragen. Die Tschechoslowakei nahm bald schon wegen ihrer zentralen Stellung in der Mitte Europas — zwischen Westen und Osten, zwischen der Welt des Katholizismus, des Protestantismus, der Orthodoxie und des modernen Atheismus — wie auch wegen der individuellen Tradition der tschechischen Reformation, die immer einen stärkeren sozialen Sinn und ein tieferes Verständnis des eschatologischen Denkens hatte, in dem Dialog zwischen Marxismus und Christentum einen besonderen Platz ein. Von vielen tschechischen Studien dieser Richtung beziehen sich direkt auf die Person Jesu zum Beispiel die Arbeiten von Vitézslav Gardavsky (Gott ist nicht ganz tot, Prag 1967), Jan Kamelsky (On the Trial of Jesus, Encounter today, Issy-les-Moulineaux 1969, Nr. 3), Petr Pokorny (Der Kern der Bergpredigt, Hamburg 1969) u. a.

Schließlich ist als wichtiger Beitrag zur Erneuerung der Jesus-Forschung nach Albert Schweitzer die formgeschichtliche Schule zu nennen, die bedeutende Erfolge besonders in der Aufdeckung der zeitlichen Entwicklung der synoptischen Tradition durch die Erforschung nicht nur bloß der Inhalte, sondern auch der Formen der neutestamentlichen Aussprüche, Begebenheiten, Legenden, Novellen, Gleichnisse usw. erreichte. Die grundlegenden Werke dieser Schule, die heute von der Mehrheit der Forscher anerkannt wird, lieferten Martin Dibelius (Die Formgeschichte des Evangeliums, 1919, 1933[2]) und Rudolf Bultmann (Die Geschichte der synoptischen Tradition, 1921). Besonders Bultmann erarbeitete aufgrund dieser Methode ein neues Bild Jesu von großer Glaubwürdigkeit (Jesus, 1926; Das Urchristentum im Rahmen der antiken Religionen, 1949; Theologie des Neuen Testaments, 1953). Das vergleichende Studium der verschiedenen literarischen Formen der neutestamentlichen Tradition und Zeit überhaupt — vom »geflügelten Wort« und der kurzen belehrenden Phrase (Paradigma) bis zum Gleichnis und zur komplizierten novellistischen Form — ermöglichte es, in den synoptischen Schichten bis unmittelbar in die Nähe Jesu mit einer Wahrscheinlichkeit hohen Grades zu gelangen. Neue Methoden der formgeschichtlichen Forschung ermöglichten schließlich auf Umwegen von neuem auch die inhaltliche Seite der Sache zu untersuchen. Sie gaben in dieser Hinsicht unter den vielen Tausenden Monographien und unzähligen Studien des letzten Jahrhunderts nachträglich der Linie der älteren Forschung, von Reimarus-Strauss zu Schweitzer, recht, einer Linie, die absolut eindeutig die prophetisch-eschatologischen Züge des eigentlichen, urspünglichen Denkens Jesu von Nazareth aufgedeckt hatte. Die Nachfolger Bultmanns bilden heute schon eine ganze verzweigte Schule — so zum Beispiel Joachim Jeremias (Die Gleichnisse Jesu, 1926; Das Problem des historischen Jesus, 1960 u. a.), Oscar Cullmann (Petrus, 1952; Die Christologie des Neuen Testaments, 1956 u. a.), Günther Bornkamm (Jesus von Nazareth, 1956), Willi Marxsen (Die Auferstehung Jesu, 1964), Herbert Braun (Jesus, 1969) und weitere.

Bultmanns Schule erreicht einen solchen Rang der Kritik an der religiösen Materie, daß man zwar über Einzelheiten ihrer Arbeit einen Fachstreit führen kann, doch gegen die Resultate ihrer Forschung ist weder der Nicht-Christ noch der Atheist gezwungen, Einwendungen weltanschaulichen oder ideologischen Charakters geltend zu machen. »Übernatürliches« und »Wunderbares« werden nur als geläufiger Bestandteil der damaligen mythischen Weltauffassung vorausgesetzt — also nur etwas, *was* erklärt wird, nicht, *womit* man erklärt. Gerade deshalb, weil der Glaube an Wunder bei Jesu Anhängern *und* bei seinen Gegnern vorkam, bildet er nicht das Wesen der Verkündigung Jesu. Sogar die Auferstehung wird nicht wörtlich als Wiederbelebung des Leichnams verstanden, sondern als »Auferstehung ins Wort«, ins Kerygma, in den Glauben, in das Denken der Anhänger — was man schließlich von jeder großen historischen Persönlichkeit behaupten kann. Deshalb wird nicht zufällig Bultmann von einer Reihe konservativer Theologen als Kryptoatheist angegriffen. Er selbst jedoch (nicht alle seine Schüler) bewahrt sowohl im Lebensstil wie auch in den theoretischen Folgerungen trotzdem Verbindung zur kirchlichen Tradition, und zwar auch darin, daß er all dem, was nach dem ersten Auftreten Jesu bis zur Entstehung des Osterglaubens geschah, eine eschatologische Bedeutung zuspricht— offenbar jedoch in einem ganz neuen Sinn. Es kommt hier zu einer unauffälligen Verschiebung: Während das eschatologische Denken etwa die baldige künftige reale Änderung durch den geheimnisvollen Eingriff höherer Kräfte voraussetzte, was nach Bultmann eine im Grunde mythische, deshalb der »Entmythologisierung« bedürftige Vorstellung ist, bezeichnet Bultmann schließlich als »eschatologisches Geschehen« nicht, was Jesus und die Apostel erwarteten, sondern was sie selbst taten, eben diese ihre Erwartung. Die Erwartung des objektiven eschatologischen Umbruchs war also ein Mythos — doch Jesu subjektiver Glaube selbst ist Eschatologie. Die Eschatologie, die ursprünglich zu dem gehörte, was erklärt werden soll, wird schließlich zum Prädikat der Erklärung selbst. Hier kann man sicher die Frage stellen, ob nicht ein circulus vitiosus vorliegt. Und so wird Bultmann, stark von Heideggers Philosophie beeinflußt, obwohl er als Historiker von allen anerkannt wird, als theologischer Interpret des Sinns der Verkündigung Jesu wiederum fast von allen angegriffen; für die Atheisten ist seine Konzeption noch zu christlich, für den Großteil der Christen wieder zu atheistisch. Doch ob wir nun über seine philosophisch-theologischen Folgerungen diese oder jene Meinung haben, es bleibt unbestritten, daß sein Programm der »Entmythologisierung« — neben Barths dialektischer Theologie und Teilhards kosmischer Christologie — sich als eines der dynamischsten Momente der christlichen Tradition inmitten des 20. Jahrhunderts erweist.

Nachbemerkungen des Verlages

Das vorliegende Werk erscheint in dieser deutschen Fassung zum erstenmal auf dem Buchmarkt. Die Übersetzung aus dem tschechischen Manuskript besorgte Paul Kruntorad. Das Kapitel »Die Quellen und ihre Bedeutung« übersetzte Leonhard Reinisch, das Kapitel »Jesus für Atheisten« hat der Verfasser in deutscher Sprache niedergeschrieben. Das Gesamtwerk wurde im Lektorat des Kreuz Verlages sprachlich und redaktionell bearbeitet. Die neutestamentlichen Zitate sind mit wenigen Ausnahmen nach der Übertragung von Jörg Zink wiedergegeben. Zitate aus dem Alten Testament erscheinen in der Fassung der Zürcher Bibel. Im tschechischen Original hat der Verfasser im Anhang einige Beispiele aus den Quellen in eigener Übersetzung aufgenommen. Da die nochmalige Übersetzung dieser Übersetzung unsinnig erscheint, geben wir hier nur die entsprechenden Textstellen an: 1. Mose 49, 8—12; 2. Mose 12, 1—14; 5. Mose 18, 15—21; Hiob 19, 7—27; Psalm 2; Psalm 22; Jesaja 2, 3—4; 7, 14—15; 9, 6—7; 35, 1—7; 52, 13—53, 12; 65, 17—24; Jeremia 23, 3—6; Daniel 7, 7—14; Lukas 1, 46—55; Lukas 2, 1—20; Matthäus 5, 1—7, 29; Lukas 7, 36—50; Matthäus 13, 24—46; Lukas 10, 25—37; Lukas 17, 20—36; Markus 8, 27—29; Matthäus 16, 17—24; Matthäus 25, 31—40; Markus 14, 12 bis 25; Johannes 17,1—26; Markus 15, 15—39; Lukas 24, 13—35; Johannes 1, 1—14.

Bibelstellenregister

Altes Testament

1. Mose
6,18 61
19,17 13
32,28 62
49,25 45

2. Mose
3,14 62
32,4 63
32,15 63
34,28 89

3. Mose
19,18 129

5. Mose
5,6–10 49
6,4–5 49, 129
18,20 195
34,6 201

2. Samuel
5,3 162

1. Könige
19,16 162

2. Könige
2,11 202
8,1 220
13,21 220

Hiob
9,3 170

Psalmen
2 165
2,8 165
8,5 150
22 171, 200
22,2 233
22,19 233
24 165
31 171
38 171
45 165
69 171
72 165
72,4–10 165
80,18 150
89 165
110 165
121,1 65
132 165
137,1–5 55
142 171

Prediger
4,1–3 170

Jesaja
2,4 68
45,1 162
53 171
53,2–10 171
53,3 171
53,4 171
53,5 171
53,7 171
61,1 162

Hesekiel
37 220

Daniel
7,13–14 71, 150

Maleachi
4,5 202

Neues Testament

Matthäus
2,1–12 230
2,15 230
2,23 230
3,2 86
4,1–11 89
4,8–10 215
4,9 165
4,17 99, 102, 147
5 – 7 22, 124, 230
5,3–12 113
5,5–9 133
5,11 175
5,13 267
5,13–14 107
5,17 225
5,17–20 137
5,20 132
5,21–37 124
5,22 137
5,28 137
5,32 137
5,34 137
5,39 137
5,39 – 6,8 127
5,43–48 132
5,44 137
6,8 123
6,9–15 104
6,16 107
6,19–24 115
6,26 121
6,28 121
6,33 100, 125
6,33–34 121
7,3 135
7,7 107
7,13 107
7,15 32
7,16 107
7,21 107
8,10 134
8,11 226
8,20 152
8,22 125, 258
9,27 166
9,28–29 116
10,6 260
10,8 135
10, 16 120, 123, 175
10,22 175, 213
10,27 213
10,30 122
10,32 175
10,34 40
10,38 95
10,38–39 175
11,15 264
11,28–30 268
12,23 166
12,31–32 152
13,33 109
13,33–45 112
13,44–46 109

14,28–31 213
15,22 166
15,24 226
16,13 152
16,13–23 174, 180
16, 18–19 208
16,22 180
17,13 203
17,21 116
17,23 223
18,3 119
18,12–13 109
18,20 175
18,21–22 258
20,1–16 109, 110
20,25–28 180
20, 30–31 166
21,9 166
21,15 166
22,42 166
23,1 189
23,1–4 140
23,1–36 254
23,2 22, 189
23,4 189
23,5–28 140
23,17–23 124
23,27 189
23,29–39 140
23,32–36 189
23,37 174
25,14–30 110
25,31 152
25,31–46 154
25,34–40 152
25,40 30, 114
25,42–45 262
26,14–16 192
26,52 40, 128
26,64 154, 159, 241
26,73 85
27,25 196
27,46 199
27,47 200
27,49 200
27,55 192
27,64 212
28,10–16 181
28,15 212
28,19 79, 226

Markus

1,6 87
1,7 80
1,9–11 87
1,12 88
1,15 80, 81, 99, 236
1,16–20 214
1,17 91
1,22 91
1,34 157
1,36 160
1,44 157
2,15 134
2,17 126
2,27–28 141
2,28 152
3,12 157
3,17 75
3,28–30 152
3,31–34 83
3,32 39
4,11 158, 180
4,12 157
4,19 115
4,30–32 107, 109
4,38 109
5,34 116
5,38–43 157
6,2 116
6,2–4 90
6,4 158
6,34 113
7,6 254
7,36 157
8,2 113
8,27 152
8,27–28 157
8,27–33 214
8,28 202

8,29	159, 188
8,31	173, 179, 186
8,32	174, 223
8,34	95
8,38	154
9,2	216
9,2–8	201, 213
9,11	202
9,31	173, 179, 186
9,32	179, 216
9,37	119
10,14	120
10,23	115
10,25	262
10,29	96
10,33	173, 179, 186
10,34	XVII
11,1–10	190
11,10	166
11,11–12	191
11,11 – 12,37	189
11,15–17	190
12,18–27	116
12,29–31	129
12,31	45
13,1–32	154
13,26	109, 154
13,28	206
13,28–29	109
14,9	226
14,10	192
14,21	179, 186
14,22–25	190
14,27	193, 205, 210
14,28	181
14,33	241
14,36	117
14,38	106
14,41	179, 186
14,43–45	193
14,45	193
14,58	191
14,62	159
14,66–72	209
15,2	187, 194
15,13	190
15,14	197
15,16–19	166
15,17	216
15,20–21	200
15,21	213
15,26	166
15,34	199
15,35	200
15,36	200
15,40	192, 201
15,42–47	216
15,47	217
16,1–8	206, 217
16,7	181, 206
16,15	79

Lukas

1,46–48	84
1,46–55	237
1,68–79	237
1,76	237
2,10–11	236
2,14	236
2,19	235
2,29–32	237
2,50	84
2,51	235
3,3	100
3,23	90
4,20	83
5,8	92, 245
5,28 – 6,36	127
6,6–11	140
6,15	75
6,20–21	113
6,20–23	133
6,20–49	124
6,37	135
6,38	135
6,43–45	107
6,46	107
7,1–10	227

7,36–50 110
7,40 73
7,47 134
8,2 134
8,45 160
9,18 152
9,32 160
9,45 222
9,60 13
10,23 109
10,29–37 234, 258
10,37 107, 132
10,38–42 234
10,41–42 118
11,2 117
11,2–4 104
11,46 262
12,10 152
12,48–49 144
12,49 268
15,11–32 109, 110, 234
16,15 139
17,6 116
17,20–21 101
17,24 149
18,9–14 234
18,10–14 109, 110
18,11 22, 139
18,31 188, 202
18,34 179, 189, 216
22,18 190
22,20 261
22,23–30 180
22,32 181, 209, 210
22,33 180
22,37 154
22,44 241
22,67 195
22,70 159
23,2 194
23,46 200
23,49 192
23,50–51 195
24,13–35 234
24,17 205
24,29 234
24,34 206, 245

Johannes
1,10 266
1,14 92, 119, 245, 247
1,16 252
1,29 120
1,51 251
3,1 73
3,3 100
3,30 161
6,48 246
6,51 238
7,15 116
8,12 238, 246
10,11 176, 246
10,30 117
11,25 238
13,1 243
13,23 161
13,31 241
14,6–13 117
14,10 248
14,12 241
14,16 184
14,26 184
15 – 17 242
15,12–13 175
15,26 184
16,7 184
17,1 117
17,4–5 268
17,21 243
18,36 266
19,20 192
19,25–27 199
20,2–3 120
20,21 246
20,28 251
20,29 247
21,15 161
21,16–17 209
21,17 161
21,23 120

Apostelgeschichte
1 – 5 207
2,4 222
3,16 32
4,32–35 263
5,34–39 73
7,55 155
7,55–60 245
10 – 12 213
23,6 74

Römer
6,14 226
7,6 225
13,1–2 266

1. Korinther
1,10–16 221
5,7 120
15,1–58 217
15,5 206
15,14 217
15,51 212
15,51–55 111
15,51–58 218

2. Korinther
1,24 X
3,6 137
5,17 221

Galater
1,18 – 2,14 217
2,14 225

Epheser
2,10 XIII
2,12 XII

2. Thessalonicher
3,2 X

1. Timotheus
6,1–2 266

Titus
2,9 266

1. Petrus
1,19 120

2. Petrus
2,9 106
3,4 251

1. Johannes
3,18 247
4,16 247

Jakobus
2,6–7 263

Offenbarung
3,10 106
5,6a 147
5,8–15 120
5,11–12 147
21,5 100, 221, 266
21,8 98
21,27 98

Weitere Literatur zum Thema dieses Buches

Walter Jens
Am Anfang der Stall – am Ende der Galgen: Jesus von Nazareth

2. Auflage (16.–30. Tausend), 123 Seiten, Leinen flexibel DM 9,80

»Die Übertragung des Matthäus-Evangeliums, die Walter Jens vorgelegt hat, vereinigt in sich, was man sonst selten so beieinander findet: ein kaum zu überbietendes Gespür für Sprache und Dramaturgie, ein Höchstmaß an Präzision in der Sache und eine bewundernswerte Fähigkeit, Altes so zu übersetzen ins Heute, daß es das Heute – ohne Anbiederung – mitdeutet. Als Rezensent scheut man sich meist, solches Lob auszusprechen – doch hier dürfte es angemessen sein: Jens' Matthäus-Übertragung ist ein Meisterwerk der Interpretation.«

Deutsches Allgemeines Sonntagsblatt, Hamburg

»Walter Jens hat nach Martin Buber die eigenständigste und markanteste Übertragung eines biblischen Buches im zwanzigsten Jahrhundert der deutschen Öffentlichkeit übergeben.«

Bayerischer Rundfunk, München

Herbert Braun
Jesus

Der Mann aus Nazareth und seine Zeit
Bibliothek Themen der Theologie Band I
3. Auflage (21.–28. Tausend), 175 Seiten, Ppbd. mit mehrfarbigem Schutzumschlag DM 14,80

»Hier wird mit den Ergebnissen jahrzehntelanger historisch-kritischer Erforschung der Evangelien kompromißlos Ernst gemacht, und zwar nicht aus hybrider Besserwisserei, sondern aus einem tiefen Respekt vor dem Neuen Testament ... Nichts an diesem Buch ist einnehmender als das Pathos der Wahrhaftigkeit, mit dem es geschrieben ist.«

Professor Dr. Erich Gräßer im Deutschen Pfarrerblatt, Darmstadt

»Jesus bleibt für Braun die eindeutige Basis des Neuen Testaments, dessen Lehre in einem Zentrum verankert ist: in der rechten Offenheit für den Nächsten.« *Welt der Literatur, Hamburg*

Kreuz Verlag Stuttgart · Berlin

»... Hier entstand ein Elementarbuch christlicher Theologie; da auch katholische Theologen dem Team angehören, kann das Buch als Standardwerk beider Konfessionen dienen!«

Das ist das Urteil der *Weinheimer Nachrichten* über

Heinrich Ott
Die Antwort des Glaubens

Systematische Theologie in 50 Artikeln

480 Seiten, mit Namen- und Literaturverzeichnis, sowie einer systematischen Übersicht, Balacron DM 19,80

»Eine Informationsquelle von hervorragendem Wert für Pfarrer, Studenten und interessierte Laien.«

Evang. Sonntagsblatt für Bayern

»Es gehört gewiß Mut dazu, beim gegenwärtigen Stand der Theologie ein systematisches Handbuch zu verfassen; noch dazu eines, dessen erklärtes Ziel es ist, nicht nur das zur Kenntnis zu bringen, ›was andere gedacht haben‹, sondern der ›Wahrheitsfrage selber standzuhalten‹. Wir sollten Heinrich Ott und seinen Mitarbeitern dankbar sein, daß sie diesen Mut aufgebracht haben:

Es dürfte schwerfallen, ein Handbuch zu nennen, das in ähnlich glück licher Weise über die Hauptprobleme der Dogmatik informiert.

Jeder der insgesamt 50 Artikel des Buches beginnt mit einer ›Entfaltung der Frage‹, wobei jeweils versucht wird, die einzelnen Fragestellungen bis zu ihrem ›Sitz im Leben‹ zurückzuverfolgen, d. h. bis zu dem Punkt, wo sie sich in der Praxis des gelebten und verkündigten Glaubens stellen. Anschließend werden – auf die so entfaltete Frage bezogen – repräsentative theologische Lehrmeinungen aus Gegenwart und Vergangenheit dargestellt; schließlich unternimmt der Baseler Dogmatiker am Ende eines jeden Artikels den ›Versuch einer Antwort‹.
›Eine Frage verstehen heißt: sie selber fragen.‹ Getreu dieser Maxime versucht das Buch, den Leser zur eigenen Stellungnahme herauszufordern und zum Weiterdenken der entfalteten Fragen anzuregen. Ursprünglich als Leitfaden für Theologiestudenten geplant, stellt das Buch die Probleme in einer klaren und einfachen Sprache dar, ohne etwas zu versimpeln. Es kann allen, die in Unterricht und Katechese tätig sind, mit gutem Gewissen empfohlen werden.« *Unsere Seelsorge*

Fordern Sie beim Verlag den Sondersprospekt an.

Kreuz Verlag Stuttgart · Berlin